정부 위에 군림하는
억만장자들

정부 위에 군림하는 억만장자들

거대 자본으로부터 삶의 주도권을 되찾아오는 법

크리스틴 케르델랑 지음
배영란 옮김

갈라파고스

피에르-알렉상드르와 그의 조모 나데트에게

한국 독자들에게

이 책이 한국에서 출간되어 대단히 기쁩니다. 이 책에서 다루는 문제들이 비단 유럽뿐 아니라 한국과도 관련이 있기 때문입니다.

제가 작년에 이 책을 펴냈을 때만 해도 X와 스페이스X, 테슬라의 대표인 일론 머스크는 아직 도널드 트럼프를 공개적으로 지지하지 않았습니다. 선거 자금도 후원하지 않았죠. 물론 그때도 이미 대다수 정부보다 더 막강한 권력을 갖고 있긴 했습니다. 하지만 이젠 미 정부에 아예 발을 담근 상태고, 그동안 자신이 얻지 못했던 것들을 트럼프 대통령에게서 약속받은 후로는 더욱 막강한 존재가 되었습니다. 트럼프는 "화성에 성조기를 꽂겠다"는 약속을 내걸었고(따라서 일론 머스크가 어떻게든 우주로 띄워 보낼 탐사선의 자금을 댈 예정이며), 일론 머스크의 활동에 제약이 되었던 정부 조사도 더는 없을 겁니다. 전기차 산업에 대한 신임 정부의 호의적 입장도 예견되어 있습니다.

이 책에서 제가 독자들에게 보여주고자 한 것은 일론 머스크만이 아니라 마크 저커버그, 제프 베이조스, 래리 페이지, 세르게이 브린 등 테크계의 몇몇 억만장자가 오늘날 그 어느 때보다 위험한 존재가 되었다는 점입니다. 이들이 비록 신임 대통령에게 '충성'하는 듯한 인상을 주고 있지만, 장기적으로 봤을 때 이들이 가진 힘은 미 대통령의 권력보다 큽니다. 트럼프 대통령이야 4년 후면 퇴임하겠지만, 문제의 억만장자들은 여전히 자신들이 세운 제국의 왕좌를 유지할 테니까요. 우리의 투표를 거치는 게 아니므로 저들이 가진 권력은 민주적인 것과는 거리가 멉니다. 이 책을 통해서도 알 수 있듯이 외려 이 땅의 민주주의를 위협하고 있지요. 최근 한국의 국내 정세로 미루어보건대 한국 독자들은 이 같은 민주주의의 문제에 대해 특히 더 민감하리라 생각합니다. 우리는 결코 소수의 인물이 우리의 미래를, 우리가 살아가는 삶의 방식을 마음대로 결정하도록 내버려둬선 안 됩니다. 저들이 전쟁에 개입하는 상황도 좌시하면 안 됩니다(우크라이나와 러시아의 분쟁에서 중요한 열쇠를 쥐고 있는 일론 머스크는 대만 역시 중국에 복속되길 바란다는 견해를 공공연히 내비치고 있습니다). 뿐만 아니라 저들이 더 많은 수익을 올리고자 청소년들을 자살로 몰아가는 상황도 그냥 두고 봐선 안 됩니다. 이게 바로 제가 이 책을 집필한 이유입니다.

　그리고 부디 이러한 제 의도가 한국 독자들에게도 가닿으면 좋겠습니다.

2025년 2월
크리스틴 케르델랑

차 례

서문 | '시스템'을 좌우하는 힘 13

소득세마저 회피한 제프 베이조스 | 우크라이나 전쟁에 개입하는 일론 머스크 | 선악에 대한 개인의 판단 | 우주 캡슐에서 지구를 내려다보는 제프 베이조스 | 전 세계 보건 분야를 다스리는 빌 게이츠 | 부자들에게만 가능한 불멸의 세상 | 위험에 노출된 청소년들 | 선거의 심판이 필요 없는 억만장자들 | 민주주의의 퇴보 | 21세기의 '강도 귀족들'

01

일론 머스크, 스스로를 신이라 여긴 사나이 35

천덕꾸러기였던 청소년 시절 | 화성에 정착촌 건설하기 | 테슬라의 파괴적 혁신 | 효율성과 기상천외한 비전 | 권력의 원천 | "5년 후, 여러분은 끝납니다" | 실패 사례로 웃긴 영상 제작하기 | 혁신하려면 먼저 실패하라 | 먼저 온 사람이 임자 | 일론 머스크의 "그림자 통치" | 인간과 기계 융합을 위한 뇌 임플란트 사업 | AI에 대한 이중성 | 직원 다섯 중 넷을 해고 | X로 야기된 금융 위기 | '탈진실과 대안적 사실' 신봉자 | 은행 자리를 넘보는 X | 비전과 파괴적인 기술력

서문
'시스템'을 좌우하는 힘

여섯 억만장자가 있다. 모두 미국인이다. 전 세계를 무대로 활동하며 세금도, 규제도 회피한다. 각자의 재산 규모도 천문학적인 수준이다. 주가에 따라 500억에서 1,500억 달러 사이를 오가기 때문이다. 여섯 명 모두 세상을 구하고 싶다고 이야기한다. 하지만 코로나19 팬데믹이라는 글로벌 위기가 찾아왔을 때 이들의 재산은 더욱 크게 불어났다. 이들이 보유한 회사의 주가가 내려가도 문제다. 지구상의 그 어느 나라보다 막대한 영향을 미치기 때문이다. 이 여섯 명의 이름은 바로 일론 머스크(스페이스X, 테슬라, X), 제프 베이조스(아마존), 마크 저커버그(페이스북), 빌 게이츠(마이크로소프트), 세르게이 브린과 래리 페이지(구글)다. 모두 이 세상의 '시스템'을 좌우하는 힘을 가졌다.

이들은 재산이 많아서 힘을 가진 게 아니라 힘이 있어서 재산을 모은 것이다. 사실 겉으로 보이는 재산 규모는 중요하지 않다. 문제는 그 어떤 정부도 가져본 적 없고 지금도 갖지 못한, 앞으로도 갖지 못할 능력이 이들 손에 쥐어져 있다는 점이다. 심지어 일부 분야에서는 정부를 대신하거나 정부에 대적할 때도 있다. 언젠가는 국민의 허락 없이 정부 자리까지 넘볼지도 모른다. 민주주의 사상 초유의 사태다.

서방의 이 여섯 억만장자는 아무런 방해 없이 승승장구한다. 이들을 멈출 힘이 있는 쪽에는 그럴 의지가 없고, 이들을 멈추고자 하는 쪽에는 그럴 힘이 없다. 민주주의의 가호 아래에서 성장한 이들이 민주주의의 존재 자체에 위협이 되고 있다. 사람들의 마음을 보살피는 바티칸처럼 우리의 삶을 보살피겠다고 말하지만 현실은 그 반대다.

《포브스》의 2023년 3월 집계에 따르면 전 세계 억만장자의 수는 총 2,640명이다. 일론 머스크, 마크 저커버그, 래리 페이지, 세르게이 브린, 제프 베이조스, 빌 게이츠도 여기에 포함되지만 모두가 상위 6위 안에 들지는 않는다. LVMH의 베르나르 아르노 회장도 주가가 오르면 종종 세계 부호 1위에 오르고, 90대에도 투자의 귀재로 군림하는 워런 버핏이나 로레알 상속자 프랑수아즈 베탕쿠르 메예르스도 막대한 부를 축적했다. 하지만 이들이 우리 사회의 생사를 좌우하는 힘을 가진 건 아니다. 평생 호의호식할 돈이 있지만 그렇다고 트랜스휴머니즘*을 따르진 않으며, 인류를 개조하겠다는 생각이나 인류의 구세주가 되겠다는 꿈도 품지 않는다. 죽음을 극복하고 화성에 정착하겠다며 막대한 돈을 들이지도 않는다. 또한 저들만큼 젊은 세대에게 정신적 악영향을 미치는 것도 아니다.

이 책의 문제 제기 대상은 여섯 개인이지 일명 'GAFAM'**으로 통칭되는 거대 기업 블록 자체가 아니다. 물론 이 테크계 재벌들의 기

---

* 과학 기술의 힘으로 인간의 한계를 극복하려는 사상이다.
** 구글(Google), 아마존(Amazon), 페이스북(Facebook), 애플(Apple)의 앞 글자를 딴 명칭이다. 마이크로소프트(Microsoft)를 포함해 GAFAM이라는 명칭도 쓰인다.

업이 그들이 가진 힘의 원천이기는 하다. 하지만 창업주 각 개인의 행동이 기업의 행보와 일치하진 않는다. 게다가 일론 머스크의 회사는 GAFAM에 포함되지 않지만 그 역시 초유의 힘을 가진 억만장자다. 또한 GAFAM의 일원인 애플은 반독점 상황이 아니라서 독보적인 권력을 갖고 있지 않다. 중국과 한국에 막강한 대항마가 있기 때문이다. 따라서 애플 신화를 만들어낸 창업주 스티브 잡스가 살아 있었다고 해도 그는 '시스템'을 좌우하는 이 소수의 억만장자 대열에 끼지 않았을 것이다.

미국과 유럽은 빅테크 기업의 성장을 방관했고 그 결과 이들은 감히 건드릴 수 없는 위치에 이르렀다. 중국은 알리바바나 텐센트 같은 자국 기업의 성장을 장려하기 위해 미국 빅테크 기업들의 발을 묶었다. 하지만 중국 테크 기업들이 점점 막강한 힘을 쥐고 정부에 위협적인 존재가 되자 시진핑은 아예 이들의 날개를 꺾어버렸다. 기업을 굴복시켜 힘을 빼앗고 정권에 유리한 방향으로 이용한 것이다. 정부가 이런 식으로 주도권을 되찾는 건 서방에선 생각하기 힘든 방식이다. 하지만 중국은 아무래도 일반적인 법치 국가는 아니지 않은가.

소득세마저 회피한 제프 베이조스

서방 정부들이 너무 약해진 걸까, 아니면 이 억만장자들이 너무 강해진 걸까? 이들의 자산 규모가 연일 기록을 경신하고 있지만 비단 사업이 잘돼서만은 아니다. 영업 활동을 수행한 국가가 아니라 별도의 조세 천국을 이용하여 자금 흐름을 최적화한 것도 크게 한몫했다. 심지어 일부는 연간 소득을 뛰어넘는 투자 손실액을 신고함으로써 개인적으로 내야 할 소득세마저 회피했다. 2018년의 일론 머스크와 2007년, 2011년의 제프 베이조스가 이에 해당한다. 이후 제프 베이조스는 한 동안 세계 최고의 부호로 등극했다.

여섯 대부호는 정부 없이도 얼마든지 살아갈 수 있다고 생각하며, 세금을 부과하고 활동에 제약을 주는 행정당국에 본능적으로 반감을 표한다. 일론 머스크가 트럼프와 그의 부자 감세 정책을 지지한 이유다. 같은 맥락에서 구글 창업주들 역시 한때 미 해역의 한 플랫폼 위에 조세 회피 거점인 구글 오프쇼어 센터offshore center*를 지으려 했다.

이 신흥 재벌들은 정부의 고유 권한 일부를 빼앗고 있다. 주권 행사 주체로서 정부가 맡는 고유한 역할을 대신 수행하는 것이다. 이들은 우주·보건·국방·외교·교육(혹은 지식 산업) 등의 분야에 발을 들였고, 어떤 분야에서는 거의 완전히 주도권을 장악했다. 보유한 재력과 영향력도 대다수 정부보다 뛰어나며 어느 나라보다 발 빠르게 움직인다. 특히 국민인 유권자들에게 이것저것 왈가왈부 설명할 필요가 없다. 저들이 국민에게 이로운 것을 국민 대신 결정하는 이 상황이 과연 정상적일까?

프랑스 우주비행사 토마 페스케가 국제우주정거장ISS으로 갈 때 탑승한 건 프랑스 국적의 로켓도, 한때 막강했던 미항공우주국NASA의 로켓도 아니었다. 이제 미 정부는 이런 로켓을 만들지 못한다. 1986년 우주 왕복선 챌린저의 폭발로 트라우마가 생긴 후 더는 위험을 감수하

---

* 비거주자가 세금 감면 제도, 최신 인프라 등을 이용할 수 있게 해주는 곳으로 다양한 글로벌 기업이 입주해 있으며, 상대적으로 금융 규제가 적은 지역에 세워져 있다. 조세 피난처로 악용되는 경우가 많다.

려 들지 않기 때문이다. 프랑스 우주비행사 앞에는 유럽이라는 선택지도 없다. 한때 아리안Ariane*으로 우주 분야에서 두각을 나타냈던 유럽도 이젠 정체되고 뒤처진 상태. 결국 토마 페스케는 일론 머스크의 로켓인 팰컨9을 타고 ISS로 날아갔다. 제프 베이조스는 그게 자신의 블루오리진Blue Origin 마크를 단 로켓이길 바랐을 것이다. 해서 끊임없이 반격의 기회를 모색하고 있다. 어찌 됐든 지구 밖으로 우주비행사를 내보내는 건 이제 신흥 재벌의 소관이다.

일론 머스크는 미 정부를 대신해 위험을 감수했고, 정부는 그에게 두둑한 돈을 지급했다. 캐나다와 미국 국적을 보유한 이 남아프리카공화국 출신 사업가는 불과 10년도 안 되는 사이에 우주 산업계의 거물이 되었다. 그에게 ISS 왕복은 단순한 시작에 불과하며, 언젠가 더 큰 우주선으로 사람들을 달이나 화성까지 싣고 갈 생각이다. 화성을 우리의 '대체 행성'이라 생각하기 때문이다. 아직 아무도 발을 들이지 않은 이 붉은 행성은 또 하나의 '머나먼 서부'가 될 것이다. 아직 나라가 세워지지 않은 만큼 먼저 가는 사람이 그 땅의 주인이 되며, 그가 말하는 게 곧 법이 된다. NASA는 (미 국민을 대표해) 일론 머스크의 달 탐사선 개발에 자금을 댐으로써 화성을 향한 그의 꿈에 동참하고 있다.

　　일론 머스크는 정부 규제도, 기성 질서도 좋아하지 않는다. 오직 재능, 신속성 그리고 사람의 의지만을 믿는다. 자동차나 로켓에 대해

---

* 유럽우주국(ESA)이 개발한 인공위성 발사용 로켓으로, 그리스 신화 속 크레타섬의 미궁에서 테세우스를 구한 아리아드네의 프랑스식 이름을 붙였다. 1979년에 아리안1이 발사되었고, 아리안5는 1996년에 발사된 이후 여러 번 개량되어 2023년 7월까지 117회 발사되었다.

서만 그런 게 아니다. 이미 지구 주위를 도는 저궤도 위성 3분의 1이 그의 소유다. 그의 원칙은 단 하나, 먼저 온 사람이 임자라는 것이다. 유럽이 위성을 쏠 수 없다면 안됐지만 그건 유럽의 문제다. 그에겐 오직 약육강식의 논리만이 존재한다. 그리고 유럽은 이에 대항할 힘이 없다.

우크라이나 전쟁에 개입하는 일론 머스크

우크라이나가 러시아에 대항할 수 있는 것도 일론 머스크 덕분이다. 물론 그가 카이사르 자주포나 레오파드3 탱크 같은 무기를 만들어내는 건 아니다. 하지만 21세기 전쟁에서 필수품인 위성을 가졌다. 일론 머스크 덕분에 우크라이나는 디지털 전투 시스템을 이용하거나 습득한 정보를 활용하고, 포 사격 또한 조율할 수 있었다. 작전 부대가 참모부와 소통할 수 있는 것도 일론 머스크의 협조 덕분이었다. 드론과 카메라 등은 오늘날의 전쟁에서 기갑 부대 수 못지않게 중요하며 인터넷 접속 가능 여부가 승패를 좌우한다. 만약 일론 머스크가 우크라이나에 (무력화할 수도 없을 만큼 많은) 스타링크Starlink 위성과 기지 사용을 허용하지 않았더라면 러시아는 아마 일찌감치 우크라이나 '형제들'을 짓밟았을 것이다. 우크라이나가 계속 항전을 이어갈 수 있었던 건 일론 머스크의 네트워크 덕분이다. 그런데 이 억만장자가 (그간 연락을 지속해온) 푸틴의 요구로 접속을 끊어버렸는지 몰라도 남부의 일부 격전지에서 우크라이나군이 인터넷을 사용하지 못해 공격 시 큰 혼란을 겪은 일이 있다. 미 국방성 장교들도 일론 머스크가 우크라이나 전쟁에서 손을 뗄 수도 있다고 여기며 불안해한다.

우크라이나는 구글, 마이크로소프트, 아마존, 메타의 기술력을 바탕으로 러시아의 침략을 막아내고 있다. 그 어떤 나라도 우크라이나에 이런 지원을 해줄 수 없을 것이다. 테크 기업의 정치적 중립성 같은 건 이미 깨진 지 오래다. 우크라이나 정부는 마이크로소프트가 백악관에 미리 알려준 덕분에 초기 사이버 공격에 대한 정보를 얻었고, 마이크로소프트와 아마존의 클라우드에는 우크라이나 국민의 명부와 세금 정보가 저장되어 있다. 구글도 GPS와 관련해 중요한 역할을 맡고 있으며, 유튜브와 페이스북은 정보 왜곡 문제를 해결해준다. 현재 우크라이나의 민간 및 군사 디지털 시스템 중심에는 미국의 빅테크 기업들이 있다.

하지만 그에 대한 대가는 무엇일까? 모든 우크라이나 국민의 개인정보에 대한 자유로운 접근권이다. 우크라이나 사람들은 급한 불을 끄려다 결국 자신들의 주권을 넘기고 말았다.

우크라이나 전쟁에서 빅테크 기업이 차지하는 비중은 추후 정치적 문제로 비화할 수 있다. 이들이 미 당국과 숨기는 것 없이 긴밀히 공조하고 있기 때문이다. 프랑스 사이버작전사령부ComCyber를 총괄하는 본메종 장군이 2022년 12월 국회 청문회에서 밝힌 바에 따르면, 엔지니어부터 시작하여 기자재, 투자금, 검색 능력 등 빅테크 기업이 보유한 무수한 자원은 동맹국이 제안할 수 있는 것들과 비교가 되지 않는다. 물론 자국 군대가 육해공 3군을 지휘하지만, 우주 공간과 사이버 공간 대부분은 이들이 운용한다. 즉, 민간 기업이 한 나라의 국방을 좌우하는 핵심 역할을 맡은 셈이다. 그리고 이들은 우리 바람과 상관없이 몇몇 게임의 규칙을 원하는 대로 정할 수 있다.

선악에 대한 개인의 판단

우주 및 자동차 산업에서 거물이 된 일론 머스크는 새로운 분야로 사업을 확장하여 440억 달러에 트위터를 인수하고 이름을 X로 바꾸었다. 수억 명의 이용자를 가진 막강한 소셜미디어가 그의 손에 들어간 것이다. 트위터의 새 주인이 된 일론 머스크는 자체 검열 시스템부터 없앴다. 이는 도널드 트럼프와 칸예 웨스트도 바라던 바였다. 둘 다 트위터의 콘텐츠 단속에 따른 '피해자'였기 때문이다. 도널드 트럼프는 트위터에서 허위 사실을 유포한 일, 지지자들로 하여금 미 연방의회의 사당을 공격하도록 부추겨 민주주의를 위기에 빠뜨린 일로 단속 대상이 됐다. 래퍼 칸예 웨스트 역시 혐오 발언과 반유대주의 발언이 담긴 트윗을 자주 올려 계정이 차단됐다.

트위터에 계정을 갖고 있던 도널드 트럼프는 2023년 8월 24일 자신의 '머그샷'과 함께 X로 돌아왔다. 칸예 웨스트도 복귀했지만 얼마 후 일론 머스크가 다시 퇴출했다. 칸예 웨스트가 나치와 히틀러에 대한 찬양을 지속했기 때문이다. 그럼에도 일론 머스크의 계정 단속에는 문제가 있다. 칸예 웨스트가 명백한 잘못을 저지르긴 했지만 일론 머스크 혼자만의 판단으로 선악을 가리는 게 과연 상식적인 일일까? 그는 트위터 인수 직후 《뉴욕타임스》와 《워싱턴포스트》를 비롯한 언론 매체 기자 열두 명의 계정도 폐쇄했다. 자신의 전용기 위치와 관련된 기사 등을 써서 사생활을 침해했다는 이유였다. 그렇다면 일론 머스크는 전 세계 모두의 옳고 그름을 판단할 수 있는 걸까? 독단적으로 도널드 트럼프의 페이스북 계정을 폐쇄한 마크 저커버그처럼? 하지만 그 누가 선악을 논할 수 있는가? 종교인들이 믿는 신 외에, 또 국민들이 판결을 위임한 판사 외에 누가 선악을 말할 수 있는가?

과거에도 백악관은 철도, 정유, 통신 등 주요 경제 부문을 장악한 사업가들과 대치한 경험이 있다. 하지만 테크계 재벌들은 '강도 귀족robber baron'이라 불리던 19세기의 악덕 자본가들과 다르다. 손에 기술력과 미디어를 모두 쥐고 있어서 (원한다면 얼마든지) 자신의 네트워크나 채널에서 스스로의 정치사상을 즉각 유포할 수 있기 때문이다.

심지어 일론 머스크는 뇌에 칩을 심어 조물주 행세까지 하려 든다. AI에 대적할 수 있는 인간을 만들기 위해 기계와 인간의 융합을 주창하는 그가 아니던가? 허황된 꿈을 꾸는 괴짜 CEO가 비단 일론 머스크만 있는 건 아니다. 아마존 창업주 제프 베이조스 역시 블루오리진 로켓과 더불어 우주 정복을 꿈꾼다. 지구를 너무 작다고 여기는 억만장자들에게 미 정부는 부득불 우주 비행 업무를 위임했고, 제프 베이조스는 NASA와의 계약 체결에 열을 올렸다. 그 역시 당국과의 계약을 통해 우주 관광 사업을 시도하고 있는데, 기술적 어려움 때문에 손놓고 있던 미 정부에게는 차라리 다행스러운 일이다. 러시아의 소유즈 우주선에 손을 벌리는 불편함도 이젠 없지 않겠나. 심지어 NASA는 달에서 걸어 다닐 우주비행사의 우주복 제작 역시 민간 기업에 맡겼다. 이미 우주복 개발에 4억 달러 넘게 투자했으나 성과를 내지 못해 민간 기업의 힘을 빌리게 된 것이다.

우주 캡슐에서 지구를 내려다보는 제프 베이조스

세계 최대 온라인 상점을 보유한 제프 베이조스 역시 인류를 위한 원대한 계획을 구상하고 있다. 이른바 오닐 프로젝트다. 제프 베이조스는 자원이 고갈된 지구의 인간들을 우주 정착촌 오닐실린더O'Neill cylinder로 이주시킬 계획이다. 물리학자 제러드 오닐의 이름을 딴 오닐 실린더는 거대한 원기둥으로, 우주에 떠 있는 이 공간 속에 마을과 도시가 구축된다.

이보다 단기적인 차원에서의 계획도 있다. 마찬가지로 미 정부가 힘을 쓰지 못하는 의료 산업에서다. 요새 한창 성장 중인 분야인데다 넘쳐나는 개인정보가 있으니 IT 대부호들이 눈독을 들일 수밖에 없는 새로운 금광이다. 고객의 생활 습관, 식사 패턴, 평소 어떤 운동을 하고 어떻게 생활하며 어떤 약을 주로 먹는지 안다면 보험사에 유리한 가입자와 그렇지 않은 사람을 구별해낼 수 있다. 그러다 보면 그에 따른 차등 보험료를 부과할 수 있고, 이 자료를 다른 보험사나 은행이나 기업에 되팔 수도 있지 않겠는가? 제프 베이조스는 이미 아마존케어라는 서비스를 통해 이를 시도한 바 있다. 하지만 수익성이 낮다는 이유로 2022년에 일단 한발 물러섰다. 그러나 사업은 보류되었을 뿐, 언제든 다시 재개할 수 있다.

정부나 공공 기관보다 자신이 더 낫다고 생각하면서 의료 산업에 발을 들인 억만장자는 제프 베이조스만이 아니다. 마이크로소프트의 창업주인 빌 게이츠 역시 이쪽에 눈독을 들이고 있다. 빌 게이츠는 전 세계를 위한 자선 사업에 자신의 여생과 재산을 바치기로 결심했다. 미국의 억만장자들이 이렇게 자선 사업을 벌이는 경우가 많지만, 빌 게이츠는 화력 레벨 10인 무기로 전력 보강해준다는 느낌이랄까?

빌 게이츠는 전 세계 보건 분야를 다스리는 이들 중 한 명이다. 세계보건기구WHO에 근거지를 마련하고 이 조직에 두 번째로 많은 기부금을 출연出捐하고 있다. 기부금 규모로는 프랑스나 중국을 훨씬 앞선다. 도널드 트럼프가 첫 대통령 임기 때 미국은 WHO를 탈퇴하고 분담금을 내지 않겠다고 하자 세계에서 가장 돈 많은 이 퇴직자는 정부 대신 빌앤멀린다게이츠재단이 분담금을 내겠다고 제안했다. 현재 빌 게이츠는 아프리카의 소아마비나 말라리아 퇴치 계획에 없어서는 안 될 존재다. 코로나19 백신의 연구 및 보급을 위해서도 수억 달러를 아 낌없이 투척했다.

전 세계 보건 분야를 다스리는 빌 게이츠

빌 게이츠는 50년 전부터 테크 분야에서 시행해왔던 엄정한 방식을 백신 쪽에도 접목하고 있다. 테크 분야에서의 성공 이력을 토대로 그 는 어떤 백신이 가장 시급하며 어떤 아이들에게 백신을 맞춰야 하는 지, 또 백신 접종 지역과 조건은 어떠해야 하는지를 결정한다. 각국 정 부는 그의 결정에 순순히 따를 뿐 선택의 여지가 없다. 그의 돈, 정확 히는 멀린다 게이츠와 함께 만든 재단의 돈으로 하는 사업이기 때문이 다. 멀린다 게이츠는 빌 게이츠와 이혼한 뒤에도 빌 게이츠와 함께 보 건 대사로서의 역할을 수행해왔다. 그런데 빌 게이츠가 대단한 일을 하는 것은 맞지만 견제 세력 없이 독단적으로 의사 결정을 내리는 점 에 대해서는 비난이 일고 있다. 사실 그가 어떠한 선정 기준과 원칙으 로 특정 지역을 택하는지는 아무도 모른다. 자선 사업에는 민주적 절 차에 따른 통제와 감시가 불가능하기 때문이다. WHO에 그가 영향력 을 미치는 것에 대한 비판 여론도 있고, 일각에선 그가 WHO의 실질 적인 보스가 되었다고까지 이야기한다.

　인터넷상에서도 빌 게이츠에 대한 평은 여전히 좋지 않다. 마이 크로소프트가 시장을 독점한 골리앗으로서 경쟁자 다윗(애플)을 누르던 시절의 기억 때문인 듯하다. 음모론을 펼치는 일각에선 그가 코로나19 팬데믹을 이미 알고 있었다는 의심까지 제기한다. 병의 확산을 미리 알았으니, 따라서 그가 이를 기획했다는 것이다(실제로 빌앤멜린다게이츠재단이 세계적으로 전염병이 유행할 위험성을 경고하긴 했다).

구글의 창업주 세르게이 브린과 래리 페이지는 단순히 백신 접종 정도에 그치지 않는다. 인간을 아예 불멸의 존재로 만들려 하기 때문이다. 그 어떤 나라의 수장도 이런 원대한 꿈을 품은 적이 없다. 이들은 신의 위에 올라서는 것은 물론, 한발 더 나아가 신의 '뜻'에 반하는 일까지 하려 든다. 자유지상주의를 따르는 이들은 노화를 제어하고 죽음을 정복한다는 궁극적인 꿈의 실현에 재산을 투자했다. 구글의 자회사로서 샌프란시스코 베터런스 대로에 위치한 생명공학 기업 캘리코Calico는 구글 창업주의 원대한 계획을 현실로 만드는 데 매진하고 있다.

물론 이들이 암 치료제 연구 같은 데 돈을 투자할 수도 있었을 테다. 하지만 이는 둘의 관심사가 아니다. 기껏해야 인간의 기대 수명을 3년 정도 연장해주는 게 전부라니 너무 포부가 작지 않나? 그래서 '죽음의 정복'이라는 목표를 세웠다. 캘리코가 노화 진행 과정을 파고드는 이유다. 구글의 모회사 알파벳에서 가장 비밀리에 운영되는 이 기업은 신시아 케니언 박사가 공동으로 운영한다. 신시아 케니언은 1993년 유전자 조작으로 선충C. elegans의 수명을 두 배 연장해 주목을 받았다. 캘리코는 다른 설치류보다 수명이 긴 벌거숭이두더지쥐에 대한 연구도 진행 중이다.

래리 페이지와 세르게이 브린은 트랜스휴머니즘을 표방하는 대학에도 자금을 후원했으며, 구글 내 연구를 지휘할 담당자로 컴퓨터

과학자 레이 커즈와일을 채용했다. 레이 커즈와일은 인류가 생물학적 한계를 극복하고 기계와 융합하여 불멸의 삶에 이르러야 한다고 확신하는 인물이다. 우리 뇌에 저장된 내용을 로봇에게 전송할 수 있다면 유한한 우리 몸은 더 이상 필요하지 않을 것이기 때문이다. 구글의 두 창업주는 이 같은 계획을 실행하기에 앞서 누구에게도 자문을 구하지 않았으며, 윤리위원회에 문의하는 불편함 또한 감수하지 않았다.

부자들에게만 가능한 불멸의 세상

인류의 삶을 바꿔놓거나 미래 세대에 영향을 미칠 중요한 결정을 내리는 상황이라면 정부는 결정하기에 앞서 전문가 집단의 고견을 듣고 민주적인 공론의 장을 마련한다. 하지만 테크계 억만장자들은 할 수 있는 것은 무엇이든 할 수 있어야 한다고 생각하며, 자신들이 좋다고 믿는 것이 모두에게도 좋다고 생각한다. '죽음'이란 하나의 '문제' 상황이고, 모든 문제에는 응당 해법이 존재한다. 그러나 윤리적인 문제는 차치하고, 만약 젊음의 묘약이라는 게 (저들에 의해) 발견되어 누구나 쓸 수 있게 될 거라 믿는다면 지극히 순진한 발상이다. 언제나 그랬듯이 약을 쓸 수 있는 사람은 돈 많은 부자들뿐이다.

구글의 두 창업주는 전 세계 AI 개발의 선두 그룹에도 들어가 있다. 둘은 딥마인드DeepMind라는 영국계 AI 연구 기업을 인수한 후 굉장히 폐쇄적인 이 집단의 일원이 되었다. 원래 구글에도 구글브레인이란 AI 전담 부서가 있었는데 경쟁에서 앞서나가고자 딥마인드와 구글브레인을 하나로 합쳤다. 챗GPT의 약진에 맞서 생성형 AI 분야에서 경쟁력을 확보하고, 아울러 인간의 지능을 뛰어넘는 범용인공지능 분야에서도 앞서나가려는 것이다.

　정부 위에 군림하는 억만장자들 중 마지막 인물은 마크 저커버그다. 마지막으로 소개한다고 해서 영향력이 가장 낮은 것은 아니다. 페이스북과 인스타그램의 대표인 마크 저커버그는 전 세계 30억 명 이상의 개인정보를 쥐고 있다. 세계 인구 3분의 1에 해당하는 수치고, 대개 구매력도 높은 축에 속한다. 마크 저커버그는 이들에게 어떤 식으로 영향을 줄 수 있는지 누구보다 잘 안다. 전 세계 그 어떤 독재 정권도 이만한 규모로 사람들에게 영향을 미치진 못했을 것이다. 특히 케임브리지애널리티카Cambridge Analytica 스캔들은 마크 저커버그가 이 귀중한 정보를 얼마나 함부로 썼는지 여실히 보여주는 사건이었다. 페이스북 가입자들의 신상 정보가 유권자들에게 타깃 메시지를 보내 투표 방향을 원하는 쪽으로 유도하려는 기관에 넘어갔기 때문이다.

　페이스북의 전 직원이었던 내부 고발자 프랜시스 하우건 역시 페이스북이 이용자의 보안 정보로 수익을 올리고 있다는 점을 확인해주었다. 2020년 11월 초, 미 대선에서 조 바이든이 도널드 트럼프를 이기고 나서 며칠 후 페이스북의 한 직원이 동료에게 밝힌 바에 따르면, 부정 투표 의혹을 제기하는 글들의 조회 수가 전체 미국 정치 콘텐츠 조회 수의 10퍼센트를 차지했다. 트럼프는 페이스북에서 퍼진 이 근거 없는 루머를 거듭 반복했고, 이는 보수 세력과 음모론자들의 분노를 부추겨 이듬해 1월 6일 연방의회의사당에서의 폭동으로 이어졌다. 조 바이든 당선자에 대한 최종 승인이 이뤄질 때 트럼프 지지자들이 난입한 것이다. 이 과정에서 다섯 명이 목숨을 잃었다.

페이스북 창업주와 구글 창업주는 또 다른 막대한 권력을 쥐고 있다.

바로 언론 매체의 생사를 좌우하는 결정권이다. 이는 민주주의의 위기와도 직결된다. 페이스북과 구글이 거두는 광고 수입은 전체 디지털 광고 수입의 절반 이상을 차지한다. 콘텐츠를 제공하는 매체가 가져야 할 수입이 두 기업의 배 속으로 들어가는 것이다. 페이스북과 구글은 언론 기사 유포에 대한 비용 지불을 거절했다. 유럽연합EU과 프랑스의 법규를 위반하는 행위다. 이로써 두 기업은 각국의 주권을 위협하며 민주주의의 기본 원칙을 저버렸다. 현재 몇몇 국가에서는 이와 관련한 공방마저 벌어지고 있다. 이들의 제왕적인 운용 방식이 시장의 기본 균형을 위협하고 있는데도 정부는 그 파괴력을 저평가했다는 사실을 너무 늦게 깨닫는 중이다.

초월적 위력을 가진 이 빅테크 대표들은 왜 과거의 전통적인 기업 대표보다 더 높은 지위에 오른 걸까? 좋고 나쁨에 상관없이 이들은 어떻게 우리 삶을 완전히 뒤바꾸어놓을 수 있었을까? 이들이 그만큼 큰 '꿈'에 원대한 포부를 품었기 때문일까? 자신만의 방식으로 세상을 개조하려는 의지가 있었기 때문에? 프록터&갬블, 폭스바겐, 루이비통 등의 대표들은 인간에게 주어진 삶을 뛰어넘어보겠다고 큰소리치지 않는다. 반면 우리의 '슈퍼맨'들은 거의 신이나 가능할 계획을 세웠다. 스스로를 이 세상의 구세주라 여기는 것이다.

하지만 코로나19 팬데믹으로 전 세계가 몸살을 앓았을 때 이들은 세상을 구원해주지 않았다. 은퇴 후 보건 분야에 매달리고 있는 빌 게이츠를 빼면 그 누구도 백신 공급과 유통을 위해 노력하지 않았다. 이들은 그저 코로나19 팬데믹 특수로 돈을 버는 데 급급했다. 사실 팬데믹으로 인한 이동 제한 조치는 테크 기업들에게 상당한 수익을 가져다주었다. 인터넷은 서로 간의 소통에 필수였고, 장을 보거나 영화를 보고 재택근무를 할 때도 없으면 안 될 요소였다. 업무 출장마저 화상 회의로 대체하던 시기, 테크 기업들은 이 괴이한 독감 바이러스가 고마웠을 것이다. 치료에 전혀 기여하지 않으면서도 통상 20년은 걸릴 경제 침투도를 불과 몇 달 만에 달성했기 때문이다. 아마존 온라인 쇼핑, 원격 진료, 미트Meet나 줌Zoom 또는 팀즈Teams 같은 플랫폼에서의 온라인 화상 회의 등은 코로나19 팬데믹 때 이용량이 폭증했다. 빅테크 기업의 이 같은 서비스가 우리에게 도움이 된 것은 사실이나 그 덕에 이들의 재산도 훨씬 불어났다. 2020년 이사분기 아마존과 페이스북의 이윤은 전년 대비 두 배 증가했다.

위험에 노출된 청소년들

이 기업들은 우리에게 '보다 나은 세상'을 만들어준 게 아니라 민주주의를 위기에 빠뜨리며 세상을 변질시켰다. 오늘날 사람들이 더욱 공격적으로 변하고 포퓰리즘이 성행하게 된 데는 페이스북이나 X를 비롯한 소셜미디어의 책임이 크다. 소셜미디어의 알고리즘이 자극적이고 도발적인 콘텐츠를 점점 더 많이 게시하도록 유도하면서 사람들을 잘못된 사고의 틀 속에 가둬두기 때문이다. 그로 인해 분열이 조장되고 극단적인 정치 성향이 늘어나면서 유럽과 미국에서는 폐해가 이만저만이 아니다.

　더욱 심각한 문제는 소셜미디어가 어린이와 청소년의 정신 건강에 해로운 영향을 미친다는 점이다. 안 그래도 아이들이 하루 중 상당 시간을 전자기기 앞에서 보내는 탓에 지적 발달이 제대로 이뤄지지 않는 상황이다. 뒤에 가서도 살펴보겠지만 테크 기업 관계자 대다수는

14세 미만의 자녀에게 휴대폰을 주지 않는다. 아이들이 청소년이 된 후에도 인터넷 이용 시간을 제한하며, 전자기기 사용이 엄격히 금지된 학교에 다니게 한다. 이 모든 게 과연 우연일까?

　페이스북을 비롯한 소셜미디어 기업들은 전문가들에게 연구를 의뢰하거나 관련 연구진을 조직했다. 소셜미디어의 과도한 사용이 젊은이들의 삶의 재미를 떨어뜨리고 신경 우울증을 야기하며 자살 충동까지 일으킨다는 사실을, 이들은 그 누구보다 잘 알고 있다. 해당 기업들은 인스타그램 사진을 더 예뻐 보이게 만드는 뷰티 필터 보정 기능 때문에 실제 얼굴을 보정된 사진과 비슷하게 만들려고 18세~30세의 젊은이들 사이에서 성형 수술이 크게 성행하고 있다는 사실 역시 모르지 않는다. 결국 이를 통해 만들어지는 것은 정서적으로 불안하고 좌절감이 높은 성년 세대다. 그리고 기업들은 일부러 이런 상황을 조장하며 수익을 늘려간다. 오늘날 소셜미디어의 희생양이 된 청소년들은 테크계 억만장자들을 규제하지 않고 손 놓은 정부 당국이 유발한 피해를 고스란히 입고 있다. 페이스북, 유튜브, 인스타그램 등의 비즈니스 모델은 부패하고 타락했다. 조회 수와 중독성을 높일수록 수익이 높아지는 구조이기 때문이다. 이 기업들의 수익성이 극대화되려면 그만큼 이용자가 과도하게 서비스를 소비해야 한다. 뒤에서도 살펴보겠지만 이 때문에 우리는 현재 매우 심각한 공중 보건 문제에 직면해 있다.

선거의 심판이 필요 없는 억만장자들

막강한 힘을 가진 이 억만장자들은 정부 대표를 만날 때도 동등한 지위에 놓인다. 그나마도 회동은 대개 후자의 요청으로 성사된다. 사실

이들의 수입은 각국 정상의 수입보다 백 배는 더 높고, 재산 규모도 천 배 이상이다. 게다가 가진 힘의 기한이 없다. 선거로 그 자리가 대체되지 않기 때문이다. 선거로 뽑힌 사람들과 달리 억만장자에게는 제약이란 게 없다. 일론 머스크가 대통령 자리보다 지금 하는 일이 더 좋다는 식으로 말한 이유다. 심지어 외교 문제에 간섭할 때도 있는데, 일론 머스크 같은 경우 우크라이나 평화 수립을 위한 자신의 (친러시아적) 계획안을 서슴지 않고 내놓는가 하면, 대만에게도 (중국이 좋아할 만한) 한정된 특수 지위를 제안하여 백악관의 반발을 샀다. 백악관은 대만의 자유를 지지하고 중국이 군사 개입을 시도할 경우 지켜주겠다는 입장이다. 그럼에도 일론 머스크가 이렇게 중국에 우호적인 이유는 실리 때문이다. 테슬라에게 중국은 굉장히 거대한 시장이고, 중국에 대규모 공장을 둔 일론 머스크 입장에선 중미 관계가 악화하더라도 중국 공장을 그대로 유지하고 싶을 것이다. 한편 중국은 스타링크를 소유한 일론 머스크가 양안 전쟁 발생 시 (지금 우크라이나에서 그러하듯이) 개입하는 건 아닌지 우려하고 있다.

일론 머스크가 정식 외교관처럼 구는 것도 그렇게 놀랄 일은 아니다. 일부 국가는 아예 빅테크 기업을 담당하는 대사를 임명하여 이들의 치외법권을 암묵적으로 인정해주기도 한다. 일례로 덴마크는 2017년 실리콘밸리의 주요 IT 기업들을 전담하는 대사를 임명했다. 해당 기업들이 한 나라에 준하는 힘을 갖고 있다는 점을 사실상 인정한 셈이다. 이제 덴마크는 이 기업 대표들 역시 한 나라의 정부 대표와 동등하게 대우한다. 덴마크 외무부가 처음으로 실리콘밸리 담당 대사로 지명한 캐스퍼 클린지는 "이 기업들이 나와 여러분에게 얼마나 중요한 존재인지 안다면, 상당수 기업이 대다수 국가보다 훨씬 큰 영향력을 미친다는 점을 깨달을 것"이라며 부임 동기를 설명했다.

하지만 이 '초국가적' 기업들을 하나의 영토 없는 나라로 인정해준다는 건 이들이 세금 또한 영토 밖에서 처리해도 정당화해준다는 뜻이다. 구글이나 아마존 같은 기업이 영토에 얽매이지 않는 하나의 완전한 조직체라면 이들은 더 이상 미 정부의 관할하에 들어가지 않는다. 그러니 미국에 세금을 납부할 필요도, 영업 활동이 이뤄지는 나라에 직접 세금을 낼 필요도 없다. '초국가적'인 존재이니 세금이 가장 적은 나라, 나아가 세금이 아예 부과되지 않는 나라에 본사를 두지 않겠는가? 이 기업들은 결국 나라와 나라의 경계가 허물어지고 정부가 힘을 쓸 수 없는 새로운 국제 경제 질서를 구축하고 있다.

유럽이 빅테크 기업들에게 벌금을 부과하고 미 정부도 기업 분할을 요구하고 있지만, 현재 진행되는 소송들이 성과를 거두기란 쉽지 않을 듯하다. 빅테크 기업들에겐 불리한 규범과 규제 신설을 막아줄 막강한 로비스트 군단이 있기 때문이다. 각계 전문가와 법률가 수백 명으로 구성된 로비스트 군단을 앞세운 기업들은 각종 논리를 갖다대며 변명을 늘어놓고 법률 절차를 지연시킨다. 심지어 자신들과 관계된 법이 제정될 때도 개입한다. 마치 힘을 잃은 정부와 시대에 뒤처진 규제 위에 군림하는 형상이다.

민주주의의 퇴보

빅테크 기업은 오늘날 '대마불사大馬不死'가 된 것일까? 몸집이 너무 커져 함부로 죽을 수도 없기에 이들은 무슨 일을 해도 무사하다. 2008년

서브프라임 위기 때의 주요 은행들과 마찬가지로 지금의 빅테크 기업은 몸집이 지나치게 비대해졌고, 구조적으로도 너무 많은 곳에 발을 뻗고 있어서 함부로 무너지게 놔둘 수 없다. 만약 이 기업들이 무너지면 경제가 무너지고 미국의 모든 IT 시스템이 붕괴한다. 이들이 보호막에 둘러싸여 거의 무적의 존재가 된 이유다. 시스템 전체의 위기를 초래할 수 있기에 시스템 전체를 좌우하는 힘이 부여된 것이다.

오늘날 21세기 초반을 살아가는 우리는 힘의 무게 중심이 여섯 기업인과 '기업계'에게 유리한 방향으로 쏠리는 현상을 목도하고 있다. 기업계란 '경제계'의 개념을 세운 페르낭 브로델식 용어로, 그 초월적인 위력이 적절히 규제되어야 하는 경제·정치 단위를 일컫는다. 캘리포니아대학 버클리캠퍼스의 리처드 워커 교수는 우리가 이미 "억만장자들의 노리개"가 되었다고 평한다. "20세기를 대표하던 대기업들보다 훨씬 규모가 큰 기업주들의 장난감"이 된 것이다.

테크계 억만장자들이 정부 위에 군림할수록 민주주의는 퇴보한다. 이들의 독단적인 판단은 점점 늘어나며 불평등도 심화하고 현실도 왜곡된다. 몇 사람의 의지로 모든 일이 이뤄지는 꼴인데, 우리에겐 저들을 통제할 힘이 없기 때문이다. 각자가 자기 분야에서 우리의 미래를 결정하려 한다. 모두가 스포츠카를 타고 크루즈 여행이나 (제프 베이조스의 블루오리진 투어 기준 2,800만 달러에 달하는) 우주 여행을 즐길 수 없듯이 누구나 수명을 연장하고 머리에 칩을 심을 수는 없을 것이다. 지금까지 인간의 수명, 또 무엇보다 지능은 개인의 경제력에 좌우되지 않았다. 그래서 사회적 신분 상승도 비교적 자유롭게 이뤄져왔다. 하지만 테크계 억만장자들이 지배하는 세상에선 밝은 미래가 전혀 보이질 않는다.

그렇다면 우리는 무엇을 어떻게 해야 할까? 무조건 기업을 없애는 게 능사는 아니다. 기업의 혁신과 발전은 곧 경제와 기술 발전으로 이어지기 때문이다. 중국은 빅테크 기업을 통제하면서 경제 발전 속도가 둔화했고, 당국이 계획했던 세계 제1강국이라는 목표 또한 위태로워졌다. 하지만 그렇다고 '닭장 안으로 여우가 자유롭게 드나들도록' 방치할 수도 없는 노릇이다. 주요 소셜미디어 업체들은 서비스 개선을 구실 삼아 우리에 대한 모든 정보 수집을 정당화한다. 이용자의 편의를 위한다는 이유에서지만 우리가 여기에 반대한다고 해도 상황은 달라지지 않는다. 이용자들은 사실 시키는 대로 할 수밖에 없다. 무상으로 제공되는 서비스를 거부하기란 어렵기 때문이다. 관심사에 딱 맞는 정보를 보여주고, 자신과 비슷한 사람들을 만나게 해주며, 무한한 콘텐츠와 자신이 좋아하는 것들을 점점 더 많이 제공해주는데 어떻게 이러한 '편의'를 마다할 수 있겠는가? 사실 '서비스가 무료인 이유는 우리 자신이 상품이기 때문'이다. 이를 익히 알고 있음에도 저들이 제공하는 서비스를 거부하기란 쉽지 않다. 하지만 인구 절반 이상이 소셜미디어를 통해서만 정보를 얻는다면 정보 왜곡의 위험은 걷잡을 수 없이 커지고 그에 따른 정치적 위험도 상당할 것이다.

21세기의 '강도 귀족들'

저들이 제공하는 서비스를 수락하든 말든 우리는 전 세계를 무대로 한 이들의 기업 활동에 조건을 내걸어야 한다. 우선 테크계의 신흥 재벌들이 더는 조세 규정을 피할 수 없도록 해야 한다. 납세 의무가 있는 세금이라면 응당 내야 하는 법이다. 또한 경쟁 규정에서도 벗어나지 못하게 해야 한다. 실력 있는 신생 기업이 경쟁 업체로 나서지 못하게 싹을 자르는 저들의 관행을 막는 것은 물론, 수익을 독점하지 못하게 규제해야 한다. 또한 사생활 보호법으로부터 자유롭지 못하게 막아야 한다. 이용자는 자신의 개인정보가 어떻게 처리되는지 알 수 있어야 하며 이를 삭제할 권한을 가져야 한다. 아울러 초국가적 위치를 가진 이 기업들이 공중 보건의 기본 원칙에서도 벗어나지 못하게 해야 한다. 청소년들의 정신 건강이 더는 위험에 처하지 않도록 콘텐츠를 규제하게 만드는 것이다. 이미 한 세대가 그 희생양이 되었다.

21세기의 '강도 귀족들'은 이 세상을 좌우하는 권력을 쥐고 있다. 하지만 상황이 이렇게 된 건 누구의 잘못일까? 이들은 그저 자신들이 가진 힘에 상응하는 권력을 행사했을 뿐이다. 그런데 저들의 성장은 필연적인 것이 아니었다. 중국에서는 래리 페이지와 세르게이 브린의 구글이 끝내 성공을 거두지 못했기 때문이다. 구글은 중국의 규정이 워낙 엄격하여 검열 기능이 탑재된 검색 엔진을 구상했다가 미국에서 큰 반발이 일어 개발을 중단했다. 물론 중국이 통상적인 법치 국가는 아니다. 하지만 굳이 중국 같은 방식을 쓰지 않더라도 유럽과 미국은 빅테크 기업의 패권을 저지할 수 있는 법규를 갖추고 있다. 문제는 미 정부와 유럽 당국이다. 둘 다 스스로 권력을 내주었기 때문이다. 하지만 아직 그리 늦진 않았다. 새로이 패권을 장악한 이들이 지금까지 미친, 앞으로 미칠 폐해는 지금부터라도 바로잡을 수 있다.

01

일론 머스크, 스스로를
신이라 여긴 사나이

21세기의 가장 유명한 억만장자 일론 머스크는 자신의 위성으로 우크라이나를 '구하는' 매력적인 기업가이지만, 기분이 널뛰는 탓에 미 정부를 긴장시키기도 한다. 원숭이 뇌에 칩을 이식하는가 하면 기상천외한 방식으로 X를 운영하는, 천재인 동시에 아직 철이 덜 든 몸만 큰 아이다. 경쟁사인 페이스북의 마크 저커버그에게 종합 격투기 대결을 신청하더니 건강 문제를 이유로 발뺌하고, 눈금자 이모티콘을 곁들이며 '성기 크기 대결'을 제안하기도 했다. 가정생활 역시 상당히 기괴하다. 출생률 저하가 인류 문명의 위기라고 확신하는 일론 머스크는 시험관이나 대리모까지 동원하여 이미 세 여자 사이에 열한 명의 자녀를 두었다. 조금 더 빨리 얻기를 위해서인지 한 번에 여러 아이를 보기도 했다. 쌍둥이를 두 번, 세쌍둥이를 한 번 출산한 것이다. 2021년 11월과 12월에는 한 달 간격으로 두 여자가 아이 어머니가 되었는데, 그중 한 명은 가수 그라임스이고 다른 한 명은 그룹 계열사의 프로젝트 운영자인 시본 질리스이다. 반면 두 번의 결혼과 두 번의 이혼을 한 영국 배우 탈룰라 라일리와의 사이에선 자녀가 없다. 앰버 허드(조니 뎁의 전 부인)나 불륜 스캔들이 있었던 니콜 섀너핸(오랜 친구였던 구글 창업주 세르게이 브린의 아내)과의 사이에서도 아이를 두지 않았다.

일론 머스크는 연예 매체 《페이지식스Page Six》와의 인터뷰에서 "내가 시간을 함께 보낼 수 있고 좋은 아버지가 될 수 있다면 가능한 한 많은 아이"를 가지고 싶다고 밝혔다. 하지만 아이의 이름을 '테크노 매카니쿠스Techno Mechanicus', '엑스 애쉬 에이 트웰브X Æ A-XII', '엑사 다크 사이디어리엘Exa Dark Sideræl'이라고 지은 사람이 과연 책임 있는 아버지일까?

일론 머스크는 아스퍼거 증후군을 갖고 있음을 밝혔다. 아스퍼거 증후군이란 자폐의 한 형태로, 통상적이지 않은 논리 전개를 보이거나 타인과 소통하는 데 어려움을 겪는 특징이 있다. 아스퍼거 증후군을 가진 사람은 특정 분야에서 천재적인 능력을 보이는 경우가 있는데, 피아니스트 글렌 굴드나 체스의 대가 보비 피셔가 대표적이다. 하지만 일론 머스크는 특히 앞에 있는 상대와 마주 보는 데 어려움을 느끼고, 동시에 두 대화 상대와 이야기를 나누지 못한다. 둘 중 한 명의 존재를 계속 잊는 것이다. 미숙한 행동을 보일 때도 있는데, 방귀 소리나 똥에 대한 트윗에 유독 관심을 보인다. 게다가 화장실에서 메시지를 작성할 때가 많다 보니 화장실 안에서의 상황이 메시지 속에 언급되기도 한다. 서툰 실수를 저지르는 일도 한두 번이 아니라, 상대를 이유 없이 '페도(소아성애자)' 취급하거나 테슬라 상장 폐지를 검토하겠다고 공표하거나 음모론적인 내용의 트윗을 리트윗한 적도 있다. 자신의 전기 작가 월터 아이작슨에게 너무 자주 자기 발등을 찍었다고[1] 인정하기도 했다.

하지만 일론 머스크가 천재임에는 재론의 여지가 없다. 성공한 기업가, 쉴 틈 없이 움직이는 엔지니어, 우주 여행에 열광하는 몽상가, 자부심 넘치는 권위적인 사장이자 미래를 내다보는 뛰어난 IQ의 소유

자. 국적도 여러 개다. 남아공 태생으로 모계에는 캐나다인 피가 흐르며, 로켓을 만들기 시작하던 2002년에 미국인으로 귀화했다.

컴퓨터 바이러스를 잡았을 때의 나이는 고작 열 살이었다. 그는 프리토리아의 한 쇼핑몰에 갔을 때 코모도어Commodore의 8비트 컴퓨터 VIC-20를 보고 한눈에 반해버린다. 1981년 당시에 컴퓨터를 사용하려면 코딩에 대한 지식이 있어야 했고, 일론 머스크는 관련 교재를 파고들며 독학으로 코딩을 공부했다. 또한 하루 아홉 시간씩 독서에 몰두하기도 하고 백과사전의 A 항목에서 Z 항목까지 독파했다. 일론 머스크는 종교, 철학, 기술, 디자인, 정치 등 세상 모든 것에 관심을 가졌다. 독보적인 기억력으로 눈에 보이는 모든 것을 암기했다. 1984년에는 선과 악이 서로 싸우면서 우주 정복을 하는 스토리의 〈블래스타Blastar〉라는 게임을 만들어냈다. 그는 이 게임의 코드를 《피시앤드오피스테크놀러지PC and Office Technology》란 잡지에 보냈고, 잡지사는 액면가 500달러의 수표를 지급했다. 일론 머스크는 이 돈으로 컴퓨터 장비를 구입했다.

천덕꾸러기였던 청소년 시절

어린 시절 부모님의 이혼은 일론 머스크에게 상당한 아픔을 안겨주었다. 일론 머스크와 남동생은 전자 엔지니어였던 아버지와 살았고, 여동생은 모델 겸 영양사였던 어머니 메이 머스크와 살았다. 부친인 에롤 머스크는 자식에게 정서적인 학대를 가하는 사람이었기에 유년기의 삶은 힘들 수밖에 없었다. 일론 머스크가 정신적으로 단단해져야 했던 이유도 여기에 있다. 학교에서도 천덕꾸러기가 되어 괴롭힘을 당했다. 학우들은 그를 '머스크랫(사향쥐)'이라고 부르며 놀렸고, 학교에서 맞고 오는 경우도 비일비재했다. 그는 만화와 SF의 세계에서 위안을 찾았으며 세상을 구하는 '슈퍼 히어로'에 열광했다.

일찍이 일론 머스크는 미국에 가고 싶다는 꿈을 꾸었다. 모든 것이 가능한 나라였기 때문이다. 17세에 그는 남아공을 떠나 어머니의 나라인 캐나다로 간다. 하지만 좋은 선택은 아니었다. 삼촌 댁에서 지내려고 했지만 삼촌이 다른 데로 이사를 가버렸기 때문이다. 하지만 이에 연연할 그가 아니었다. 일론 머스크는 몇 달간 캐나다 전국을 누비면서 먹고살기 위해 여러 일을 전전했다. 하루는 벌목 인부로 일했고 다음 날엔 보일러 청소부가 되었다. 캐나다 온타리오주 킹스턴의 퀸즈대학에서 기업 경영 수업을 들은 일론 머스크는 이후 미국 필라델피아의 펜실베이니아대학에 편입해 장학금을 받으며 경제학과 물리학을 전공했다. 실수가 잦고 덤벙대는 이 괴짜 대학생은 분야를 불문하고 왕성한 호기심을 보였다.

1994년에는 스타트업 기업 두 곳에서 인턴으로 일하며 실리콘밸리를 익히게 된다. 한 곳은 전하 연구 기업이었고 다른 곳은 비디오 게임 제작사였다. 물리학과 재료공학 박사 학위 과정을 밟고 싶었던 일론 머스크는 결국 명문 스탠퍼드대학으로부터 입학 허가를 받는다. 하지만 그로부터 48시간 후, 학교를 떠났다. 사업가가 되기로 결심했기 때문이다. 그는 팰로앨토에 자리를 잡고 동생 킴벌과 친구와 함께 일종의 온라인 지도를 만들었다. 대도시의 사업체들의 위치를 알려주는 프로그램으로, 오늘날 구글맵과 비슷한 서비스였다. 회사명은 집투Zip2였다. 하지만 1996년에 고객들에게 앞으로의 세계는 모두 인터넷으로 이뤄진다는 사실을 설득하기란 그리 쉬운 일이 아니었다. 사람들은 그를 망상가 취급했다. 집투에 투자한 펀드는 그가 CEO 자리에 있길 원하지 않았다. 그저 기술 책임자 역할을 해주길 바랄 뿐이었다. 일론 머스크로서는 전혀 유쾌하지 않은 상황이었다. 그는 경영인으로서 무대에 나서길 원했기 때문이다.

사실 그의 경영 방식은 예나 지금이나 똑같다. 예를 들면, 집투를 운영했을 때도 그가 상정하는 작업 소요 시간은 늘 낙관적으로 보일 만큼 짧았다. 그때마다 직원들은 일론 머스크가 말한 예상 시간보다 열 배 혹은 스무 배 이상 걸리겠다고 어림 짐작했다. 또한 일론 머스크는 하루 종일 쉼 없이 일하며 잠도 조금밖에 자지 않았다. 심지어 책상 옆에서 잘 때도 있었다. 직원들이 자기만큼 열심히 일하지 않는 것도 이해하지 못했고, 사람들이 반박할 때면 공격적인 성향을 보였다. 유년기부터 내재되었던 불같은 성미가 수면 위로 떠올랐고, 이 악독한 성격이 두드러진 후로는—그의 말마따나—자기 발등을 찍게 되는 일들이 생겼다.

얼마 후 집투는 비즈니스 모델에 변화를 준다. 업계 용어로 소위 피봇*을 한 것이다. 이 스타트업 기업은 문화생활 관련 장소, 혹은 자동차 대리점 같은 사업체 명부의 작성이 가능한 소프트웨어를 신문사 같은 매체들에 판매하기 시작했다. 이러한 사업 전환은 일부분 성공적이었다. 1999년 집투는 컴팩Compaq에 인수되었고, 일론 머스크는 이를 통해 얻은 수익금 2,200만 달러 중 일부를 금융 사업에 투자했다. X.com이라는, 사상 최초의 온라인 금융 서비스 플랫폼을 공동 창업한

* 사업의 기존 중심축은 그대로 둔 채 비즈니스 모델이나 전략을 바꾸는 것을 뜻한다.

것이다.

　잘나가던 청년 사업가 일론 머스크는 팰로앨토에 아파트 한 채를 장만하고 맥라렌 F1을 구입하며 허세를 부린다. 당시만 해도 그는 내연 기관 자동차를 애정했다. 번쩍번쩍한 광이 나는 슈퍼카가 인도되는 과정은 CNN 카메라에도 담겼다. 뉴스가 나가자 이 20대 사업가는 실리콘밸리에서 일약 스타덤에 올랐다. (모발 이식을 한 지금 모습과 달리) 일찍이 머리가 벗어진 일론 머스크는 퀸즈대학 시절부터 사귄 약혼녀 저스틴 윌슨과 함께 슈퍼카 앞에서 어린아이처럼 좋아하며 흥분을 감추지 못했다. 저스틴 윌슨은 전 세계에 62대뿐인 이 차의 가격이 100만 달러라는 "사악한 가격"이었다고 흘리며, 일론 머스크와 자기가 "버릇 없는 어린애"가 되어 "감사의 마음과 관점이란 게 없는 사람"이 되지 않을까 우려했다. 하지만 이 꿈의 스포츠카는 향후 일론 머스크에게 테슬라 디자인에 대한 영감을 불어넣었다.

　얼마 후 X.com은 콘피니티Confinity라는 또 다른 스타트업 기업과 합병한다. 온라인 송금 서비스를 제공한 콘피니티는 IT 분야에 해박한 세 사람이 세운 회사로, 그중 한 명은 장차 실리콘밸리의 신화적 인물이 되는 자유방임적 우파 성향의 기업가 피터 틸이었다. 페이팔로 이름을 바꾼 이 신진 기업은 온라인 결제 서비스의 리더가 되며 괄목할 만한 성장을 거둔다. 다만 합병 후 피터 틸과 일론 머스크 사이에선 알력 다툼이 끊이질 않았다. '폭군' 일론 머스크가 신혼여행을 떠난 틈을 타 페이팔 직원들은 그의 등에 칼을 꽂을 준비를 한다. 이사회의 지원 사격을 발판으로 직원들은 예고 없이 잽싸게 일론 머스크를 밀어냈다. 일론 머스크는 크게 노했지만 페이팔의 주주 지위는 그대로 유지했다. 온라인 결제 방식이 장차 대세가 될 거라는 확신이 있었기 때문이다. 심지어 일론 머스크는 2002년까지 페이팔에 자금을 재투자했다. 2002년까지인 이유는 그해 페이팔이 이베이에 매각되었기 때문이다. 매각 금액은 무려 15억 달러였다. 이 두 번의 '불행했던' 사업 경험은 그에게 '무능한 경영자'라는 패배 의식이 아닌, 앞으로 누구도 자신을 해고할 수 없도록 조직 기반을 만들어놔야 한다는 확신을 심어주었다. 자신이 완전히 이사회를 장악해야 했음을 깨달은 것이다.

화성에 정착촌 건설하기

곧 일론 머스크는 새로운 결심을 실행에 옮길 기회를 얻는다. 나이 서른에 매각 수익금 2억 5,000만 달러를 손에 쥐었고 따끈따끈한 미국 국적도 취득했다. 반半플레이보이 반카우보이인 청년 사업가는 이제 자신의 오랜 꿈을 실현할 수 있게 됐다. 바로 인류를 구원해줄 기술 연구에 매진하는 것이다. 그 어느 때보다 우주 정복의 꿈에 매달리던 일론 머스크는 15년째 부진을 면치 못한 NASA의 행보에 크게 실망했다. 그는 NASA의 사업에 공백이 생긴 틈을 타 스페이스X를 세운다. 스페이스X는 민간 우주 항공 기업으로, 일론 머스크는 이 회사에 1억 달러를 투자했다. 스페이스X를 통해 일론 머스크가 하려는 건 (다소 무모한 발상으로 보인) 재활용 로켓을 개발하고 유인 우주선을 띄우는 일이다. 그리고 언젠가는 화성에 정착촌을 건설하여 지구의 대체 행성으로 삼는 것이다. 가히 놀라운 발상이다.

일론 머스크는 자신이 지구를 지키고 지구인을 구하러 세상에 내려왔다고 진심으로 생각한다. 이러한 믿음은 오늘날 우리 사회에 구조적인 영향력을 행사하는 억만장자들의 공통점이다. 또한 저들의 성공 비결이기도 하다. 다른 사람들은 회사를 세운 뒤 설립 이유를 찾아내지만 이들은 이미 머릿속에 품은 채 회사를 세운다. 이들은 오랜 꿈을 실현하기 위해 회사를 만들고, 포부가 더 큰 이들에게 회사란 자신의 메시아적 발상을 구체화하기 위한 도구에 해당한다. 이들에겐 이 땅의 인류를 구하기 위한 원대한 계획이 있다. 인류가 이를 원하든 원하지 않든 그리 중요치 않다.

그런데 일론 머스크는 권력을 좋아하긴 해도 정부 권력을 바라진 않는다. 2023년 프랑스2 채널과의 인터뷰에서 "미 대통령은 행동의 자유가 극도로 제한되어 있다"라고 얘기한 바 있다. 그는 자신이 기업인이라서 더 큰 힘과 더 적은 제약을 누리고 있다고 여긴다. "만약 내가 대통령이라면 화성이나 달에 로켓을 보내지 못할 것"이라고도 덧붙였다. 즉 대통령으로서는 그가 지상에 내려온 '소임'을 다할 수 없다는 걸 의미한다. 미 의회가 이 정신 나간 모험을 가만히 보고만 있겠는가? 하지만 사실 더 큰 문제가 있다. 원론적인 문제이긴 한데, 일론 머스크는 미국 태생이 아니라 아무리 원한다 한들 대선 출마가 불가능하다는 것이다.

화성으로 떠나는 일은 내일 바로 실현될 일이 아니다. 그리고 지구를 살리려면 지금 당장의 즉각적인 노력이 필요하다. 해서 (주변인들 표현대로) "양극적 성격"[2]의 우리 슈퍼 히어로는 솔라시티SolarCity에 1,000만 달러를 투자하며 태양광 패널 사업에 뛰어들었고 7,000만 달러는 테슬라에 투자하여 전기 자동차 사업에도 열을 올렸다. 2004년 당시 테슬라는 전기 스포츠카의 프로토타입 개발을 목표로 한 스타트업 기업이었다.

테슬라의 파괴적 혁신

뛰어난 개발자인 일론 머스크는 테슬라를 만들었다기보다는 브랜드에 가치를 부여했다고 보는 것이 더 맞다. 이른바 '스토리텔링'을 만들어낸 셈이다. 사업에 대한 전망과 통찰력을 바탕으로 만들어낸 이 스토리텔링을 바탕으로 경영 시스템이나 제조 라인 구조 등, 기존의 모든 것을 새롭게 '리모델링'했다. 컨설턴트 미카엘 발랑탱은 테슬라 모델에 대해 언급하면서, 다른 회사와 달리 이곳에서는 "개발자와 공장 인부가 작업장에서 공존하며 하는 일이나 지위 면에서 그 어떤 구분이 없다"고 이야기한다. "럭비에서 모두가 협공하는 '스크럼' 모델에 따라 복잡한 문제를 함께 해결하려 노력하는 것이다. 테슬라의 작업 현장에 가보면 모든 업무의 모든 직원이 서로 동등한 지위에 있는 모습을 보고 꽤 놀랄 수 있다. 사무실은 개방된 구조로 되어 있고, 심지어 제조 공장에서도 칸막이를 볼 수가 없다. 후방의 지원 업무 또한 전방의 핵심 업무와 완벽하게 소통하며 조율된다." 기존의 틀을 깨는 게 특기인 사업가 일론 머스크는 으레 당연시되던 업무 관행에도 문제를 제기했다. 굳이 부품 용접 공정을 따로 두어야 할지 의문을 품은 것이다. 그래서 차체 후면 따위를 (여러 부품의 용접 과정 없이) 한 번에 찍어내는 기가프레스Giga press라는 테슬라 고유의 제작 방식을 만들어냈다. 이 기술로 인해 필수 부품의 수도 줄어들고 SUV 모델Y 등을 생산하는 데도 열 시간 정도밖에 걸리지 않게 되었다. 독일 자동차 업체들이 한 대를 만드는 데 걸리는 시간의 3분의 1밖에 들지 않는 것이다.

　　일론 머스크는 어떤 분야에 손을 대든 최선을 다해 발 벗고 나서며, 기존에 있던 모든 것을 무자비하다 싶을 만큼 백지상태로 뒤엎어버리고 독창적인 방식으로 새롭게 질서를 잡아나간다. 그렇게 업계에서 혁신을 연주하고 세상이 이를 수용하도록 한다. 새 시대를 예견한 쥘 베른 같은 면모가 있는가 하면 앞을 내다보는 혜안으로 악단을 이끌어 자기만의 음악을 연주한 애플 창업주 스티브 잡스 같은 면모도 있다. 그는 때때로 세상을 완전히 뒤집어놓고 모두의 상상을 현실로 만든다. 처음에는 테슬라에서, 그다음에는 스페이스X에서다.

2008년, 일론 머스크는 벼랑 끝에 몰렸다. 주변의 모든 것이 무너졌기 때문이다. 생후 2년 반 만에 세상을 떠난 아이와 쌍둥이, 삼둥이를 낳았던 저스틴은 이혼 후 그의 곁을 떠나며 구두쇠 같은 '마초형' 전남편에 대해 악담을 퍼붓기도 했다. 하지만 무엇보다도 2008년은 서브프라임 위기가 닥친 해였고, 누구도 사상 초유의 금융 위기를 피하지 못했다. 다각화된 방향으로 사업을 이끌어가던 일론 머스크의 그룹도 무사하지 못했다. 스페이스X의 모든 자본의 씨가 말랐고, 테슬라도 수익 궤도에 오르려면 아직 시간이 더 필요했다. 일론 머스크는 두 기업을 모두 유지할 수 있을지 불안해했다. 심지어 뛰어난 성능으로 전기 자동차의 이미지를 완전히 뒤바꾸어놓은 최초의 고급 전기차 로드스터 Roadster의 개발비도 예상보다 다섯 배 이상 오른 상황이었다. 2006년 선보인 후 주문이 쇄도했지만, 실질적인 차량 인도는 주문량만큼 이뤄지지 않았다. 예약 주문 건수가 1,200건에 달했음에도 2008년 10월 기준 실제로 인도한 건 고작 50대에 불과했기 때문이다.

　칸예 웨스트와 프레드 애스테어에게서 영감을 얻는다는 일론 머스크는 궁지에 몰린 상황에서도 이성을 잃지 않으며 냉정한 판단력을 유지한다. 압박을 받을수록 최고 기량을 발휘하는 것이다. 그는 기어를 올려야 할 때임을 깨달았다. 하지만 사업 규모를 바꾸려면 신규 유입 자금이 필요하다. 이에 일론 머스크는 동생 킴벌과 세르게이 브린 등의 지인들에게서 자금을 빌렸다. 또한 고객들의 예약금에 손을 대는 위험 부담이 큰 행위까지 저질러 동생 표현을 빌리자면 "감옥에 갈 수도 있겠다는 생각이 들 정도"였다고 한다. 미 정부는 결국 그의 구조 신호를 받아주었다. NASA가 스페이스X와 16억 달러 규모의 계약을 체결한 것이다. NASA 직원이 이 소식을 전화로 알린 순간 일론 머스크는 "사랑해요!"라고 외쳤다. 한편 그는 4억 6,500만 달러의 정부 대출을 받기도 했다.

효율성과 기상천외한 비전

《L. A. 타임스》에서 밝힌 바와 같이 미 정부는 몇 년에 걸쳐 49억 달러의 보조금을 일론 머스크 그룹에 퍼부었다. 주로 테슬라와 스페이스X에 배당된 돈이었다. 미 정부에 로비 자금으로 2,200만 달러를 쓴 결과였을까? 2008년~2009년 상황을 기억할지 모르겠지만, 사실 서브프라임 위기 이후 서방의 모든 완성차 업체가 정부로부터 지원금을 받았다. 그리고 우주 분야 관련 사업체들은―비록 공식적으로는 민간 기업일지라도―시대 불문하고 정부 기관으로부터 자금을 지원받는다.

　일론 머스크는 지독할 정도로 일을 많이 하고, 같이 일하는 협력사에게도 상당한 노동 강도를 요구한다. 모델S의 전 품질책임 부사장은 프레데리크 피우의 뉴스레터《먼데이노트Monday Note》에서 "테슬라에서 일한 1년은 다른 곳에서의 7년과 비슷할 만큼 혹독했다"라고 언급했다. 아마 작업 속도에 대한 끊임없는 압박이 있었기 때문일 것이다. 기존 자동차 회사들은 6개월 동안 해결하던 문제를 테슬라에서는 회의 한 번 하고 5일 만에 끝내버린다.

일론 머스크는 언제나 권위적인 경영 방식을 취한다. 전기 작가 애슐리 반스는 아들이 태어나 회의에 빠진 직원을 질책했던 일화를 전한다. 일론 머스크는 이 직원에게 "그런 건 핑계가 되지 않는다. 나로선 지극히 실망스럽다. 당신은 우선순위가 무엇인지 파악해야 한다"라고 말했단다.[3] 이게 과연 자식을 여럿 둔 '좋은' 아버지 입에서 나올 수 있는 말일까?

일론 머스크에게 금기나 철칙 같은 건 존재하지 않는다. 오직 효율성만 중요할 뿐이다. 차량 제조에 로봇을 도입했을 때도 갑자기 로봇을 내버리고 다시 사람을 채용하더니 사람이 하는 일을 "과소평가"했다고 인정했다. 판매 방식 또한 상당히 이례적이다. 자동차 판매 대리점을 통하지 않고 온라인으로 차량을 판매한다. 몇 개 있는 매장은 전시용으로만 쓰인다. 그의 이런 전략은 통했다. 테슬라가 가장 '트렌디'한 고급차 라인으로 거듭났기 때문이다.

코로나19 팬데믹 때 세계 최고의 자동차 업체 폭스바겐보다 30배 적게 생산한 이 회사의 주가는 왜 그곳보다 몇 배는 더 높은 걸까? 제조업에 속하는 이 회사는 어떻게 IT 공룡에 버금가는 높은 가치를 인정받았을까? 물론 여기에는 홍보도 크게 작용했다. 일론 머스크가 혁신적인 신제품 이야기를 끊임없이 흘렸기 때문이다. 그가 만든 차량은 실제로도 대단히 혁신적이다. 테슬라 자동차는 단순한 자동차가 아니라 인터넷을 통해 업그레이드되는 소프트웨어로 작동하는 "도로 위의 달리는 컴퓨터"다. 테슬라 자동차 한 대의 값어치는 지속적인 업그레이드를 통해 꾸준히 올라갈 수 있지만, 포드나 BMW 자동차는 해가 갈수록 값어치가 떨어진다. 오늘날 테슬라는 굉장히 수익성 높은 완성차 업체가 되었으며, 모델Y는 2023년 일사분기에 세계에서 제일 많이 팔린 자동차가 되었다. 무려 26만 7,000대가 판매됐기 때문이다. 전기차로서는 최고 기록이다.

　　교통 분야와 관련하여 일론 머스크가 구상 중인 또 다른 무모한 계획은 미래에 대한 그의 비전이 얼마나 기상천외한지 잘 보여준다. 바로 SF에서 영감을 얻은 하이퍼루프Hyperloop 사업이다. 하이퍼루프란 공기 저항을 줄여주는 진공 튜브를 통해 사람이나 물자를 실어 나르는 캡슐형 초고속 열차다. 속도가 시속 1,200킬로미터에 달하고 에너지 소비량도 거의 없다. 기차 같은 안락함 속에서 비행기의 속도로 프랑스 중서부 리모주에서 수도 파리까지 375킬로미터 거리를 불과 22분 만에 주파하는 것이다.

권력의 원천

2013년 일론 머스크는 하이퍼루프 프로젝트의 역학 구조도와 기술 설명을 실은 「하이퍼루프 알파」라는 백서를 발표하며 사업 구상안을 선보였다. 인프라 설계, 추진 방식, 에너지 공급 방식, 비용 등 프로젝트에 관한 모든 설명이 들어가 있었다. 현재 일론 머스크는 사업 운영 계획이 없다고 밝혔지만, 앞으로 몇 년간 하이퍼루프 프로토타입 계획에서 빠지는 투자자가 한 명도 없다면 진행될 가능성이 있다. 한편 아직 관련 특허는 출원되지 않았다. 일론 머스크는 그저 오픈 소스를 통한 참여형 제작을 권하고 있을 뿐이다. 몇몇 스타트업 기업이 기회를 노리고 있으며 전 세계에서 수십 개의 프로젝트가 논의되는 중이다. 그중 하나는 영국의 억만장자 리처드 브랜슨의 프로젝트다. 진공 튜브

속에서 시속 500킬로미터로 달리는 자기 부상 열차 버진하이퍼루프 Virgin Hyperloop를 만들 계획이라고 한다. 현재 시험용 진공 튜브가 세계 곳곳에 건설되고 있다.

그런데 현재로선 그 어떤 프로젝트도 마무리 단계에 이르지 못했다. 엔지니어 다수는 여전히 회의적이며, 터널을 뚫기 위한 회사 보링 컴퍼니The Boring Company까지 만든 일론 머스크도 더는 기대를 두지 않는 듯하다. 캘리포니아 호손에 위치한 본사 부지를 따라 구축해둔 시험용 하이퍼루프 터널을 2022년에 해체해버렸기 때문이다. 그러나 일론 머스크는 자신의 서비스를 제공하는 데에서는 늘 아이디어가 넘친다. 유럽원자핵공동연구소가 원주 100킬로미터에 달하는 차세대 입자가속기 터널을 뚫으려는 사업에 대해 문의하자 그 사업을 자신의 보링 컴퍼니에 의뢰할 경우 예산을 절감할 수 있을 거라고 답한 것이다.

따라서 일론 머스크가 각국 수반首班에 버금가는 신분이 된 건 하이퍼루프 사업 때문이 아니다. 오늘날 일론 머스크는 더벅머리를 한 채 티셔츠 차림으로 가볍게 프랑스 대통령을 만나러 갈 수 있다. 그런 차림에 대해 그저 전날 파티를 즐기다 차에서 자고 나와 그렇다고 이유를 대면 그만이다. 솔라시티 역시 그의 이러한 사회적 지위에 기여한 바가 별로 없다. 남아공 출신 친척인 라이브 형제와 함께 세운 솔라시티는 일론 머스크의 통일장 이론Unified Field Theory을 잘 보여주는 사례다. 자신이 소유한 여러 사업체를 최대한 서로 연결하는 것이다. 테슬라가 제조한 배터리를 솔라시티가 그 클라이언트들에게 판매하고, 솔라시티는 테슬라 운전자들이 무상으로 이용할 수 있는 차량 충전소에 태양광 패널을 제공한다. 모든 기업은 자재, 공정, 공장 구축에 대한 지식과 노하우를 공유한다.

　테슬라 역시 일론 머스크가 시스템을 좌우하는 권력을 갖는 데 크게 이바지하지 않았다. 물론 미국에서 메르세데스, 도요타, BMW 등 세계 유수의 자동차 기업들을 판매량이나 주가 면에서 크게 따돌렸다. 하지만 어떤 자동차 기업도 필수불가결한 존재가 아니다. 이 산업은 늘 치열한 경쟁 속에 있다. 일론 머스크는 어떤 분야도 독점하고 있지 않은 데다 고급 전기차 산업에서도 마찬가지다. 만약 내일 당장 도산한다면 테슬라의 열성 팬들은 속이 좀 상하겠지만 그렇다고 세상이 뒤집히지는 않는다. 테슬라는 그에게 어떤 특별한 권력도 가져다주지 않았다. 그저 대기업 총수들이 누리는 권력만 부여해주었다. 인력을 채용하고 해고해 지역 경제에 영향을 미치거나 테슬라의 신축 공장 부지 선정을 위해 지역이나 국가 간에 경쟁을 붙일 수 있는 권한이다. 따라서 테슬라를 통해 그가 시스템을 휘두를 수 있는 힘을 얻은 게 아니다. 반면 스페이스X의 경우는 좀 다르다.

"5년 후, 여러분은 끝납니다"

2006년 3월 워싱턴에서 열린 한 우주 관련 컨퍼런스에서 일론 머스크는 그 의중을 드러낸다. 남아공 출신의 이 꿈 많은 혹은 (적대적인 사람들의 폄하 표현에 따르면) 공상으로 가득 찬 사업가는 자신의 계획을 공표했다. 그가 "나는 스페이스X의 창업주입니다"라고 운을 떼자 사람들은 웃음을 지었다. 이어 그는 이렇게 내뱉었다. "5년 후, 여러분은 끝납니다." 좌중에선 폭소가 튀어나왔다. 연설을 시작하기 위한 '조크'였을까? 아니, 외려 도발에 가까웠다. 사실 일론 머스크는 진심으로 하는 말이었다. 10년 후, 이 자리에 모였던 모든 전문가의 눈에서는 통탄의 눈물이 흐른다. 다행히 정부 지원이 있어서 모든 경쟁사가 사라진건 아니었지만 이 후발 주자는 시장의 리더로 등극했고 기존 사업 주체들은 힘없이 무너져갔다. 일론 머스크는 자기가 한 말을 늘 실행에 옮긴다. 다만 그 기간이 예고했던 것과 조금 다를 뿐이다.

2002년, 그가 우주 탐사 기업 스페이스X를 세웠을 때 우주 분야 시장은 폭발적인 성장세를 보였다. 정부나 통신사를 위한 군사 위성과 기상 위성 발사 수요가 10년 만에 네 배나 증가한 것이다. 하지만 이는 시작에 불과했다. 비용을 현저히 줄인 일론 머스크가 시장을 '대중화'하며 더욱 키웠다.

장차 파괴적 혁신을 이뤄낼 이 인물은 저비용 우주 사업체를 성장시킬 때도 언제나처럼 통상적인 방식을 사용하지 않았다. 일단 로켓부터 재사용되었는데, 1단 로켓이 제 역할을 다하고 나면 엔진을 이용한 역추진 기술로 다시 지구로 회수했다. 이렇게 함으로써 기존 로켓보다 비용을 100배 절감할 수 있었다. 또한 생산과 조립 과정을 최적화해 저렴하면서 빠르게 제작했다. 이 과정에서 공장 내 위계질서가 사라졌는데, 테슬라처럼 엔지니어와 공장 노동자가 함께 작업하며 문제를 해결해나갔다. 아울러 자재들을 재사용함으로써 경쟁사보다 비용을 훨씬 낮췄다.

로켓 이름은 '매'라는 뜻의 '팰컨'으로 정해졌다. '스타워즈Star Wars' 시리즈의 한 솔로 선장이 운전하는 우주 화물선 밀레니엄팰컨에 대한 오마주였다. 1단 로켓이 착륙하는 자율우주기지드론십Autonomous spaceport drone ship들에는 각각 '일단 설명서 좀 읽어봐Just Read the Instructions'와 '물론 아직도 너를 사랑해Of Course I Still Love You'라는 이름이 붙었다.

이언 M. 뱅크스의 SF 소설 『게임의 명수The Player of Games』에 나오는 우주선들의 이름을 참고한 것이다.

일론 머스크는 단순히 작품을 암시하는 수준에 그치지 않았다. 이 작품에서 이름들을 직접적으로 따온 데에는 공개적으로 경쟁사들을 비웃으려는 의도도 포함되어 있다. 소설 속에서 승자는 고작 2년 차 플레이어이기 때문이다. 남들보다 더 넓은 시야를 가진 이 신참은 평생을 '게임'에 바친 상대들과 대적해 코를 납작하게 해주었다. 일론 머스크와의 사이에서 세 아이를 낳은 가수 그라임스도 소설가와 아이 아버지 모두에 대한 오마주를 담은 「게임의 명수」란 노래를 발표했다. 언제나 게임이 우선이라 결국 헤어질 수밖에 없었던 한 남자에 대한 노래다.

2006년과 2008년 사이에 이뤄진 초반 세 번의 발사는 재활용되지 못하는 팰컨1을 사용했지만 결과는 실패로 끝났다. 2008년 9월의 발사는 성공적이었고, 몇 달 뒤에는 말레이시아 정부와의 계약 건으로 첫 상업 위성을 쏘아 올려 궤도에 안착시켰다. 얼마 후 때 이른 산타가 찾아온다. 열두 번에 걸쳐 우주선을 ISS로 보내기로 NASA와 계약한 것이다. 이제 일론 머스크에게는 우주 정복 제2단계로 넘어갈 재원이 생겼다.

실패 사례로 웃긴 영상 제작하기

스페이스X의 신형 로켓 팰컨9에는 1단 로켓이 지구로 돌아오기 위한 착륙 장치가 탑재되었다. 하지만 로켓 착륙을 성공시키려면 사전에 여러 차례 시험 비행이 필요했다. 2017년 9월, 일론 머스크는 약 2분짜리 '개그' 영상을 공개했다. 팡파르가 울려 퍼지면서 기체가 공중에서 폭발하고 지상에 충돌하고 자연 폭발하고 잘못 이동하는 모습 등이 차례차례 지나갔다. 처음 시험 발사를 했을 때부터 일어난 모든 실패 사례를 영상으로 엮은 것이다. 물론 영상의 마지막은 로켓이 자율우주기지 드론십 위에 성공적으로 안착하는 모습으로 끝난다. 일론 머스크는 영상 속에 "너는 나의 전부야You're my everything"라는 자막을 넣었다. 오늘날 스페이스X는 세계 최고의 우주 탐사 기업이다. 일론 머스크의 실패를 비웃던 경쟁사들은 현재 쓴웃음을 짓고 있다. 여기에 방점을 찍는 또 다른 굴욕은 2024년에 유럽이 갈릴레오 위성 4기를 발사할 때도 스페이스X를 이용했다는 점이다. 참고로 갈릴레오는 미국의 GPS에 대항하기 위한 유럽의 새로운 위성 항법 시스템이다.

일론 머스크는 NASA의 '공식 파트너'다. NASA에 영향력을 미치고 NASA를 구제해준다. 우주비행사들을 ISS로 데려다주고 있으며 머지않아 이들을 달로도 실어 나를 것이다. 미 정부로부터 보조금을 받고 있는 건 사실이지만 오늘날 미국이 다시 우주 경쟁에 뛰어들 수 있게 된 건 일론 머스크 덕분이다. 그는 제2의 조국이 된 이 나라에 가장 큰 도움을 주는 인물이 되었다. 사실 NASA는 1986년 우주 왕복선 챌린저가 미 플로리다 반도 동쪽 케이프커내버럴 상공 위에서 폭발한 뒤로 우주 탐사에 대한 모든 열망을 포기했다. 발사 후 약 1분 만에 우주비행사 일곱이 목숨을 잃었고 이 장면은 전 세계에 생중계됐다. 개중에는 최초의 여성 민간인 우주비행사였던 37세 교사도 있었다. 그가 가르치던 학생들은 이륙 장면을 기쁜 마음으로 함께 지켜보고 있었다. 그러니 미국에겐 당시 사고가 트라우마로 남을 수밖에 없었다. 더욱이 우주 탐사는 비용이 굉장히 많이 드는 사업이고, 미 국회의원들은

NASA와 그 협력사들(보잉, 록히드마틴)이 물 쓰듯 돈을 쓰게끔 호락호락 예산을 할애해주지 않았다.

일론 머스크는 미 정부의 트라우마와 예산 문제를 동시에 해결해주었다. 위험 부담을 대신 지면서 비용도 크게 낮추었기 때문이다. 현재 물가로 약 2,500억 달러가 투입된 아폴로 계획과 달리 '고작' 26억 달러로 스페이스X는 ISS까지 여러 번 운행할 수 있는 '우주 택시'를 개발해냈다. 전 NASA 국장 짐 브라이든스타인은 "일론 머스크 덕에 미국의 우주 계획은, 탐사선을 띄우지 않았던 그간 부족했던 미래에 대한 새로운 전망과 영감을 얻게 되었다"며 그의 업적을 추켜세웠다.

미국이 다시 무대로 복귀했으니 일론 머스크에게 고마워해야 할 일이었다. 그로서도 나쁠 건 없었다. 미국과 유럽의 자금을 바탕으로 한 유인 비행 덕에 이 분야에 익숙해진 일론 머스크는 더 먼 곳을 내다볼 수 있게 되었기 때문이다. 그의 관심은 늘 화성에 있었다. 인류가 행성들을 오갈 수 있는 종이 되길 진심으로 바라왔다.

계산기를 두드린 일론 머스크는 2019년, 미 공군 주도의 한 행사에서 스타십(한 번에 승객 100명을 태울 수 있는 초대형 재활용 로켓) 1,000대로 화성에 첫 정착촌을 세울 수 있을 것이라고 예고했다. 화성에 최초의 '지속 가능한 도시'를 세우는 것이다. 일론 머스크 주장에 따르면, 한 번 갈 때 드는 비용은 연료비를 포함해 200만 달러 정도다. 심히 낮게 책정된 이 비용이 열 배, 아니 100배 더 늘어난다 해도 현재 NASA가 로켓에 쓰는 비용에 비하면 새 발의 피 수준이다. 보잉사가 제작한 NASA의 SLS Space Launch System 로켓에는 연간 20억 달러가 들어가기 때문이다.

혁신하려면 먼저 실패하라

스페이스X는 2023년 초대형 로켓 스타십과 이것의 1단 로켓인 슈퍼헤비의 궤도 시험 비행을 두 차례 실시했다. 스타십은 (유럽의 아리안6보다 네 배 더 많은) 100톤가량의 화물을 실을 수 있다. 4월에 있었던 첫 비행에서는 엔진 다섯 개 정도가 작동하지 않았고 로켓은 그대로 고꾸라졌다. 1단 로켓인 슈퍼헤비는 2단 로켓인 스타십과 분리되지 못했으며 4분간의 비행 후 파괴됐다. 11월의 2차 비행에서는 궤도 진입에 실패하고 폭발했지만 1단과 2단 로켓 분리에는 성공했고 발사대가 입은 타격도 더 적었다. 스타십으로 과연 2025년부터 사람들을 달에 실어 나를 수 있을지는 모르겠지만 어쨌든 이 정도면 장족의 발전이었다. 게다가 두 번의 실패, 아니 이 '시험과 배움Test and Learn'은 일론 머스크에게 적어도 웃긴 영상 업로드거리 정도는 제공해줄 수 있으리라.

일론 머스크에게 '실패fail'라는 말은 곧 '배우기 위한 첫 시도First Attempt In Learning'를 의미한다. 실패한 적이 없다면 곧 충분한 혁신이 이뤄지지 않았다는 뜻이다. 그만큼 위험도 감수하지 않았다는 말이다. 그의 시선을 따라 살펴보면 지지부진한 오늘날 유럽의 모습이 보인다. 더이상 아리안5도 남아 있지 않은 데다 아리안6은 아직 준비가 덜 되었다.* 따라서 현재 유럽은 독자적으로 우주에 나갈 수 없는 상태다. 스타십은 얼마든지 자유롭게 우주의 새 역사를 쓸 수 있다. 화성에 사람들을 보내는 것은 둘째치고, 재활용 로켓으로 우주 탐사비를 현저히 낮춘다면 이 또한 새로운 역사가 될 터다.

* 아리안6은 2024년 7월 9일 발사에 성공해 위성들을 무사히 궤도에 실어 날랐으나 재활용을 목적으로 개발된 상부의 2단 로켓은 대기권에 재진입하는 데 실패했다.

스페이스X의 또 다른 발사체 팰컨헤비는 스타십과 슈퍼헤비를 대체할 초대형 우주 로켓으로, 2018년에 대대적인 선전으로 전 세계를 떠들썩하게 한 주인공이다. 일론 머스크는 테슬라 스포츠카 로드스터를 이 로켓에 실어 보냈다. 운전석에 마네킹 스타맨Starman을 태운 로드스터는 현재 지구와 화성 사이 어딘가의 궤도 위에서 데이비드 보위의 곡「우주의 별종Space Oddity」("관제소가 톰 소령에게 알린다Ground Control to Major Tom")에 맞추어 항해 중이다. 팰컨헤비의 성공적인 시험 발사는 모두의 뇌리에 뚜렷이 각인되었고 경쟁사들에게도 적잖은 놀라움을 안겨주었다.

일론 머스크는 사실 요즘 사람보다는 19세기의 전근대적인 사장 스타일이다. 하지만 그 나름대로 직원들을 위한 마을 조성 계획을 세웠다. 일단 텍사스주 오스틴 공장에서 그리 멀지 않은 곳에 콜로라도강을 따라 마을을 세우려고 부지부터 매입했다. 마을이 완성되면 이곳에는 테슬라의 기가팩토리Giga Factory 직원들, 스페이스X 직원, 보링컴퍼니 직원들이 거주하게 된다. 아직은 거대한 공사장 형태에 지나지 않지만 마을에 온 것을 환영하는 표지판이 세워져 있다. 표지판에는 "텍사스 스네일브룩 마을에 오신 걸 환영합니다. 2021년 건설"이라는 문구가 쓰여 있다. 스네일브룩은 보링컴퍼니의 굴착기에서 비롯한 표현으로, 일론 머스크는 이 기계들이 "달팽이보다 빨리" 굴착하길 원했다. 집세는 시세보다 두 배 저렴하게 책정될 예정이다. 하지만 해고되면 30일 이내에 집을 비워야 한다.

2029년부터 화성에 정착촌을 건설하겠다는 그에게 스네일브룩 구축은 일종의 예행연습일 수 있다. 2018년 8월, 일론 머스크는 볼더에 위치한 콜로라도대학에서 NASA 간부를 포함한 60명가량의 엔지니어와 함께 화성 정착촌 건설에 관한 '기밀' 세미나를 개최했다. 방사선 때문에 지극히 위험한 환경에서 살아갈 수 있는 방안을 구상하는 자리였다. NASA 역시 화성 이주 계획을 구상 중이라 NASA 관계자들역시 이 자리에 환영받았다. 다만 NASA는 일론 머스크보다 더 장기적인 시각으로 보면서 이주 시점을 금세기 중엽쯤으로 전망했다. 당시대통령이었던 도널드 트럼프도 두 팀이 공조하도록 당부했다.

사실상 NASA를 대체하는 존재가 되면서 일론 머스크의 위상은달라졌다. 미 정부의 고유 기능으로 인식되던 업무를 수행하게 되었기때문이다. 이러한 특별 지위를 부여받은 일론 머스크는 통신 위성으로하늘을 수놓았다. 육해공 3군이 다스리는 땅, 바다, 하늘처럼 '군사'나'우주' 영역은 역사적으로 주요 정부의 전유물이었다. 특히 위성은 보통 군사 목적으로 사용되었다. 그런데 이제는 지구 주위를 도는 위성의 3분의 1이 일론 머스크의 소유다. 스타링크 위성 1세대인 3,660기가 궤도에 올라 있다. 한편 일론 머스크는 스타링크 2세대 위성 3만 기를 쏘아올리려는 목표를 세웠다. 하지만 그가 저궤도 위성 사업의 패권을 장악하자 경쟁사들이 반발하며 행보에 제동을 걸었고 미 연방통신위원회FCC는 7,500기만 승인해주었다. 어쨌든 스타링크 위성은 수명이 5년밖에 되지 않아서 이미 궤도에 떠 있는 1세대는 서서히 교체될 예정이다. 일론 머스크가 이렇듯 시장을 위협하자 프랑스 통신업체오랑주Orange의 크리스텔 하이데만 대표는 2023년 7월 "프랑스에서위성 인터넷 서비스를 더 많이 판매하도록 힘쓰고 스타링크가 설 자리를 남겨두지 않을 것"[4]이라고 확언하며 그가 활개 치고 다니게 내버려두지 않겠다는 의지를 보였다.

글로벌 리서치 기관 스태티스타Statista에 따르면, 2024년 11월 기준으로 미국은 8,530기, 중국은 724기, 독립국가연합은 1,545기의 위성을 갖고 있다. 일론 머스크의 경쟁자인 제프 베이조스 역시 카이퍼Kuiper란 이름의 위성군을 쏘아 올리려 하는데[5] 일론 머스크를 따라잡기란 쉽지 않아 보인다.

먼저 온 사람이 임자

테크계 억만장자들이 우주라는 '신대륙'으로 몰려드는 이유는 무얼까? 아마도 인류의 마지막 '미개척지'가 될 것이기 때문이다. 이런 곳은 미개척 시대의 미 서부 황무지와 마찬가지로 먼저 도착하는 자가 이득을 챙기며, 거의 치외법권 지대다. 좀 더 정확하게는 미국이 단독으로 선포한 법이 적용되는 곳이다. 원래 대기권 바깥 공간은 1967년의 국제연합UN 우주조약Outer Space Treaty에 의해 점유권 획득이 금지되어 있었다. 그런데 2015년에 미국이 백안관 주도로 우주법Space Act을 제정했다. 이 우주법은 민간 기업이 우주 '자원'에 대한 권리를 주장할 수 있도록 허용한다.

새로운 '골드 러시' 시대를 맞이하여 우주 개척자들은 우선 저궤도 위성의 잠재력을 활용 중이다. 저궤도 위성은 비용 문제 때문에 광케이블이나 5G 안테나를 설치하지 못하던 낙후 지역에 초고속 인터넷 접속 서비스를 제공해준다. 뿐만 아니라 비행기, 유람선, 항해 중인 화물선 같은 곳에서도 활용될 수 있다. 물론 손해만 보는 장사는 아니다. 서비스 수익을 거둘 뿐 아니라 이용자의 정보를 수집해 실질적인 영향력을 확보할 수 있기 때문이다.

이는 러시아의 우크라이나 침공 때 극명히 드러났다. 디지털 기술이 필수인 전쟁이기에 러시아는 우크라이나의 통신 시설부터 파괴했다. 목표 지점 타격, 적군 장갑차 종대 위치 추적, 진군 결정, 기간 시설 위치 파악, 미사일 경보 등은 모두 디지털 기술이 있어야 가능하다. 러시아는 미국의 통신 위성 네트워크 비아샛ViaSat에 사이버 공격을 행함으로써 우크라이나군이 휴대용 통신 장비를 사용하지 못하게 했을 뿐더러 다른 유럽 국가와의 통신도 원활하지 못하게 만들었다.

하지만 이를 모두 무마해준 사람이 바로 우크라이나의 '백기사' 일론 머스크다. 우크라이나의 구세주로서 그는 우크라이나 상공에 스타링크 위성 수십 개를 포진해두고 육해공군사령부에 필요한 지원을 해주었다. 우크라이나의 디지털혁신부 장관 미하일로 페도로프의 말처럼 오늘날 우리는 "상업용 위성 사진이 지극히 중요한 역할을 하는 첫 전쟁"을 목도하고 있다. 공격과 반격은 위성 사진을 통해 보다 효율적으로 이뤄졌으며, 이에 더해 일론 머스크는 우크라이나에 인터넷 수신 장치 2만 개를 배급하여 시민들이 사진이나 영상을 제공하거나 시내 감시카메라 영상 등의 정보가 전달될 수 있도록 해주었다. 이제 우크라이나군은 사령부와 교신하고 적의 이동을 추적하는 데 일론 머스크의 장비가 없으면 안 되는 상황에 처했다.

또한 이번 전쟁은—과거의 무기상 같은 경우를 제외한다면—돈 많은 민간인 부호 한 사람에게 정부가 의존한 첫 사례가 되었다. 심지어 매우 중요한 열쇠를 쥐고 있는 이 사람은 행동이 예측 불가능하고 변덕이 죽 끓듯 하는 성격으로 유명하다. 2022년 10월 14일, 일론 머스크는 CNN을 통해 앞으로 더는 우크라이나에 위성 인터넷을 무상으로 제공하지 않겠다는 의사를 밝혔다. 러시아의 사이버 공격으로 발생한 사이버 보안 유지비가 매월 2,000만 달러를 상회하여 감당하기 힘들다는 이유였다. 일론 머스크는 트위터를 통해 미 정부가 스타링크의 대금을 변제(혹은 재검토)해줄 것을 요구했다. 이에 여론은 눈살을 찌푸렸고 일론 머스크도 주춤하는 모습을 보였으나, 사실상 펜타곤과의 비밀 협상이 진행되었다. 우크라이나가 헤르손을 재탈환하는 데 필수적인 위성 서비스를 스타링크가 제공해주지 않는 상황을 우려한 미 국방부가 결국 손을 내민 것이다. 일론 머스크는 유리한 패를 손에 쥔 채 협상에 임하기만 하면 되는 입장이었다.

일론 머스크의 "그림자 통치"

하지만 이 제멋대로인 억만장자가 인터넷 통신 장애를 일으킨 정황이 포착됐다. 러시아가 애초에 요구했던 지역, 특히 크림 반도 주위로 우크라이나군이 다가갈 때마다 통신 장애가 발생한 것이다. 러시아 전함에 대한 드론 공격을 차단하려던 것으로 보이는데, 접속이 끊긴 우크라이나는 통신도 못 하고 공조 작전도 펼치지 못해 모든 공격 기회를 놓쳤다. 심지어 이 지역에서의 방어 역시 제대로 이뤄지지 못해 인명 손실까지 생긴 모양이다. 젤렌스키 대통령의 최측근 보좌관인 미하일로 포돌리악은 "우크라이나 드론이 러시아 군함 일부를 파괴하지 못하도록 함으로써 일론 머스크는 해당 군함이 우크라이나 도시로 칼리브르 미사일을 쏠 수 있게 해주었다. 그 결과 수많은 민간인과 아이가 목숨을 잃었다"고 분개했다. 2023년 8월 《뉴요커》에 게재된 탐사 보도 기사 「일론 머스크의 그림자 통치Musk's Shadow Rule」에서 기자 로넌 패로는 (해당 상황이) 실로 "대혼돈 상태"였다고 기술했다.[6]

이에 일론 머스크는 통신을 끊은 적이 없다고 답변했다. 애초에 해당 지역은 스타링크가 활성화되어 있지 않은 곳이었기 때문이다. 그런데 비슷한 시기, 이 억만장자는 측근들에게 푸틴과 대화를 나누었다는 비밀을 털어놓았다. 얼마 후 사실이 아니라고 반박했지만 그가 러시아의 화를 돋우지 않으려고 러시아군이 통신 장애를 원하는 곳에서 접속을 끊었다는 의문을 지울 수가 없다. 아니면 전기 작가 월터 아이작슨에게 이야기한 대로 푸틴이 이번 전쟁을 "미니 진주만"으로 만들고 핵 공격을 감행할 것을 우려해서 한 행동일까? 이런 일에 얽히기 싫기 때문에? 어쨌든 이번 일을 통해 민간인 사업가 일론 머스크는 핵심적인 군사 주체로서 중요한 지정학적 역할을 맡고 있음이 드러났다.

일론 머스크의 손안에 든 펜타곤 직원들은, 《뉴요커》 기자 로넌 패로의 표현대로라면 "공황에 빠졌다." 어떤 사람은 인터뷰 질문에 답하기 전에 일론 머스크에게 그래도 되는지 허락을 구했다고 한다. 취재 기사에서 로넌 패로는 스페이스X에 의존하는 미 정부가 일론 머스크의 예측 불가능한 반응에 얼마나 긴장하고 있는지 보여주었다. 조 바이든 정부의 국방 정책 차관을 지낸 콜린 칼도 인정했다. 그는 "일론 머스크가 정식 외교관이나 공직자는 아니지만 이번 전쟁에 미치는 영향력을 고려하면 그렇게 대우해줘야 할 것 같은 느낌이 든다"라고 했다. 《뉴요커》 기사는 꽤 반향이 컸고 미 상원의원 엘리자베스 워런은 스페이스X에 대한 조사를 요구했다. 미국의 대외 정책이 억만장자 하나에 의해 결정됐는지 확인하기 위해서다.

2022년 10월 4일 일론 머스크는 트위터에서 "핵 전쟁"을 피하기 위한 우크라이나 평화 중재안을 제안했다. 조 바이든 대통령이나 외교

관들에게 자문을 구하지도 않은 개인 의견이었다. 이에 백악관과 외무성은 크게 진노했다. 일론 머스크를 다룬 일련의 팟캐스트 프로그램을 방송한 하버드대학 사학자 질 르포어는 일론 머스크가 "스스로를 대통령 위에 있는 존재로 인식"한다고 단언했다. 사실 대통령들은 임기가 끝나면 백악관을 떠났지만 본인은 계속 권좌에 남아 있지 않던가? 일론 머스크는 오바마와 함께 저녁 식사를 했고 이어 트럼프와도 같이 식사를 했다. 한때는 민주당을 지지하다가 이제는 공화당 사람들과 함께 모습을 비춘다. 바이든이 대통령이었을 때는 "축축한 양말 인형"이라고 비꼬기도 했다.

그렇다면 일론 머스크가 제안한 평화 중재안이란 어떤 것일까? 바로 우크라이나의 분할이다. 친러 지역을 러시아에 넘겨주라는 것이다. 이는 우크라이나의 얼굴에 대놓고 침을 뱉은 격이었다. 그가 논거로 제시한 건 2012년 우크라이나의 총선 지도였는데, 당시 선거 결과 우크라이나 남동부 지역에서 친러 성향의 '지역당'이 승기를 잡았다. 그런데 일론 머스크는 2012년 이후로 상황이 달라졌다는 걸 잊은 모양이다. 특히 침략국이나 좋아할 그의 구상안은 서방 입장에서 보면 지나치게 단순화된 해법이다.

하지만 이 세계 최대 부호를 우크라이나 사태의 '중재자'로 보는 사람들이 미 공직자 가운데 점점 늘고 있다. 러시아를 지지하는 중국은 이를 우려의 시선으로 본다. 일론 머스크가 이런 식으로 자기 위성을 이용해 대만을 돕는다면 전혀 달갑지 않은 상황이 될 것이기 때문이다. 물론 그럴 가능성이 높지는 않다. 테슬라의 상하이 공장은 아시아 사업에 매우 중요한 곳이기 때문이다. 게다가 2022년 10월 《파이낸셜타임스》와의 인터뷰에서도 일론 머스크는 '대만 플랜'을 제안하며 시진핑 주석을 안심시키느라 바빴다. "비록 모두에게 만족스럽지 않을지도 모르지만, 대만도 구미가 당길 만한 합리적인 특별 행정 구역의 제정을 제안한다." 그는 과거 중국이 "홍콩과 체결한 것보다 더 관대한" 조정안이 생길 수 있으리라 생각한다. 물론 서방은 이에 크게 반발했다. 대만이 호락호락 중국 손에 넘어가는 걸 원치 않기 때문이다. 대만 당국자들에게 이러한 의견은 상대할 가치조차 없었다. 이 대부호는 대체 자신을 뭐라고 여기는 걸까?

인간과 기계 융합을 위한 뇌 임플란트 사업

실제로 일론 머스크는 자신이 국가 통치권자들 위에 있다고 생각한다. 비단 우크라이나 전쟁의 열쇠를 쥐고 있기 때문만도 아니고, 미 정부의 우주 정책을 좌우하기 때문만도 아니다. 일론 머스크가 스스로를 모두의 위에서 군림하는 존재로 인식하는 또 다른 이유는 뉴럴링크Neuralink의 뇌 임플란트 사업 때문이다. 이 사업으로 그는 자신을 완전히 '신'이라 여기고 있다. 인간을 사이보그로 재창조하려는 것이다. 2017년에 세워진 뉴럴링크는 뇌와 컴퓨터의 연결을 연구한다. 공식적으로는 의료 목적으로 사업이 진행되고 있다. 간질이나 파킨슨병을 치료하고, 팔다리에 장애가 있는 사람들이 다시 사지 운동을 할 수 있게 해주며, 시각 장애인에게 시력을 주는 것이다. 하지만 그다음 단계가 어찌 흘러갈지는 쉽게 짐작이 간다. 2019년 7월 기자 회견에서 대략적인 얼개가 드러난 것처럼 컴퓨터와의 연동 이후에는 'AI와의 결합'으로 나아간다. 일론 머스크는 (이언 M. 뱅크스의 작품에서 용어를 차용한) '신경 레이스Neural Lace'로 우리를 '증강'해줄 생각이다. 통제되지 않은 AI의 폐해를 특히 우려하는 그는 "우리는 AI로 악마를 소환하고 있다"고까지 말한 적이 있다. 그럼에도 이런 AI가 뼈와 살이 있는 생명체에게 이식되고 인간의 지능과 적절히 융합되면 위험이 더 낮아지리라 생각한다. 이에 대한 확신이 정말 컸는지 이 개발 사업에 약 1억 6,000만 달러를 투자했으며 전문가들은 이 프로젝트가 충분히 실현 가능하다고 보고 있다.

원숭이와 돼지를 이용한 시험 이식은 이미 진행되었다. 2022년 12월, 뉴럴링크는 1,000여 개의 전극이 달린 칩이 이식된 침팬지 사케가 오직 뇌파만을 이용해 화면 속 키보드를 성공적으로 타이핑하는 모습이 담긴 영상을 선보였다. 2021년 4월에는 뉴럴링크의 칩 덕분에 비디오 게임의 일종인 '핑퐁'을 플레이할 수 있었던 마카크 원숭이도 소개했다. 이러한 유형의 칩은 대뇌 피질에 10여 개 이식되는 듯하다. 한편 이 기술은 클라우드 분야에서도 활용될 가능성이 있다. 우리의 기억을 몽땅 클라우드 컴퓨터에 저장하는 것이다. 뇌와 칩을 직접 연결하는 것보다는 물리적으로 덜 위험해 보인다.

일론 머스크는 2023년에 인간에게도 처음으로 칩 이식을 시행한다고 발표했다. 아마 동물 학대 논란을 피하기 위해서일 것이다. 하지만 아직 인간에게 실제로 이식이 이뤄지진 않았다.[7]* 그리고 동물 학대 혐의도 여전히 남아 있다. 로이터통신의 보도에 따르면 2018년 이후

---

* 2023년 3월 뉴럴링크는 미 식품의약국(FDA)으로부터 인간을 대상으로 한 임상 시험 승인을 거부당한 후 5월에 다시 승인을 받아 9월에 첫 임상 시험 참가자를 모집했다. 2024년 1월 29일, 일론 머스크는 X에 칩 이식을 받은 첫 환자가 잘 회복하고 있다는 글을 올렸다. 2월 20일에는 X의 스페이스(실시간 음성 대화 기능)를 통해 첫 환자가 생각만으로 화면상의 마우스 포인터를 움직이는 데 성공했으며 부작용은 없어 보인다고 밝혔다.

뉴럴링크가 1,500마리 이상의 동물을 죽인 것으로 추정되며 그중 양, 돼지, 원숭이는 280마리 이상이었다.

이미 뉴럴링크는 영장류 학대로 비난을 사왔다. 일부 실험에서 사람에 의한 실수가 동물들의 죽음으로 이어지자 뉴럴링크의 연구 방식에도 의문이 제기됐다. 뉴럴링크 직원들은 업무 환경의 스트레스 강도가 높다고 이야기하면서 "수술이 이뤄지기 직전에 변경 상황이 생기기도 한다"고 말했다. 연구 프로토콜 역시 전통적인 방식과는 다르다. 한 번에 하나의 요소를 테스트하여 결론을 도출한 뒤 다음 테스트로 나아가는 게 아니라, 속도에 집착하여 한 번에 여러 테스트를 동시에 진행하고 그에 따라 더 많은 동물이 목숨을 잃는다고 한다.

인간을 대상으로 한 이식 테스트는 FDA의 승인이 있어야만 진행할 수 있다. FDA 승인이 나지 않았던 이유는 쉽게 짐작이 간다. 칩 이식으로 환자를 '치료'하고 (마비된 신경을) 보완한다지만 결국 판도라의 상자를 여는 일이다. 앞으로 무슨 일이 벌어질지 알 수 없는 것이다. 뉴럴링크의 기술로 인간이 AI를 제어할 수는 있겠지만 이는 어쩌면 호모 사피엔스의 종말을 고하는 게 아닐까? 다른 건 몰라도 일단 AI는 심각한 불평등을 초래하는 원인이 될 것이다. AI 기술을 통해 신체적, 정신적 능력을 증강할 재력이 있는 사람과 그렇지 않은 사람 간의 격차가 크게 벌어질 것이기 때문이다.

이렇듯 일론 머스크는 또 하나의 '멋진 신세계'로, 또 다른 트랜스휴머니즘의 세계로 우리를 인도한다. 하지만 일론 머스크는 이 신흥 종교의 예언자 중 한 사람에 불과하다. 세르게이 브린과 래리 페이지 등 앞으로 이어지는 인물들의 내용에서도 짚어보겠지만, 우리의 '시스템'을 주무르는 억만장자들은 각자만의 방식으로 트랜스휴머니즘이란 신흥 종교를 일으키고 있으며 정부와 달리 이를 실현할 재력도 갖추었다. 정부는 그저 이들의 연구를 늦추는 법을 제정할 수 있을 뿐이다.

AI에 대한 이중성

일론 머스크는 AI가 사람을 배신할 수 있다며 AI에 대한 두려움을 거듭 호소한다. 심지어 AI 연구 유예 운동에도 동참했다. 그러면서 AI의 모든 분야에 발을 담그고 있다. 공식적으로는 현재 연구가 이뤄지는 부분의 기술 통제를 위해서라고 말한다. 하루는 그가 래리 페이지와 이야기를 나누다가 AI가 인간을 밀어내고 그 자리를 차지할 위험성을 언급하자 구글 창업주는 그를 '종차별주의자' 취급하며 비웃었다. 일론 머스크는 AI 기술에 대해 너무 우려한 나머지 구글의 딥마인드 인수까지 막으려고 했다. 하지만 방해 공작에도 불구하고 딥마인드 인수가 마무리되자 2015년 오픈AI의 창업에 출자하며 맞불을 놓았다. 즉, 일론 머스크는 샘 올트먼과 함께 오픈AI의 공동 창업주였다. 비영리 기구로 출발한 오픈AI는 회사의 성격을 이익제한기업capped profit company으로 바꾸고, 2022년 말 챗GPT라는 생성형 AI 챗봇을 공개하여 전 세계에 그 이름을 알렸다. 생성형 AI는 수학 문제나 철학적인 주제를 포함하여 우리가 하는 모든 질문에 체계적이고 논리적인 답변을 제공하는 것이 가능한 AI를 말한다.

하지만 2018년에 일론 머스크는 오픈AI를 떠났다. 오픈AI가 애초의 '비영리' 방침을 버리고 마이크로소프트와 손을 잡으며 이익제한기업으로 전환하여 샘 올트먼과의 사이에서 불화가 생겼기 때문이다. 이후 혼자가 된 일론 머스크는 xAI라는 회사를 창업하여 트루스

GPTTruthGPT를 개발한다. 챗GPT나 구글의 바드Bard의 대안으로 제시할 또 다른 생성형 AI 챗봇이었다. 일론 머스크가 개발한 생성형 AI 챗봇의 특징은 경쟁사들의 챗봇이 (일론 머스크의 표현대로) "좌파 전문가들에 의해 프로그래밍되어 거짓말을 하도록 훈련받았고" "깨어 있는" 것과 달리 "최대한 진실을 추구"한다는 점이다. 또한 트루스GPT는 "우주의 본질을 이해하려고" 한다. 일론 머스크의 주장대로라면 트루스GPT는 "안전"을 보장한다. 그는 폭스뉴스와의 인터뷰에서 "우주를 이해하고자 노력하는 AI라면, 우주의 흥미로운 일부인 인간을 멸종시킬 가능성이 낮다"라고 열심히 설명했다.

2023년 11월, 일론 머스크는 '자신과 흡사한', 즉 '유머 감각과 반항기'를 탑재한 AI 챗봇 그록Grok의 정식 출시를 성대하게 알렸다. 그록은 "거의 모든 질문에 답을 줄 뿐 아니라 질문까지 제안해주는 AI 모델"로 설계되었다.[8] 또한 다른 생성형 AI 챗봇들이 답을 주지 않는 "까다로운" 질문들에도 답하며, X의 콘텐츠들을 데이터베이스 삼아 "전 세계의 실시간 정보를 제공"해준다.[9] 그리 되면 앞으로의 상황은 뻔하다. X에는 가짜 정보와 가짜 뉴스가 넘쳐나기 때문이다.

일론 머스크의 예언은 듣는 귀도 많고 추종하는 이도 많다. X에 자사 중 한 곳이 비트코인을 매입할 예정이라는 말만 던져도 비트코인의 가치가 폭등하며, 강아지 이미지를 올리면 도지코인Dogecoin*의 가치가 급등한다. 실현 불가능한 프로젝트를 언급만 해도 선지자 취급을 받는

---

* 인터넷상에서 인기를 끈 시바견 이미지 밈에서 비롯한 암호화폐다. 2023년 4월, X의 대표 아이콘이 시바견 이미지로 바뀌었을 때 도지코인의 가치가 급등했다.

데, 심지어 그 가운데 대부분을 현실로 만들었다.

하지만 일론 머스크의 눈은 미래를 내다보기보다 '엉뚱한 곳'에 가 있다고 보는 게 맞다. 그 결과가 좋을 때도 있고 나쁠 때도 있는데, 그가 세계에서 가장 영향력 있는 소셜미디어인 트위터를 인수했을 때 사람들은 호재는 아닐 거라며 불안해했다. 일론 머스크는 이 사업에 모든 것을 걸었으며 무려 440억 달러를 쏟아부었다. 마침내 2022년 10월 트위터 인수가 완료되었다. 엉뚱한 수준을 뛰어넘어 광기에 가까운 행위였다. 그는 인수 의사를 밝혔다가 몇 주 후 철회하기도 했는데, 트위터에 대해 소개받은 내용 중 사실과 다른 부분이 있다는 이유를 댔다. 가입자 수가 실제보다 높게 책정되었다는 것이다. 하지만 이미 엎질러진 물이었다. 결국 소송으로 이어지진 않았지만 소송을 했더라도 졌을 게 분명하다.

그는 트위터 인수 대금을 치르기 위해 테슬라의 막대한 주식을 양도해야 했다. 2022년 세전 기준 220억 달러에 상응하는 규모였다. 민간 투자자와 돈 있는 친구들에게도 자금 지원을 부탁해야 했고, 은행 대출까지 받았다. 물론 당시 일론 머스크의 재산 평가액은 약 2,000억 달러에 달했다. 하지만 이 억만금의 자산은 현금이나 부동산이 아니라 회사 자본에 대한 지분 평가액이다. 따라서 현금을 모으려면 아무리 일론 머스크라도 주변의 손을 빌리지 않을 수 없었다.

직원 다섯 중 넷을 해고

일론 머스크는 인수한 트위터를 직접 관리했다. 어떤 관리자보다 신속한 일 처리가 가능하기 때문이다. '표현의 자유 절대주의자'인 그는 부임 후 전권을 쥐고 하고 싶은 것을 다 했다. 우선 파랑새 로고가 달린 트위터 본사에 입성하면서 두 손으로 세면대 하나를 들고 갔다. 이제는 자신을 'sink in', 즉 트위터에 받아들이라는 뜻으로 해석된다.* 트위터가 X로 새롭게 전환하는 과정은 '극비'에 이뤄졌으나 사실 이 작업은 조용히 진행될 수가 없었다. 일론 머스크가 직원 약 8,000명 중 6,500명을 해고했기 때문이다. 이 6,500명이라는 숫자도 일론 머스크 측 주장이다.[10] 이어 시스템 운영에 꼭 필요한 기술자 몇 명을 매우 비싼 몸값에 다시 채용했다. 그는 여러 시행착오를 겪었는데, 그 과정이 마치 자동차 충돌 테스트를 하는 것 같았다.

대표적인 경우가 블루마크 사태다. 이 파란색 체크 표시는 일론 머스크가 오기 전까지 이용자의 계정 인증 역할을 했다. 주로 유명인의 계정에 블루마크가 붙었는데, 해당 유명인 행세를 하는 '가짜' 계정과 구분해주었다. 그런데 이 제도가 일론 머스크 체제로 바뀐 뒤 유료화되었다. 트위터의 유동 자금이 4개월분밖에 없어서 그 후론 회사가 망할 거라며, 재무 상태 조정을 위한 선택이었다는 게 일론 머스크 측 설명이다. 2023년 4월 하순이 되자 계정이 진짜 본인 것임을 증명하기 위한 블루마크 이용료를 내지 않은 사람들 계정에서 마크가 삭제됐다. 트위터 창업주인 잭 도시, 축구선수 킬리안 음바페, 가수 레이디 가가, 프란치스코 교황 등 다수의 유명인이 블루마크를 잃은 것이다. 5월 초에는 팔로워 수가 많은 유명인들에게 다시 블루마크가 부여됐는데, 이들이 실제로 돈을 냈는지는 미지수다. 영향력이 있는 사람인

* 당시 일론 머스크는 자신이 트위터 본사 내에서 세면대를 나르는 영상을 트위터에 올리면서 '들여보내줘!(let that sink in!)'라는 장난스러운 코멘트를 달았다.

지 여부에 따라 대우가 달라지지 않았을까?

또한 일론 머스크는 도널드 트럼프와 칸예 웨스트의 계정을 살려준 것에 그치지 않고 앤드루 테이트의 계정도 다시 열어주었다. 앤드루 테이트는 강간과 인신매매 혐의로 체포된 인플루언서다. 그뿐 아니라 극우 단체인 프로젝트베리타스Project Veritas 역시 계정 정지가 해제됐다. 일론 머스크는 극우 성향 계정과 트윗을 주고받는 걸 악의적으로 즐겼으며 이로 인해 해당 계정은 크게 주목을 받았다. 2023년 3월 《워싱턴포스트》에 게재된 전략적대화연구소의 연구 결과에 따르면, 일론 머스크가 트위터를 인수한 뒤 반유대주의 성향 트윗의 주간 평균 게재량이 두 배 늘어났다고 한다. 헝가리계 미국인 억만장자 투자가 조지 소로스는 종종 반유대주의 음모론의 표적이 되었는데, 일론 머스크는 그가 "인류를 혐오한다"는 트윗까지 올렸다. 아마 그가 테슬라 주식 13만 주가량을 매각하여 주가를 떨어뜨린 일에 대한 보복이었을 것이다.

일론 머스크는 미 정치판에서도 크게 활약했다. 2022년 말 자신의 1억 5,000만 팔로워에게 중간 선거에서 공화당을 찍으라고 호소한 것이다. 바이든 대통령의 입지를 약화하려는 목적이었다. 뿐만 아니라 가짜 뉴스로 가득한 음모론 글을 리트윗하고 나치를 선전하기 위해 사용되었던 사진을 게재하였으며, 자신의 사생활을 염탐했다는 이유로 몇몇 기자의 계정을 폐쇄했다(해당 기자들은 그의 전용기를 추적하여 위치 정보를 알려주었던 트위터 계정을 취재하거나 관련 기사를 작성하거나 트윗을 게재한 적이 있다). 이후 항의가 빗발치자 계정을 복구해주었다.

X로 야기된 금융 위기

반대로 앞서 살펴본 바와 같이 계정을 다시 폐쇄해야 하는 경우도 있었다. 2022년 12월, 일론 머스크는 '예Ye'로 개명한 래퍼 칸예 웨스트의 계정을 다시 폐쇄했는데, 그가 공개적으로 히틀러를 찬양하기 시작했기 때문이다. 마크롱 대통령에게 훈계받았을 때는 메타의 프랑스인 AI 수석 과학자 얀 르쿤이 "표현의 자유와 절제 사이에서 최고의 합의점을 찾으려는 놀라운 세계에 온 것을 환영합니다"[11]라는 트윗을 올리며 동정했다. 이에 일론 머스크는 딱히 반응을 보이지 않았다.

트위터는 2023년 7월에 X로 공식 서비스 명칭을 바꿨는데, 그에 앞서 EU 실천 강령인 '허위 정보에 관한 규약'에서 탈퇴했다. 온라인에서의 정보 왜곡을 막기 위한 자발적인 규약이기에 여기서 빠지더라도 이렇다 할 타격은 입지 않았다. 하지만 2023년 8월 25일에 유럽의 디지털서비스법Digital Services Act이 시행되자 상황은 좀 달라졌다. EU 내부시장 담당 집행위원 티에리 브르통은 "도망칠 수 있을지는 몰라도 숨을 수는 없을 것"이라고 경고했다. "허위 정보 퇴치는 곧 법적 의무가 될 것이기 때문"이다. 그리고 자신의 팀은 법 시행에 대비해 준비하고 있다고 덧붙였다.

2023년 3월, 트위터는 전 세계적 금융 위기로 이어질 뻔한 은행발 쇼크에 일정 부분 책임이 있었다. 도핀대학과 애리조나주립대학이 공동으로 발표한 논문 「뱅크런 촉매제로서의 소셜미디어Social Media as a Bank Run Catalys」에서 실리콘밸리은행을 파산으로 몰고 간 '뱅크런Bankrun' 사태에 트위터도 얼마간 영향을 미쳤다는 사실이 밝혀졌다.[12] 연구 내용에 따르면 3월 8일과 13일 사이 "이용자들은 실리콘밸리은행과 관련하여 'run'이란 단어가 포함된 트윗 6,528개를 게시"했으며,

이는 같은 위기에 처했던 다른 은행의 경우보다 "다섯 배 더 높은 수준"이라고 한다.[13] 우선 주로 투자자들이 트윗을 게시했고 이어 예금주들도 비슷한 내용의 트윗을 게재했다. 예금주들 모두 동시에 자금을 회수하려 들면서 위기를 더욱 재촉했다. 해당 연구는 소셜미디어에 게재됨으로써 은행의 파산 위기가 유발되었으며, 소셜미디어에 뱅크런 이야기가 돈 것은 그에 대한 결과만이 아닌 원인이기도 하다고 지적했다.[14] 즉, 소셜미디어에서 거짓 정보가 돌아서 문제인 게 아니라 소셜미디어에 글이 올라온 것 자체가 해로운 결과를 초래한 셈이다. 소셜미디어의 바이럴 효과가 새로운 억측을 만들어내기 때문이다.

'탈진실과 대안적 사실' 신봉자

X는 그 영향력이 적지 않음에도 성장세가 차츰 둔화하고 있다. 이유는 여러 가지다. 반복된 서비스 장애는 물론, 내용 규제가 제대로 이뤄지지 않아 인신공격이나 혐오 발언, 유대인 또는 아프리카계 미국인에 대한 모욕적인 발언, 게이나 트렌스젠더에 대한 폄하 발언이 판을 치기 때문이다. 특히 새로 대표가 된 인물의 뜬금없는 행동도 광고주의 이탈을 초래했다. 로레알, 아우디, VW, 화이자제약, 코카콜라, 제너럴 모터스 등 세계 유수 기업들이 X에서 광고를 뺐다. 일부는 몇 달 후 슬그머니 돌아오기도 하였으나 2023년 1월부터 9월까지의 광고 매출액은 전년도 동기 대비 절반가량 감소했다. 자사 광고가 인종차별주의나 음모론 관련 트윗들 사이에 섞여 나갈까 우려하는 대기업 광고주들에게 일론 머스크는 '자동화된 업계 표준 차단 목록' 시스템을 제안했다. 2023년 12월 18일에는 디지털서비스법에 따른 조사가 이뤄졌다. 당

국이 X상의 거짓 정보, 테러 공격에 관한 자극적인 콘텐츠, 혐오 발언의 확산 규모를 조사한 것이다.

그런데 이미 일론 머스크는 11월 15일에 반유대주의 트윗을 게재함으로써 자신의 문제나 회사의 수입에 하등 도움이 되지 못했다. 가자 지구에 전쟁이 발발하고 X에 잘못된 정보와 가짜 뉴스가 넘쳐나는 와중에 유대인 공동체는 백인을 혐오한다는 내용의 글을 리트윗하면서 이 글 게시자에게 "당신 말이 진실이다"라는 답변을 단 것이다. 이 메시지의 조회 수는 수백만을 넘었고, 애플, IBM, 디즈니, 마이크로소프트, 넷플릭스 등은 X에서 광고를 내렸다. 그 결과 1,100만 달러의 광고 수입이 날아갔으며 이 '표현의 자유 절대주의자'에 의한 2023년 총 손실액은 무려 7,500만 달러에 달할 것이라는 전망이 나왔다.

일론 머스크는 X의 콘텐츠 단속만 손 놓은 게 아니라 가짜 뉴스나 혐오 발언이 아무 필터링 없이 퍼지는 것 또한 방임했다. 도널드 트럼프처럼 그 역시 '탈진실' 신봉자로, (트럼프 정부에서 나온 표현인) '대안적 사실Alternative Facts'이 과학적으로 입증된 사실과 동일한 가치를 가진다고 믿는다. 이는 과학적 사실이 실제로는 언론들의 공조하에 대중의 이익에 반하는 쪽으로 조작되고 있다는 시각에서 비롯된 논리다. 더욱이 일론 머스크는 오래전부터 무한한 표현의 자유를 옹호해온 데다 TV나 신문 같은 매체를 경멸해왔다. 탈진실을 지지하는 사람들은 민주적인 논의의 장을 거부하며 모두에게 일반적으로 통하는 사실을 받아들이지 않는다. 다수의 구성원에게 우호적인 정책은 모두가 공통으로 인식하는 사실이 있어야 수립이 가능한데, 저들은 아예 이를 인정하지 않는 것이다.

은행 자리를 넘보는 X

탈진실의 시대에 공통의 기준이나 좌표 따윈 존재하지 않는다. 자신이 믿는 것이 곧 진실이며, 속해 있는 집단의 믿음이 곧 나의 믿음이다. 소셜미디어는 이런 문화적인 다툼과 분쟁이 빚어지기에 최적의 장소다. X의 경제 모델은 감정을 가장 자극하는 콘텐츠가 알고리즘을 통해 확대·재생산되는 구조로 이루어져 있다. 뒤에 가서 살펴보겠지만 페이스북의 경제 모델도 동일한 구조로 되어 있다. 대안적 사실이 확산되기에 유리한 환경이다. 극단적인 성향의 콘텐츠는 완곡한 성향의 콘텐츠보다 그 파급력이 훨씬 세며, 열차가 지연 없이 정시에 도착하는 상황이나 평범한 일상, 단순 사실의 나열 등은 결코 대중을 자극하지 못한다.

그런데 일론 머스크가 트위터를 인수한 이유는 미국의 선거 결과 '따위'에 영향을 주려는 목적에서 '만'이 아니다. 그렇다면 이 말도 많고 탈도 많은 X를 통해 무엇을 하려는 걸까?

그저 재미 삼아 트위터 이름을 X로 바꾼 게 아니었다(X라는 글자에 남다른 애착을 가진 일론 머스크는 자신의 회사들 이름에 X를 넣었다). X.com이 페이팔과 합병했을 때부터 가져온 오래된 꿈으로, 그는 금융계의 거물이 되길 희망한다(X.com 도메인은 2017년에 다시 사들였다). 그가 모델로 삼은 건 만능 멀티플랫폼 앱 위챗微信이다. 중국의 이 앱은 친구들과 메시지를 주고받는 메신저이지만 MTB 자전거를 사거나 음식을 배달시킬 수 있는 것은 물론, 공과금 결제, 기차표나 비행기표 예약 등도 가능하다. X는 무엇이든 가능한 만능 플랫폼이 되려는 것이다. 그의 구상대로 X가 완성되면 전 세계 이용자들은 X에서 병원 진료도 예약하고 심지어 대출까지 신청할 수 있다. X가 페이스북, 페이팔,

독토리브Doctolib*, 부르소라마Boursorama**를 대체하는 것이다. 이를 위한 디지털 화폐도 만들 예정인데, 이 통화는 마크 저커버그가 만들려던 페이스북의 화폐 리브라Libra와 달리 시중 통화와는 연동되지 않는다. 그래야만 화폐 출시를 방해받지 않을 것이기 때문이다.[15]

X가 이 마지막 꿈을 실현하기까지는 아직 더 많은 시간이 필요하다. 하지만 일론 머스크는 이 꿈을 향해 한 발씩 다가가고 있다. X는 이미 일곱 개 주 정부에서 송금업 영업 허가를 획득했다. 우선 X 이용자에게 예를 들면 10달러 정도의 소액을 준 뒤 이들이 해당 금액을 원하는 곳으로 보낼 수 있도록 할 예정이다. 고이자율 저축 서비스를 개시하여 X에 저축한 돈이 시장에서 가장 높은 수익을 얻도록 한다. 반대로 대출 통장 금리는 시장에서 제일 낮게 할 방침이다. 일정 수준의 현금을 보유한 사람에게는 직불 카드와 수표책도 자동으로 발송된다.

일론 머스크는 세계 최고의 금융 주체가 되고 싶다는 의사를 수시로 내비쳤지만 아무도 이를 진지하게 받아들이지 않았다. 오늘날 월스트리트는 그에게 그럴 역량이 충분히 있음을 안다. 다양한 금융 서비스를 제공하는 온라인 은행으로 변신한 X의 가치는 2,500억 달러에 달할 전망이다. 물론 지금으로선 쉽게 상상이 가지 않는 금액이다. 트위터 인수 후 가치가 반토막이 났기 때문이다. 일론 머스크가 만약 자신의 계획을 성공적으로 실현한다면 통쾌한 복수가 될 것이다. 아울러 "하늘을 나는 자동차를 원했는데 우리가 얻은 건 (트위터의) 140자뿐"이라던 피터 틸의 명언도 틀린 말로 만들 수 있다.

* 프랑스에 본사가 있는 유럽 최대의 온라인 진료 예약 플랫폼이다.
** 프랑스의 유명한 온라인 은행으로, 다양한 금융 정보를 함께 제공한다.

일론 머스크의 천재성은 과거를 싹 갈아엎고 쇄신하는 역량에 있다. 기존 관행이나 명백한 사실들을 완전히 뒤엎고 새로운 틀에서 일을 시작한다. 우주 분야에서나 자동차 업계에서나 이렇게 사업을 진행시켰고, 일찍이 온라인 결제 시스템 도입으로 금융 분야의 패러다임을 뒤집어놨다. 온라인과 오프라인 모두에서 성공이 가능한 유일한 거목이라 할 수 있다. 포괄적 안목을 가진 일론 머스크는 금융 업계에서도 기존의 모든 프레임을 뒤집는 행보를 보일까? 어쨌든 그는 은행과 이들의 부화뇌동하는 성향을 늘 비웃어왔다. 전기 작가 애슐리 반스에게도 "은행가들이 하는 일이란 다른 사람들을 따라하는 것뿐"이라고 말했다. "만약 다른 사람들이 절벽에서 뛰어내리면 죄다 따라서 뛰어내릴 것이고, 방 안에 금괴 더미가 있는데 아무도 손을 대지 않으면 모든 똑같이 이를 피할 것"[16]이라는 말이다. 일론 머스크라면 재빨리 금괴를 담을 수레를 찾으러 갈 것이다.

와나두Wanadoo 공동 창업주이자 컴퓨터공학과 엔지니어링 대학 에피타EPITA의 전 학장 필리프 드보스트는 일론 머스크가 자신이 잘 아는 소프트웨어 도구를 기반으로 잘 모르는 하드웨어(제조) 분야를 공략한 게 성공의 비결이라고 설명한다. 예를 들어 테슬라는 바퀴 위의 컴퓨터다. 즉, 소프트웨어로 구동하는 하드웨어인 셈이다. 소프트웨어를 도구로 삼은 이 같은 접근법을 통해 일론 머스크는 자동차나 우주 업계 같은 '하드웨어계'를 완전히 뒤집어놓았다. 가치 제안, 영업, 기술력 극복, 제조 방식 등 모든 측면에서 혁신을 실현한 것이다.

비전과 파괴적인 기술력

이런 특유의 접근법에 더해 해당 업계에서 통용되던 방식과는 완전히 상반되는 수직적 통합 방식을 사용하기도 한다. 테슬라의 경우, 자율 주행 장치를 위한 부품이나 배터리를 자체적으로 설계하고 생산하며 내부에서 유통까지 해결한다. 스페이스X 역시 차세대 로켓 엔진을 직접 설계하고 생산하며, 발사대도 자체 제작하고 로켓도 재활용한다. 따라서 발사가 이뤄지는 속도 역시 이례적으로 단축되었다. 스타링크의 위성 사업도 상황이 비슷하다. 필리프 드보스트에 따르면 "일론 머스크는 자신의 브릭을 스스로 설계해서 제작하는 뛰어난 레고 조립자다. 스스로 말했듯이 그가 어기지 않는 유일한 법칙은 물리 법칙뿐이다."[17]

시아파트너스Sia Partners의 CEO 마티외 쿠르트퀴스는 일론 머스크가 미래에 대한 통찰력과 현재의 기술력 사이에서 자기 생각을 늘 유기적으로 연결할 줄 아는 사람이라고 설명한다. "미래에 대한 그의 안목과 통찰력은 실로 비상한 수준이다. 지구와 우주를 아우를뿐더러, 정말 모든 것을 뛰어넘는 초월적인 시각으로 미래를 내다본다. 또한 이러한 비전은 독점 가능한 잠재력을 지닌 파괴적인 기술을 포착한다는 목표와 체계적으로 이어져 있다."[18]

스페이스X와 스타링크를 통해 인류는 여러 행성을 오가며 살아갈 테다. 하지만 위성 통신과 우주 로켓 시장을 지배해야 하는 기술적 과제가 남아 있다. 테슬라의 목표는 탄소를 배출하지 않는 이동 수단을 제공하는 것이지만 이 과정에서 자율 주행 장치 시스템으로 무한한 수익을 지속적으로 거둬들일 것이다. 뉴럴링크를 통해서는 이 세상을 지배할 AI를 인간이 지배하게 되며, 신경 칩은 메타버스의 세계로 이어주는 절대적인 초실감 기술을 구현할 것이다. 마지막으로, 일론 머스크가 원래 X를 통해 추구했던 목표는 표현의 자유를 극대화하고 기존의 언론 질서를 뒤집는 것이었지만 앞으로 다양한 기술적 시도도 이뤄질 것이다. 마티외 쿠르트퀴스는 "초고성능 기술을 기반으로 디지털 ID, 향상된 검색 엔진, 꼬리에 꼬리를 물고 영향력을 만들어내는 연결성, 암호화폐를 통한 Web 3.0과의 결합 등 돈이 되는 새로운 수익 모델과 광고주를 위한 핵심 허브가 될 것"[19]이라고 평한다. 생각만 해도 아찔하다.

조물주에 버금가는 이 기업가의 힘은 엄청나다. 그의 권력은 산업, 금융, 사회, 외교, 정치 분야 모두에 걸쳐 있다. 일론 머스크는 우크라이나 전쟁의 중재자로 나서며 미 정부를 긴장하게 만들었다. 이제는 증강 인간을 만들고 지구인을 화성으로 이주시키려 하며, 전 세계 금융 시스템도 뒤엎으려고 한다. 대선에서 또 다른 극우 후보를 당선시킬 수도 있다. 그리고 이는 미국의 민주주의에, 혹은 러시아가 유럽에서 힘을 떨치는 데 치명적인 영향을 미칠 것이다. 우리는 과연 그를 멈출 수 있을까?

마크 저커버그, 최고의 꼭두각시 조종사

일론 머스크와 달리 마크 저커버그는 우주에 손을 대지 않으며, 자신을 국제 문제의 '데우스 엑스 마키나', 즉 '최종 해결사'로 여기지도 않는다. 하지만 페이스북, 인스타그램, 스레드라는 소셜미디어를 통해 전 세계 30억 명 위에 군림한다. 우리 사회에 상당한 변화를 가져왔으며 정부는 이러한 변화 앞에서 아무런 힘도 쓰지 못한다.

    2023년 7월, 10대 청소년 나엘의 사망*으로 촉발된 소요 사태에서 소셜미디어에 대한 프랑스 정부의 무능함이 여실히 드러났다. 소요 사태의 실질적인 책임은 페이스북과 인스타그램을 비롯한 소셜미디어에 있었다. 시위대는 소셜미디어를 통해 서로 연락을 주고받았으며, 집기를 부수고 상점을 터는 자기 모습을 찍어서 보란 듯이 소셜미디어에 올렸다. 소셜미디어 활동 자체가 하나의 동기가 된 것이다. 정부가 해당 소셜미디어 업체들의 현지 대표를 '소환'해 문책하고 폭력적인 이미지 공유를 규제해 달라고 부탁해도 소용없는 일이었다. 법치

---

* 2023년 6월 27일 열일곱 살 알제리계 프랑스인 나엘이 교통 검문에 불응하고 차를 출발시키자 경찰이 총을 발포해 사망에 이르게 한 사건이다. 나엘의 죽음으로 촉발된 시위는 점차 과격 시위로 바뀌었고 약탈과 방화가 이어졌다. 한동안 주요 도시들에서 21시 이후의 대중교통 운행이 중단되었다.

국가 프랑스의 대통령조차 유해 콘텐츠의 확산을 막는 데 아무런 힘을 쓰지 못했다. 그렇게 퍼져나간 콘텐츠들은 조회 수를 얻으며 소셜미디어들의 광고 수입을 늘려주었다. 언제나 법 위에 군림하는 소셜미디어에 통행 금지 따윈 적용되지 않는다.

　15년쯤 전부터 유럽과 미국 등지에서 극단적인 정치적 대립이 심화하고 포퓰리즘이 기승을 부린 데는 마크 저커버그의 플랫폼 책임이 크다. 소셜미디어는 구조적인 특성상 이러한 현상을 더욱 부추기게끔 설계되어 있기 때문이다. 온건한 사상이나 균형 잡힌 생각, 혹은 만족하는 유권자의 현명한 의견 같은 데 관심을 두는 사람은 하나도 없다. 소셜미디어에서는 분열을 조장하고 혐오를 부추기며 사람들을 극단적으로 몰고 가는 콘텐츠가 가장 인기가 많고 '바이럴'도 제일 많이 된다. 소셜미디어 중 가장 회원 수가 많고 파급력이 큰 페이스북은 정치 집단 간의 균열을 심화하는 데 최적화되어 있다. 국민들을 서로 편 가르고 극단적으로 몰고 가는 원흉인 셈이다.

페이스북의 폐해 이미 알고 있는 마크 저커버그

'아랍의 봄' 때처럼 페이스북은 이로운 역할을 할 때도 있지만 그보다는 해로운 영향을 미칠 때가 대부분이다. 우선 페이스북은 소위 '페이스북우울증'*의 주요 원인이다. 이는 소셜미디어에 중독된 청소년들의 불안한 심리 상태에 대해 미 소아청소년과 의학자들이 명명한 질환

---

* 한국에서는 카카오스토리, 페이스북, 인스타그램으로 생기는 우울증을 묶어서 '카페인우울증'이라 일컫기도 한다.

이다. 2011년 3월 미 소아과학회지《소아학 리뷰Pediatrics in Review》에서 처음 규명되었다.[1] MIT와 보코니대학 연구진의 2023년「소셜미디어와 정신 건강Social Media and Mental Health」이라는 논문에도 사회불안장애, 우울증, 자살 충동 등의 증가 정도가 나와 있다.[2] 소셜미디어는 청소년의 삶에 대한 만족도를 크게 떨어뜨렸으며 자살률을 높이고 집단 폭력을 더욱 심화했다. 또한 젊은이들 사이에서 성형 수술이 급증하고 그에 따른 부작용이 일어난 데는 틱톡과 인스타그램의 책임이 크다.

페이스북의 서비스 제공 과정에서 야기되는 부수적인 폐해를 제일 먼저 알았던 건 창업주인 마크 저커버그다. 그는 페이스북이 이용자의 정신 건강이나 민주적인 삶에 어떤 문제를 초래하는지 익히 알았고, 따라서 그 해법 또한 알고 있다. 바로 규제와 제한이다. 그에겐 이를 실행할 힘도 있다. 아직 메타플랫폼스의 의결권 58퍼센트를 쥐고 있기 때문이다. 메타플랫폼스는 페이스북 그룹의 새로운 사명으로, 마크 저커버그가 메타버스 사업에 뛰어들면서 채택했다(저커버그는 이렇게 사업 방향을 바꾸었을 당시 겪은 실패의 기억을 지우려는 중이긴 하다). 하지만 마크 저커버그가 소셜미디어의 폐단을 바로잡으면 회사의 매출과 수익은 떨어진다. 그가 이 사태에 눈을 감는 이유다. 가입자의 개인정보로 돈벌이를 하고 트럼프의 당선을 가능케 한 '로비 활동'을 허용했을 때도 똑같이 문제를 외면했다.

항간에는 끊임없이 그의 대선 출마설이 떠돌았으며 소소하게나마 이를 뒷받침하는 의심스러운 정황도 눈에 띄었다. 정치권 인사를 채용하는가 하면 자선 재단도 만들고, 또 2017년에는 미국 각 주의 시민들을 만나러 가고 싶다는 바람을 내비쳤기 때문이다. 애플 전 프랑스 지사장 장루이 가세는 "이미 전 세계인의 대통령인데 귀찮게 미국 대통령은 왜 되겠느냐"라고 농담했다.[3] 이미 전 세계 30억 명 위에 군림하는 상황인데, 무엇 하러 미국인 3억 3,300만 명을 다스리느라 힘을 빼겠느냐는 말이다. 실제로 페이스북 대표는 '일개' 정부 수반보다 더 막강한 권력을 쥐었으며 굳이 대통령 자리를 탐낼 이유가 없다. 일론 머스크만큼 대놓고 말한 것은 아니지만, 둘 다 생각은 같다. 대통령이 쥔 권력은 자신들의 힘보다 더 제한적이라는 것이다.

집에서 "왕자님"이라 불리던 마크 저커버그는 학창 시절 다니던 대학의 온라인 학생 명부를 만들었을 때만 해도 지금 같은 지위에 오르는 건 상상도 못 했을 것이다. 하지만 동기끼리 보드게임 〈리스크 Risk〉를 하고 놀 때부터 이미 승부욕을 보였다. 게임에서 이겨 세상을 정복하겠다는 것이었다.

사죄의 화신

1984년에 태어난 마크 저커버그는 어릴 때부터 컴퓨터에 뛰어난 재능을 보인 천재로, 인터넷이 없던 시절을 기억하는 마지막 세대에 속한다. 아버지는 치과의사 겸 외과의사였고 어머니는 대학에서 소아학을 전공했으며, 사 남매 중 유일한 아들로 태어났다. 열두 살 때 컴퓨터가 생긴 뒤 혼자서 프로그래밍을 하여 가족 간의 네트워크인 저크넷ZuckNet을 만들었다. 그에게 컴퓨터를 가르친 과외 선생님도 마크를 지도하기에 역부족이었다.

열다섯 살 때 처음으로 웹사이트를 만들고 베이더페이더Vader Fader라는 사람들을 서로 연결해주는 소프트웨어를 개발했다. 그다음에 만든 건 시냅스미디어플레이어Synapse Media Player로 취향에 맞는 음악을 제안해주는 프로그램이었다. 시냅스미디어플레이어는 마이크로소프트의 눈에 띄었고, 마이크로소프트는 95만 달러에 프로그램을 사겠다고 제안했다. 대신 3년간 회사에서 일하라는 조건이었는데, 마크 저커버그는 이 제안을 뿌리쳤다. 수학, 과학, 라틴어, 그리스어에 능했을 뿐 아니라 프로그래머로서의 재능도 뛰어났던 그는 이를 바탕으로 하버드대학 입학에 성공한다.

2학년 때는 코스매치Course Match라는 프로그램을 개발했다. 어떤 학생이 어떤 수업을 듣는지 알게 해주었으므로 캠퍼스에서 예쁜 여학생 뒤를 쫓아다니는 데 유용한 프로그램이었다. 이어 그는 학생들의 얼굴이 담긴 공식 인명부에서 잘 찍히지 않은 사진들까지 모두 가져다가 페이스매시Facemash라는 웹사이트를 만들었다. 마크 저커버그는 캠퍼스 내 모든 여학생의 사진을 올린 이 사이트 링크를 몇몇 친구에게 보냈고, 사이트에 접속한 친구들은 여학생을 둘씩 놓고 점수를 매겨 더 예쁜 여학생을 뽑았다. 페이스매시는 입소문을 타며 빠르게 퍼져 나갔고, 불과 몇 시간 만에 450명이 2만 2,000건의 투표를 진행했다. 학교 서버가 마비된 건 당연한 일이었다. '장난'이 지나쳤던 학생 마크 저커버그는 결국 징계위원회에 불려갔다.

성차별주의적이고 인종차별주의적이라는 지적을 받은 그는 이번 일로 위기를 모면하는 방법 하나를 학습한다. 이 방법은 향후 몇십 년 간 그가 '사건'에 연루되어 소환될 때마다 써먹는 하나의 전략이 되었는데, 문제를 지적받은 즉시 잘못을 인정하고 사죄한 뒤 모든 걸 고치겠다고 약속하는 것이다. 일견 얌전해 보이는 약 170센티미터 신장의 청년은 겸손하게 사죄하고 엎드리는 법을 일찌감치 배웠고, 이미 하버드에서도 이 전략이 통했다. 보호 관찰 수준으로 징계가 마무리됐기 때문이다. 그리고 그는 캠퍼스에서 스타가 되었다.

2003년, 세 학생이 마크 저커버그를 찾아온다. 쌍둥이 형제 타일러와 캐머런 윙클보스 그리고 디비아 나렌드라였다. 셋은 마크 저커버그에게 하버드의 모든 학생을 서로 연결해줄 프로그램 코드 작성을 도와달라고 부탁했다. 이들은 이미 하버드커넥션HarvardConnection이란 프로그램을 짜던 중이었다. 마크 저커버그는 이들의 부탁을 수락한 뒤 작업을 시작했으나 팀원들에게는 작업에 대한 새로운 소식을 전하지 않았다. 셋은 연락할 때마다 별 소득을 얻지 못하다가 어느 날 마크 저커버그가 일언반구도 없이 더페이스북이란 걸 만들었다는 사실을 알게 됐다.

마크 저커버그는 더페이스북이 이들의 초기 구상안과 딱히 비슷하지 않다고 생각했다. 훨씬 더 정교하고 복잡했기 때문이다. 윙클보스 형제는 그에게 소송을 걸었지만 승소에 대한 확신이 없어서 합의안을 수락했다. 2008년, 형제는 2,000만 달러의 현금과 4,500만 달러 상당의 페이스북 주식을 받는다. 하지만 이 정도 돈으로는 만족할 수가 없었는데, 더페이스북이 다른 대학들로 퍼지면서 가치가 올랐기 때문이다. 형제는 합의안을 폐기한 뒤 다시 소송을 걸었지만 기각되었다. 그래도 완전히 진 싸움은 아니었다. 그들은 현금을 모두 비트코인에 투자한 뒤 억만장자가 되었다.

수익 최우선주의

일론 머스크, 빌 게이츠, 스티브 잡스 등과 마찬가지로 마크 저커버그 역시 학위를 따기 전에 대학을 중퇴했다. 2004년부터 주변 사람들을 모아 팀을 꾸렸고, 2005년 더페이스북은 페이스북으로 이름을 바꿨다. 2006년 마크 저커버그는 학생만이 아니라 13세 이상이라면 누구나 페이스북 계정을 생성할 수 있게 하고 뉴스피드News Feed를 도입했다. 이용자들은 새로 도입된 이 시스템을 별로 좋아하지 않았다. 피드에 광고가 끼어드는 구조였기 때문이다. 하지만 저커버그는 물러서지 않았다. 장차 수익이 될 비즈니스 모델을 찾아낸 것인데, 하지 않을 이유가 없었다. 결국 여기에 적응해야 하는 건 이용자들이었다.

2006년 야후는 10억 달러에 페이스북 인수를 제안했다. 가입자가 800만 명 정도밖에 되지 않아 적자에 시달리던 페이스북으로서는 매력적인 액수였다. 특히 자본의 25퍼센트를 보유한 스물두 살 청년 사장에게는 굉장한 금액이었다. 하지만 그는 야후의 인수 제안을 뿌리쳤다. 일론 머스크의 전 페이팔 동업자이자 페이스북 초기 투자자 중 한 명인 피터 틸이나 페이스북의 두 번째 투자자인 짐 브라이어도 매각에 찬성했지만, 마크 저커버그의 생각은 달랐다. 자신의 원대한 꿈이 이제 막 첫걸음을 내디딘 참이라고 확신했기 때문이다. 그가 내다본 페이스북의 잠재력은 이 정도가 아니었다. 아이폰을 비롯한 스마트폰의 등장은 모두의 기대 이상으로 그의 생각이 옳았음을 보여주었고, 페이스북은 전 세계에서 가장 많이 다운로드되는 앱이 되어 수백억 달러의 광고 수입을 긁어모았다.

페이스북 이용자들은 간간이 서비스 운영 방침에 불만을 표출했다. 2007년에 광고 및 공유 서비스인 비컨Beacon을 도입했을 때도 그랬다. 비컨이 출시되자 페이스북 이용자들의 온라인 쇼핑 내역이 동의 없이 뉴스피드에 게재되었다. 내가 굉장히 비싼 나이키 운동화를 구매했다는 사실도, 〈록키4Rocky IV〉를 다섯 번이나 봤다는 사실도 지인들의 뉴스피드에 고스란히 뜨는 것이다. 페이스북 광고주 입장에서는 매우 효율적인 타깃팅 도구였다. 더욱이 하나의 집단을 구성하는 이들은 소비 패턴도 대체로 유사한 편이다. 이에 불만을 품은 이용자 수백 명이 페이스북을 상대로 집단 소송을 걸었다. 사생활을 침해한다는 이유였다. 개인적인 쇼핑 내역 정보를 이용자에게 고지도 하지 않은 채 공유한다는 건 말이 안 되었다. 몸에 광고판을 걸고 돌아다니는 샌드위치맨 취급을 받다니, 있을 수 없는 일이었다.

마크 저커버그는 순간 모든 걸 다 잃을 수 있겠다는 생각이 들었다. 그는 한 걸음 물러나 원고 측과 원만하게 합의점을 찾았다. 블로그에 사과문을 올리고 비컨이 이용자의 사생활에 무단으로 끼어든 점에 대해 비굴한 변명을 늘어놓았다. "불미스러운 상황이 빚어졌다"[4]며 짐짓 자신의 죄를 뉘우치는 듯한 모습을 보이고 핑계를 댔다. "방문하는 다양한 사이트의 정보를 친구들과 공유할 수 있길 바랐다"는 것이다.[5]

비컨은 이용자 편의적으로 맞춰진 서비스가 아니었고 여기에 문제가 있었다. 이용자가 공개를 원하는 것과 그렇지 않은 것을 쉽게 관리할 수 있도록 해야 했는데, 기본적으로 그렇게 설계되지 않은 것이다. 청년 사장 마크 저커버그는 일단 포기하고 뒤로 물러섰지만 이는 일시적인 후퇴에 불과했다. 2008년과 2010년에 비컨 모델이 어느 정도 차용된 페이스북커넥트Facebook Connect와 오픈그래프Open Graph를 선보였기 때문이다. 하지만 이번에는 그리 큰 반발을 사지 않았다. 사람들은 인터넷에서 자신의 사생활이 사라지는 것에 이미 익숙해진 듯했다.

2008년, 페이스북은 가입자 수 1억 5,000만 명을 달성했다. 그중에는 버락 오바마나 힐러리 클린턴 같은 유명 인사도 있었다. 마크 저커버그는 세계에서 가장 젊은 억만장자로 등극했다. 2009년에는 새로운 시스템을 도입하여 이용자 활동량이 열 배로 증가하는 쾌거를 거두었다. 바로 '좋아요' 버튼이 탄생한 것이다. 이용자들은 엄지손가락을 위로 세운 모양의 '좋아요' 수를 늘리기 위해 혈안이 되었다. 이처럼 자신의 평가를 높이는 구조는 점점 더 잦은 사용을 유도했고 페이스북은 새로운 단계로 접어들었다.

최고의 해를 넘어

페이스북에게 2010년은 최고의 해였다. 입소문이 가장 많이, 가장 빨리 퍼지는 소셜미디어가 된 페이스북이 '아랍의 봄' 태동에 중요한 역할을 했기 때문이다. 페이스북은 모든 소식이 삽시간에 시민들 사이로 퍼져나가게 해주었다. 따라서 이용자들의 영향력이 확대되었으며 초기 봉기자들, 즉 12월 17일 튀니지의 젊은 노점상 모하메드 부아지지의 분신자살을 직접 목격했거나 이 소식을 전파한 사람들의 행동반경을 크게 넓혀주었다. 당시 튀니지의 전체 국민 1,150만 명 가운데 페이스북에 접속한 수는 무려 760만 명이었다. 시위대는 자신들의 페이스북 계정을 이용해 반정부 슬로건을 퍼뜨렸으며 정부 인사들의 사적 재산 축재 현황을 고발했다. 결국 2011년 1월 벤 알리 대통령은 하야했다. 튀니지의 시민 봉기는 아랍 전역으로 퍼져나가 이웃 이집트에서도 페이스북이 시민들을 집결시키는 역할을 했으며 호스니 무바라크 대통령은 약 2주 만에 사임 의사를 표명했다. 같은 해, 이집트 혁명을

기념하기 위해 딸 이름을 '페이스북'이라 지은 사람까지 있었다.[6]

얼마 후에는 #BlackLivesMatter, #MeToo 같은 사회 운동 역시 페이스북을 기반으로 점차 확대되는 양상을 보였다. 페이스북이 인류의 진보에 이바지한 셈이다. 물론 페이스북이 사회 운동에서 맡게 된 역할은 의도하지 않은 부차적인 것이었지만, 페이스북은 사실상 막강한 정치적, 문화적 시위 도구로 자리 잡았다. 그리고 마크 저커버그는 이러한 지위에 따르는 책임에 대해서는 선을 긋고 있다.

'아랍의 봄' 당시 페이스북은 총 가입자 수가 대략 5억 명이라고 발표했다. 중국이나 이란에서 접속을 차단해도 지구상에는 이미 가입한 사람의 수보다 앞으로 가입할 사람 수가 훨씬 더 많았다. 마크 저커버그는 MSN이나 마이스페이스 등처럼 먼저 서비스하던 경쟁 소셜미디어들을 모두 사장시켰다.

3,000명이 넘는 직원을 수용하기에 회사 공간이 협소해지자 페이스북은 멘로파크로 이주했다. 처음에 '페이스북 캠퍼스'는 약 93,000제곱미터 부지에 자리잡았다. 하늘에서 내려다보면 중앙 광장 포석에 큼직하게 새겨진 'H-A-C-K(해킹하다)'라는 까만 글자가 보인다. 페이스북의 새로운 부지는 직원들의 생산성을 높여주는 모든 편의시설을 갖추었다. 식사가 무료로 제공되고 간식도 무제한 이용할 수 있으며, 의복 세탁과 건조도 초고속으로 이뤄진다. 마크 저커버그도 페이스북 부지와 가까운 팰로앨토에서 520제곱미터 규모의 700만 달러짜리 빌라 한 채를 매입했다. 그의 '검소한' 이미지도 더는 유지되지 못했다.

득이 있으면 실도 있는 법이다. 오스트리아의 법대생 막시밀리안 슈렘스는 페이스북의 사생활 침해를 입증한 인물로, 훗날 개인정보 보호를 위해 투쟁하는 유명 사회 운동가가 된다. 당시 막시밀리안 슈렘스는 페이스북에 있는 자신의 모든 데이터를 요청했다. 유럽법에 따라 이용자는 페이스북에 이 같은 자료를 요청할 수 있기 때문이다. 몇 차례 거듭된 요구 끝에 페이스북은 결국 요청받은 자료를 CD에 넣어 보내주었다. 1,200페이지가 넘는 분량이었다. 자료를 본 슈렘스는 자신이 페이스북 계정에서 삭제한 내용이 여전히 서버에 보관되어 있음을 확인했다. 페이스북은 개인 계정의 모든 내용을 버전별로 저장해두었고, 심지어 분명히 지운 자료까지 서버에 저장되어 있었다. 가령 사람들과 나눈 대화 내용이나 노출되지 않도록 이름을 지워둔 사진들, 참석을 제안받았지만 가지 않은 행사들, 검색한 이름들, 썼다가 지운 사적인 메시지까지 페이스북은 모든 걸 보관하고 있었다. 눈앞이 아찔할 정도였다.

이용자의 모든 정보를 보관하는 페이스북

페이스북은 심지어 그가 방문한 외부 사이트의 내용까지 알았다. 뿐만 아니라 페이스북에 한 번도 계정을 개설한 적이 없는 사람들에 대한 정보도 모두 그를 통해 얻어 보관하고 있었다.

막시밀리안 슈렘스는 개인정보 보호에 관한 유럽 규정을 위반한 혐의로 아일랜드에서 페이스북을 고소했다. 그는 골리앗에 맞선 21세기 다윗으로 격상되었고, 디지털 시대의 이 다윗은 인내심을 갖고 끈기 있게 그리고 영민하게 골리앗과 싸웠다. 유럽 법원은 2015년과 2020년, 두 차례 그의 손을 들어주었으며 덕분에 그는 유명인이 되었다. 일단 유럽 법원은 미국 기업이 유럽 시민의 데이터를 미국으로 전송할 수 있는 방법을 규정한 세이프하버 협정을 무효화했다. 이후 프라이버시실드 협정이 세이프하버협정을 대체해왔으나 이 또한 파기되었다. 프라이버시실드 협정은 인증받은 서비스 업체가 데이터를 처리한다는 조건으로 미국으로의 데이터 전송을 허용한 협정이다. 페이스북은 프랑스의 개인정보감독기구인 국가정보자유위원회CNIL로부터 EU 개인정보 보호 규정을 위반한 혐의로 네 차례 시정 명령을 받았고, 총 13억 유로에 달하는 벌금을 물었다.

2013년에 에드워드 스노든이 미 국가안전보장국NSA의 사찰을 폭로하자 2014년에 슈렘스는 페이스북을 새로이 고소했다. 이 기업이 NSA와 협력해왔다는 사실이 밝혀졌기 때문이다. 이번에는 오스트리아에서 페이스북 이용자 25,000명과 함께 집단 소송을 제기했다. 슈렘스는 페이스북이 NSA의 국가보안전자감시 체계인 프리즘PRISM에 연루되어 있다고 지적했다.

막시밀리안 슈렘스의 공격은 앞으로 이어질 시련의 시작에 불과했다. 이제 호시절은 끝나고 페이스북에 대한 공격이 점점 늘어났다. 2023년 5월, 아일랜드의 개인정보감독기구는 페이스북에 기록적인 벌금을 부과했다. 미국으로의 데이터 전송에 관한 EU 규정을 준수하지 않은 죄로 12억 유로의 벌금형을 내린 것이다. 또한 미국으로의 데이터 유출을 중단하라는 명령도 내렸다. 그리고 향후 개인정보의 모든 국외 이전을 중지하기 위한 유예 기간으로 5개월, 전송된 개인정보의 불법적인 처리를 중단하기 위한 유예 기간으로 6개월을 부여했다.

8,700만 명의 개인정보 탈취

가진 재산이 수십억 달러에 달하면 벌금 부과도 딱히 치명상이 되지 못한다. 법정 공방도 언론에서 별 이슈가 되지 못하며 기업 이미지에 크게 우려할 만한 상처를 입히지 못한다. 그저 기업이 앞으로 벌어들일 수입에만 다소 걸림돌이 될 뿐이다. 하지만 2015년부터 2018년 사이에 진행된 케임브리지애널리티카 스캔들은 좀 달랐다. 이는 보다 장기적으로 그리고 좀 더 교묘하게 페이스북에 피해를 준 사건이었다.

2018년, 대중은 페이스북이 다수의 정치 조작 사건에 가담한 사실을 알게 됐다. 특히 도널드 트럼프 후보가 당선된 2016년 미 대선과 영국의 EU 탈퇴를 위한 국민 투표 가결에 연루되어 있었다. 페이스북은 케임브리지대학 연구원 알렉산드르 코간이 만든 당신의디지털라이프thisisyourdigitallife란 앱을 페이스북 이용자들에게 제공할 수 있도록 허용했다. 관계자들에게는 학술 연구 목적의 앱으로 소개되었다고 한다. 문제는 미 선거인명부에 등록된 페이스북 이용자들만 볼 수 있는 설문이 이 앱 속에 들어 있었다는 점이다. 설문 답변 작성을 수락한 수십만 명은 페이스북상의 본인 정보는 물론이고 자신과 연결된 다른 사람들의 정보까지 접근을 허용하게 되었다. 그리고 이 모든 정보는 케임브리지애널리티카라는 회사의 정치적 홍보 자료로 활용되었다.

알렉산드르 코간은 전 세계 페이스북 이용자 약 8,700만 명의 개인정보를 탈취해 케임브리지애널리티카와 공유했다. 공화당의 트럼프후보선거운동본부는 케임브리지애널리티카의 중개로 잠재적 유권자 수백만 명에게 상대 후보를 비방하는 타깃 메시지를 보내 투표 의사를 바꾸게 하거나 기권표를 확보할 수 있었다. 또한 케임브리지애널리티카에서 넘겨받은 정보로 기부자를 구했으며 그날그날 최적의 유세 장소를 찾고 최고의 선거 운동 전략을 모색했다. 이 덕에 트럼프 후보는 근소한 차이로 승리를 거둘 수 있었던 것이 아닐까.

이렇듯 '선거에 영향이 가해지자' 한 내부 고발자가 행동에 나섰다. 케임브리지애널리티카의 전 연구부장이었던 크리스토퍼 와일리는 이런 식으로 영국 유권자들의 '개인정보 탈취'도 이뤄지지 않았더라면 영국은 결코 EU를 탈퇴하지 않았을 것이라고 확언했다. 즉, 페이스북이 영국의 EU 탈퇴에 얼마간 책임이 있다는 것이다.

마크 저커버그는 좀처럼 이 스캔들에서 벗어나지 못했다. IT 전문 매체 《리코드Recode》의 기자가 팀 쿡에게 만약 본인이 마크 저커버그의 상황이라면 어떻게 하겠느냐고 물었더니, 스티브 잡스의 뒤를 이은 신임 애플 CEO는 "내가 그런 상황에 처할 일은 없을 것"이라고 응수했다.[7] "만약 애플이 아예 고객들 자체를 수익화했다면 훨씬 많은 돈을 벌었을 것이다. 그러나 우리는 그러지 않기로 했다"라는 것이다. 이에 대한 복수였을까? 마크 저커버그는 페이스북 직원들에게 아이폰을 버리고 안드로이드 스마트폰을 쓸 것을 요구했다.

베끼거나 통째로 사버리거나

다른 소셜미디어 업체 대표들도 마크 저커버그의 무책임함을 지적한다. 대표적인 인물이 스냅챗의 CEO 에번 스피걸이다. 스냅챗은 페이스북의 매각 제의를 두 차례 거부했고 저커버그는 스냅챗을 사장해버릴 것이라고 단언했다. 실제로 페이스북은 인스타그램, 왓츠앱, 페이스북에 스냅챗의 '스토리' 시스템을 모방한 기능을 도입하여 스냅챗을 짓눌렀다. 처음에는 에번 스피걸도 이를 일종의 '오마주'라 여기며 농담을 건넸다. "제품이 단순하면서 훌륭하면 남이 이를 똑같이 베끼는 건 당연한 수순이다." 그는 "페이스북이 우리의 개인정보 보호 방침도

베껴주면 좋겠다"[8]고도 비꼬았다.

이 일로 페이스북 이용자들이 대거 탈퇴했으리라 생각한다면 큰 오산이다. 케임브리지애널리티카 사건이 밝혀진 후에도 6년 동안이나 페이스북 가입자 수는 꾸준히 증가했다. 프랑스 역시 마크 저커버그 제국의 자발적인 식민지가 되었다. 프랑스인 둘 중 하나는 매일같이 페이스북에 접속한다.

인권을 중시하는 프랑스에서조차 대중이 이토록 둔감한 반응을 보이는 이유는 뭘까? 사생활 침해에 대한 개념이 여전히 추상적이기 때문이다. 사생활 침해가 항상 즉각적이고 구체적인 불쾌감을 유발하는 것은 아니다. 적어도 페이스북을 끊을 만큼의 불쾌감까지 생기지는 않는다. 오늘날 페이스북은 삶의 여러 부분을 편하게 해주는 필수 앱이 되어버렸다. 생일 카드나 연하장 등도 페이스북 메시지가 대신하고, 연락처도 페이스북을 통해 정리하기 때문에 명함 또한 대체됐다. 모임 한번 가지려 해도 과거에는 전화를 수십 통 돌려야 했으나 이젠 그럴 필요가 없다. 페이스북 메시지로 간단히 해결할 수 있기 때문이다. 개인적인 독촉장마저 페이스북을 통하는 세상이다. 오늘날 페이스북은 사회생활과 대인 관계에서 핵심적인 역할을 맡을 뿐 아니라 대학에서의 연구나 구인·구직 작업도 보다 수월하게 만들어주고 있다. 이렇게 편리한 점이 많다 보니 내 개인정보를 가져다 이용하는 것에 따른 피해나 폐단이 어느 정도일지 명확히 가늠하기가 쉽지 않다. 따라서 개인정보 보호를 단순히 이용자의 현명한 조처에 맡기기엔 무리가 있다. 오직 집단적인 대응만이 효과적이다.

사생활을 보다 잘 지켜주는 대안이 있으면 좋겠지만 현실은 그렇지 않다. 마크 저커버그의 메타는 유일한 선택지가 되려고 힘을 쓰고 있기 때문이다. 앞서 살펴본 바와 같이 메타는 인스타그램과 왓츠앱을 인수했으며 메신저까지 만들었다.

페이스북은 심지어 데이터 조작을 하지 않을 때조차 민주주의에 해로운 영향을 미친다. 메타의 소셜미디어 서비스가 깊숙이 자리 잡은 국가에서는 그에 따른 사회적 폐단이 사회 구조를 위협하기도 한다. 제대로 된 규제가 없는 상황에서의 소셜미디어 이용은 음모론, 폭력, 극단적인 대중 여론을 조장하며 사회 구조를 뒤흔든다.

사회 작동 구조를 해체하는 소셜미디어

이와 관련하여 가장 할 말이 많은 사람은 2007년부터 2011년까지 페이스북의 부사장을 지내며 이용자 수 증가를 담당한 차마트 팔리하피티야다. 차마트 팔리하피티야는 현재 페이스북 책임론을 주장하고 있다. 2017년 11월 스탠퍼드 경영대학원이 마련한 대화 자리에서 그는 "우리가 사회가 작동하는 구조를 찢어놓는 도구를 만들었다"[9]고 밝혔다. 소셜미디어가 "인간이 어떻게 행동하고 타인과의 관계에서는 어떻게 행동하는지의 근간을 녹슬게 한다"[10]고 여기며, '좋아요' 버튼 시스템이 특히 해롭다는 견해를 피력했다. 사람들의 마음, 취향, '좋아요'의 파란 버튼을 기반으로 하는 소셜미디어의 생태는 도파민에 의해 작동하는 단기 피드백 순환 고리를 만들어냈다는 것이다.[11]

페이스북의 초기 투자자이자 이사회 초대 의장이었던 숀 파커 역시 똑같은 생각을 갖고 있다. 2017년 11월 8일, 미 온라인 매체 《액시오스Axios》가 필라델피아에서 주최한 행사에서 그가 설명한 대로 소셜미디어는 "인간 심리의 취약점을 악용"하며 약한 도파민 '샷'을 날려 중독되게 만든다.[12] 도파민은 우리를 마약이나 알코올 중독, 섹스 중독에 빠지게 만드는 데 가장 효과적인 신경 전달 물질이다.

최근 10대와 20대가 인스타그램이나 틱톡을 더 선호하여 성장세가 둔화했어도 페이스북은 여전히 가장 막강한 소셜미디어이자 지극히 위험한 존재다. 페이스북 뉴스피드에 혐오를 유발하는 자극적인 콘텐츠, 혹은 가짜 뉴스 따위가 자주 올라오면 사람들의 공격성이 올라가고 포퓰리즘이 조장되기 때문이다. 물론 페이스북은 논란의 소지가 있는 콘텐츠의 책임을 그 게시자에게 돌린다. 하지만 페이스북 알고리즘은 해당 콘텐츠에 관심을 가질 만한 집단에 이를 더 많이 노출하는 구조로 운영된다. 따라서 여기서 벗어나 올바른 사고 회로를 되찾기란 쉽지 않다.

2012년 1월, 몇몇 연구자가 사회심리학에서 이야기하는 정서적 전염 현상이 소셜미디어상에도 존재하는지 알아보고자 했다.[13] 뉴스피드를 통해 이용자에게 전달되는 부정적 혹은 긍정적 콘텐츠의 증감이 이용자의 상태에 어떤 영향을 미치는지 알아보는 것이었다. 즉, 해당 콘텐츠를 본 뒤 새로 작성하는 글에서 이용자가 몇 개의 단어를 사용하며 또 그 성격은 긍정적인지 혹은 부정적인지를 조사했다.

그 결과 소셜미디어상에서도 감정의 전염이 나타난다는 사실이 통계적으로 확인됐다. 어떤 성격의 콘텐츠에 노출되는지에 따라 이용자가 나타내는 감정이 직접적으로 달라졌기 때문이다. 또한 페이스북은 이용자의 참여를 유도할 수 있는 조종 레버를 쥐고 있다. 감정적으로 자극적인 콘텐츠를 많이 띄울수록 다른 이용자의 콘텐츠 생산량도 늘어나는 경향을 보인 것이다. 극단적인 내용의 콘텐츠를 많이 노출하면 이용자 참여를 향상하는 데 도움이 된다는 뜻이다. 즉, 특정 방향으로의 정서적인 유도가 소셜미디어 이용도의 증가와 직접적인 상관관계가 있음이 증명되었다.

분열을 조장하는 페이스북

경제학자 다니엘 코엔이 저서 『호모 누메리쿠스Homo Numericus』에서 기술한 실험도 소셜미디어가 혐오 문화 확산에 책임이 있다는 사실을 보여준다.[14] 페이스북 계정을 한 달 동안 비활성화한 실험자 3,000명의 변화를 관찰하는 연구였다. 말하자면 일종의 소셜미디어 금단 기간을 갖도록 한 것인데 결과는 상당히 놀라웠다. 몇 주간 소셜미디어를 끊은 것만으로도 실험 참가자의 극단적인 성향이 눈에 띄게 줄어들었기 때문이다.

　　물론 미국이나 유럽에서 기승을 부리는 정치 양극화 현상이 오직 페이스북 때문인 것은 아니다. 하지만 마크 저커버그는 이렇게 된 상황에 책임이 크다. 페이스북이 (다니엘 코엔의 표현대로) "분열을 키우는 기계" 역할을 하기 때문이다. 사실 인터넷의 탄생으로 세상의 문이 활짝 열릴 줄 알았다. 세계인의 아고라가 생기고 모든 사람이 함께 소통하며 민주주의의 2막이 열리리라 생각했다. 그러나 현실은 정확히 그 반대였다. 디지털 플랫폼은 '끼리끼리 공동체'를 우선하기 때문이다. 혐오 집단을 구성하여 무언가를 반대하고 무언가를 비난하며, 같은 생각을 하는 사람끼리 모이면서 사회가 칸칸이 나뉘고 있다. 자기들만의 믿음, 신념, 삶의 방식을 굳건히 하는 '우물 안 개구리' 집단이 대거 발생하는 것이다. 학교, 군대, 공장같이 규격화된 기관은 더 이상 제 기능을 수행하지 못한다. 소셜미디어 이용자 대부분은 철학적 논쟁을 추구하지 않으며 심지어 간단한 토론도 하려 들지 않는다. 이들은 이미 자신이 원하는 게 무엇인지 알고 있다. 바로 배출구다. 자기 편이 되어줄 확실한 사람들 앞에서 함께 증오를 쏟아내고 과격하게 표현할 수 있는 통로를 원하는 것이다. 다니엘 코엔은 "우리가 기대한 건 집단 지성이었지만, 오늘날의 세상은 탈진실, 음모론, 가짜 뉴스가 판을 치는 세계다"[15]라고 이야기한다.

물론 소셜미디어가 포퓰리즘을 만들어낸 건 아니다. 포퓰리즘은 1930년대에 기승을 부렸다. 하지만 오늘날 사회적 긴장이 고조되고 있는 데에는 페이스북의 책임이 크다. 알고리즘이라는 특유의 구조 때문이다. 하버드 경영대학원과 로스쿨 교수이자 감시자본주의를 주창한 쇼샤나 주보프가 알고리즘에 대해 지적했듯이, 극단적 성향의 페이스북 그룹에 들어간 사람 중 64퍼센트는 알고리즘의 유도에 따랐다.

차마트 팔리하피티야나 숀 파커는 페이스북의 중독 구조를 만든 데 사죄를 표했지만, 마크 저커버그는 자신의 죄를 인정하지 않는다. 물론 사진과 연락처 중심인 인명부를 맨 처음 만들었을 때는 이러한 부수적 폐단까지 예상하진 못했을 것이다. 하지만 지금의 저커버그는 이러한 문제 상황을 정확히 인지하고 있다. 심지어 자신의 '선의'를 입증하기 위해 실험적인 조처를 하기도 했다. 프랑스의 제라르 다르마냉 장관과 마를렌 시아파 장관의 독단적인 행동에 '좋아요'를 한 번 눌렀다고 관련 콘텐츠가 뉴스피드에 줄줄이 뜨지는 않도록 조처한 것이다. 하지만 그는 엄격한 필터링을 적용하지도, 단속이 필요한 콘텐츠를 관리하지도 않았다. 근본적인 변화를 위한 노력은 외면한 셈이다.

마크 저커버그와 함께 일한 사람들은 페이스북의 폐해를 그가 전혀 모르지 않는다고 단언한다. 세상에 알려진 증거도 있다. 가령 페이스북에서 수석 프로덕트매니저로 일했던 프랜시스 하우건은 미 상원과 유럽 의회에서 페이스북의 유죄를 입증했다. 이후 페이스북 내부 고발자로 유명해진 그가 밝힌 바에 따르면, 마크 저커버그는 페이스북이 이용자의 정신 건강과 대중 여론에 미치는 악영향을 묵인했다. 심지어 페이스북의 후원으로 진행된 연구도 같은 결과를 내놓았다. 특정 콘텐츠, 즉 혐오감을 표출하거나 분열을 조장하는 콘텐츠일수록 사람들의 참여를 더 많이 끌어낸다는 것이었다. 다른 학계 연구들의 결과도 똑같았다.

그러나 AI에 기반하여 이용자가 좋아할 법한 콘텐츠를 제안해주는 '알고리즘의 수석 설계자' 마크 저커버그는 이를 고려하지 않으려 했다. 유해 메시지의 노출 빈도를 낮추기 위한 프로세스 수정 작업을 꺼린 것이다. 이유는 간단하다. 현 프로세스가 수정되면 사람들이 페이스북에 머무는 시간이 줄어들면서 광고 노출도 줄어들기 때문이다. 노출에 비례해 돈을 버는 페이스북의 수입은 그만큼 줄어든다. 가짜 뉴스나 폭언, 허언, 모욕, 협박 등을 관대하게 방치하는 이유도, 나아가 이를 더욱 부추기는 안타까운 상황이 발생하는 이유도 모두 여기에 있다.

전 세계인에게 불행을 가져온 원흉

2017년 12월 15일, 페이스북은 소셜미디어가 이용자의 정신 건강에 미치는 영향을 인정하는 소위 '과학적 종합 분석 보고서'를 발표했다. 하지만 이 보고서는 다소 미묘한 결론으로 마무리됐다. 모든 건 우리의 이용 방식에 달려 있다는 것이다.[16] 보고서는 소셜미디어를 수동적으로 이용할 경우 정서적 불편함이 초래될 수 있으며 고립감이나 외로움, 혹은 우울증이 심해지거나 심지어 행복한 타인과 자신을 부정적으로 비교함으로써 자살할 가능성이 있다는 점을 인정했다. 하지만 사람들과의 교류가 증가함에 따라 즐거운 감정이 유발될 수도 있다고 역설했다. 결론적으로 페이스북은 하나 마나 한 소리만 반복했다. "친한 친구들과 온라인에서 대화를 나누면 이러한 긍정적인 효과가 더욱 배가된다. 자신의 상태를 업데이트하는 것만으로는 충분하지 않으며, 네트워크에 있는 다른 사람들과 일대일로 소통해야 한다"는 것이다. 페이스북은 우리에게 좋은 인간 관계를 맺는 법을 가르치고 있는 걸까?

그런데 말과 행동이 달랐다. 페이스북 이용자들에게는 영리한 방식으로 '조금씩' 플랫폼을 사용하도록 권고했지만, 실제로는 이와 정반대되는 태도로 운영했기 때문이다. 물론 2018년에 실제로 알고리즘 개편이 있긴 했다. '콘텐츠 노출보다 이용자 간의 상호 작용을 중시하며 이용자 편의를 개선하는 방향'으로 알고리즘을 바꾼 것이었는데 내부 연구 결과, 이러한 개편은 소기의 효과를 거두지 못했다. 외려 정치적 계정을 포함한 일부 계정이 자극적인 콘텐츠를 쏟아내며 사람들이 분노하고 반응을 쏟아내게끔 부추겼다. 문제는 이뿐만이 아니었다. 프랜시스 하우건이 미 상원 청문회에서 공개한 자료에 따르면, 내부 연구자들은 새 알고리즘 때문에 이러한 게시물이 더욱 기승을 부리게 되었다고 지적했다. "공유된 게시물들에서 잘못된 정보, 유해성, 과격한 내용이 지나칠 정도로 많이 나타났다"[17]고 연구진은 강조했다.

실제로 2021년 1월 6일, 다섯 명이 사망한 미 연방의회의사당 습격 사건을 통해서도 이런 부분이 잘 드러난다. 당시 군중이 연방의회

의사당으로 몰려간 이유는 대선이 조작되었다는 이야기를 소셜미디어에서 읽고 또 읽었기 때문이다. 사건이 있기 몇 달 전, 즉 2020년 11월 대선 전에 페이스북은 미리 '경계' 상태에 돌입하며 알고리즘을 일시적으로 수정했다. 가짜 뉴스 확산을 줄이고 비난의 빌미를 제공하지 않기 위해서였다. 페이스북은 정보 전문가들의 도움을 받아 의심스러운 메시지들을 추적해 '라벨'을 붙여놓았다. 정치적으로 중립을 지키겠다는 원칙과 달리 나치 상징과 유사한 마크를 사용한 도널드 트럼프 후보의 선거 광고를 삭제하기도 했다. 그런데 프랜시스 하우건의 주장에 따르면 페이스북이 2020년 12월에 투표가 끝난 후 알고리즘을 손봐 이전 상태로 되돌렸다는 것이다. 이는 연방의회의사당 습격을 부추기는 결과로 이어졌다.

코로나19 백신과 관련해서도 비슷한 상황이 벌어졌다. 수천 명이 코로나19 백신을 거부하고 목숨을 잃었는데, 이들이 백신을 거부한 이유는 제약 회사가 바로 이 병을 만들어낸 범인이라 믿었기 때문이다. 페이스북 알고리즘은 음모론자들의 자극적인 발언이 효과적으로 퍼져나가는 경로였고, 미 당국도 페이스북이 코로나19 및 백신에 관한 왜곡된 정보를 전달하는 핵심 매개체라며 공개적으로 비난했다. 당시 조 바이든 대통령은 페이스북이 "사람들을 죽인다"고 아예 대놓고 지적하면서 페이스북 책임론에 단호히 못을 박았다.

"페이스북이 사람들을 죽인다"

하지만 사람을 죽인 죄로 감옥에 간 사람은 아무도 없었다. 미합중국의 대통령이란 직함을 갖고도 조 바이든은 억만장자 앞에서, 그의 조직적인 정보 왜곡 앞에서 아무런 힘을 쓰지 못했다.

　　마크 저커버그는 코로나19 백신 접종 캠페인을 벌이며 명예 회복을 시도했지만, 본인 또한 백신 접종 반대론자들이 만든 무수한 게시물에 의해 공격받아야 했다. 마치 자신이 만든 괴물에게 역으로 당한 프랑켄슈타인 박사가 된 꼴이었다. 그럼에도 그는 끝까지 '게임의 규칙'을 바꾸지 않았다.

　　메타의 소셜미디어는 특정 유형의 게시물을 단속할 때도 예외를 둔다. 엑스체크XCheck라는 프로그램도 같은 맥락에서 기능했다. 이 프로그램은 '화이트리스트'에 등록된 사람들에게 특별한 대우를 해주었다. 규정에 어긋나는 콘텐츠라도 단속 없이 게시할 수 있게 한 것이다. 2021년 《월스트리트저널》 보도에 따르면 이 화이트리스트에 포함된 '특권층'은 580만 명 정도다. 도널드 트럼프나 엘리자베스 워런 같은 인물들도 포함되었고,[18] 모두 부유하거나 영향력 있는 정치인, 연예인, 기자 등이었다.

　　축구선수 네이마르도 화이트리스트에 포함되어 있었다. 2019년, 한 젊은 여성 팬이 그에게 강간당했다고 주장하자 그는 이 팬의 알몸 사진과 영상을 올리며 결백을 주장했다. 사진과 영상은 둘이 왓츠앱에서 개인적으로 주고받았거나 인스타그램으로 공유한 것들이었다. 왓츠앱과 인스타그램 모두 마크 저커버그의 소셜미디어. 해당 사례는 '리벤지포르노' 유통 사례로 볼 수 있지만 당사자가 네이마르라는 유명인이라면 이야기가 달라진다. 원래 이런 류의 콘텐츠는 '합의되지 않은 사적 이미지'를 금지하는 프로세스에 따라 자동으로 삭제되어야 한다. 그런데 네이마르의 게시물들은 24시간 넘게 게시되어 있었다. 어마어마한 조회 수가 보장되었기에 콘텐츠 관리자들은 해당 게시물들을 단속하지 말라는 요청을 받았다. 심지어 어떤 영상은 삭제되기 전까지 5,600만이라는 조회 수를 기록했다. 네이마르의 계정 또한 삭제되지 않았는데, 일반적인 경우라면 삭제되었어야 한다. 이 같은 메타의 관행은 한참 시간이 흐른 후에야 "공개적으로 변호할 수 있는 여지가 없다"는 점이 내부적으로 인정되었다.

기성 신문이나 방송이라면 해당 매체의 발행인이 게시 내용에 대한 법적 책임을 진다. 하지만 미국 통신품위법 230조의 적용을 받는 소셜미디어의 경우는 다르다. 1996년 미 의회에서 통과된 이 법에 따라 소셜미디어 서비스 업체는 단순한 '호스팅 업체'로 분류된다. 따라서 업체는 소셜미디어를 통해 공개되는 콘텐츠와 그 영향에 대해 법적 책임을 지지 않는다. 테러를 선전하거나 교사 살인을 부추기는 콘텐츠의 확산을 방치해도 처벌받지 않는다. 유럽은 디지털 플랫폼이 치외 법권 지대에 남아 있지 않도록 디지털서비스법[19]을 통해 법적 규제를 확대하고 있다. 하지만 현시점에서 변화는 그리 많지 않다. 미국이 움직이지 않기 때문이다.

　IS 테러의 희생자 부모들은 페이스북, 트위터, 구글이 테러리스트들의 선전을 단속하지 않고 그대로 내보냄으로써 테러에 일조했다고 규탄하며 미 대법원에 소송을 제기했다. 2023년 5월, 대법관들은 만장일치로 빅테크 기업의 손을 들어주었다. 해당 플랫폼들이 충분한 노력을 기울이지는 않았지만, 악의적인 주체들이 이용했다는 사실만으로는 해당 플랫폼들을 공범으로 보기에 불충분하다는 이유였다. 통신품위법 230조에 대한 견해를 밝혀 달라는 요청에 대법관들은 해당 조항을 문제 삼고 싶어 하지 않으면서도 이에 대한 문제 제기가 필요할 것 같다는 뉘앙스를 내비쳤다. 진보적 성향인 엘리나 케이건 대법관은 원고 측에 "만약 우리가 여러분 편을 들어준다면 구글(혹은 페이스북)은 더 이상 보호받지 못할 것"이라면서 "아마도 의회는 그러길 바랄지도 모르겠습니다. 하지만 이를 결정하는 것은 법원이 아니라 의회이지 않겠습니까"[20]라고 반문했다. 브렛 캐버너 대법관은 "피고 측은 지금 법 해석을 철회하면 경제 혼란을 초래하고 디지털 경제에 심각한 영향을 미치며 노동자, 소비자, 연금 계획 등에 온갖 영향을 미칠 것이라고 주장했지요"[21]라고 재차 짚어주었다. 즉 오늘날 플랫폼 기업들은 대마불사가 됐다. 몸집이 너무 비대해져서 무너지게 놔둘 수 없는 존재가 된 것이다.

공짜로 뉴스를 퍼 나르다

페이스북은 호스팅 업체와 비슷한 지위를 누리면서 언론 매체로서의 책임은 지지 않는다. 그런 상황에서 심지어 언론 기사를 퍼 나르고도 콘텐츠 사용료는 지급하지 않은 채 광고료만 챙겨 다수의 언론사를 사장하는 데 일조했다. 언론 기사의 광고 수익 배분 구조는 연통관 원리와도 비슷해서 한쪽으로 광고 수익이 쏠리면 다른 쪽의 광고 수익은 그만큼 줄어든다. 이에 대해서는 다음 장에서 자세히 짚어보기로 한다. 페이스북과 구글은 둘 다 꽤 심각한 폐해를 미치고 있다. 언론사가 무너지면 다양한 관점에서의 대중 논의가 사라질뿐더러 민주주의도 위협받기 때문이다. 오늘날 중국을 제외한 전 세계 디지털 광고 시장의 50퍼센트 이상을 구글, 메타, 아마존이 점유하고 있다. 나머지를 신문, 방송국, 온라인 사이트, 광고 업체 등이 나눠 갖는다. 기자들에게 원고료를 지급하고 콘텐츠를 만들어내는 건 모두 기성 언론사들이지만, 광고 수익은 죄다 플랫폼들이 가져가는 것이다. 유럽, 북미, 중동에서 구글, 아마존, 메타 트리오는 디지털 광고 수익의 대부분을 싹쓸이하며, 프랑스 시장에서는 전체 수익의 67퍼센트가 이들 것이다. 이렇듯 세 기업이 파이 대부분을 가져가기까지 불과 10년 남짓한 시간밖에 걸리지 않았다. 기성 언론사들은 정보 생산 비용을 홀로 감당하면서 정보 제공의 대가는 새 발의 피 정도밖에 얻지 못하는 현실이다.

페이스북 이용자 수가 하락세로 접어들자 마크 저커버그는 경쟁 소셜미디어인 인스타그램, 왓츠앱, 프렌드피드FriendFeed, 페이스닷컴 등을 인수했다. 하지만 독점이라 비난받을 위험이 커지자 위협적인 존재가 된 후발 주자들의 서비스를 베끼는 방향으로 전략을 수정하기도 했다. 인스타그램은 스냅챗과 틱톡의 기능을 따라했다. 2023년 여름에는 (여전히 트위터라 불리는) X와 비슷한 스레드가 출시되었다. 물론 X의 약해진 입지를 이용하려는 심산도 있었다. CEO가 교체되고 파랑새 로고의 트위터가 X로 바뀐 후 매출액이 절반으로 줄었기 때문이다. 스레드는 인스타그램 가입자를 기반으로 삼은 덕분에 출시 며칠 만에 이용자 수가 1억 명을 넘었다. 하지만 몇 주 후 절반 이하로 줄었다. 물론 유의미하게 신경 쓸 부분은 아니다. 데스크에 일론 머스크 대신 마크 저커버그가 앉아 있다고 해서 뭔가 달라지는 건 아니기 때문이다.

2019년 6월, 마크 저커버그는 사업을 다각화하고 광고 의존도를 줄이기 위해 새로운 프로젝트를 예고한다. 화폐 리브라 출시 프로젝트였다. 그에게 큰 패배의 쓴맛을 안겨준 리브라 프로젝트는 정부들도 간혹 빅테크 기업의 행보에 반발할 수 있다는 사실을 보여준 대표적 사례였다. 리브라는 2020년에 디엠Diem으로 명칭을 바꾸었지만 그렇다고 뭔가 좋아진 건 없었다. 리브라는 화폐인 동시에 세계적 규모의 금융 인프라가 될 수도 있었는데, 메타 이용자 30억 명이 사용할 화폐였기 때문이다. 사업을 주도한 이는 프랑스에서 태어나 스위스에서 자란 미국인 데이비드 마커스였다.

광고 시장의 변화

당초 계획대로라면 리브라는 달러, 유로, 엔, 파운드, 스위스프랑 같은 세계 주요 통화와 어깨를 나란히 했을 테지만 이 디지털 화폐는 암호화폐와 마찬가지로 민간 네트워크를 이용한 블록체인 기술을 기반으로 했다. 페이스북은 마스터카드, 비자, 페이팔, 우버, 프리, 스포티파이를 비롯한 27개 업체와 함께 이 프로젝트를 진행했는데, 업체들 이름들로 보건대 노림수는 분명했다. 모두가 이용자 데이터에 접근하길 원한 것이다. 가령 리브라로 기차표 한 장을 사면 우버가 도착지에서의 교통수단을 제안한다. 온라인 음악 구독 서비스를 즐기는 사람이 리브라로 스포티파이의 프리미엄 이용권을 결제하면 갱신 시 복잡하게 신용카드 번호를 찾아보지 않아도 된다. 이용자들은 굳이 은행 창구를 찾아가지 않더라도 얼마든지 서로 돈을 주고받을 수 있으며, 플랫폼에서 구입한 물건의 대금 결제도 가능하다. 리브라 프로젝트 설명 백서에는 리브라로 상품을 구매할 수 있게 한 전자상거래 업체들은 수수료를 절감받을 수 있다고 나와 있다.

　하지만 페이스북은 넘지 말아야 할 선을 넘었다. 화폐 주조는 주권 정부의 고유한 특권이기 때문이다. 블룸버그통신에 따르면, 이 사업에 최후의 일격을 가한 것은 미 중앙은행인 연방준비제도Fed의 압박이었다. 그리고 서방의 모든 정부 역시 이 사업에 반기를 들며 움직였다(이 책의 마지막 장을 참조하라).

사실 2021~2022년에 메타의 상황은 그리 좋지 못했다. 이용자 수가 감소했고 광고 수익이 줄어들었으며 주가도 곤두박질쳤다. 기업의 위기를 초래한 사건은 크게 두 가지였다. 하나는 마크 저커버그가 메타버스로 사업 방향을 전환하려 한 일이었다. 메타버스는 모두가 공유하는 가상 집단 세계로, 마크 저커버그는 여기에 막대한 자원을 투자했으나 현 단계에서는 아직 수익을 거두지 못했다. 다른 하나는 광고 시장의 변화였다. 애플의 아이폰 정책에 따라 광고 시장이 점차 사생활을 존중하는 방향으로 바뀌면서 페이스북은 더 이상 이용자에게서 빼내던 정보 일부를 팔아넘길 수 없게 되었다.

애플의 새로운 방침에 따라 앱 개발자들은 이제 이용자의 동의를 얻어야만 정보를 수집하고 제삼자와 공유할 수 있다. 그런데 이용자 대다수는 여기에 동의를 하지 않는다. 페이스북이나 인스타그램에서 전처럼 정확하게 타깃 광고를 하지도, 광고 홍보의 효율성을 가늠하지도 못하게 되자 광고주들은 크게 실망했다. 물론 아이폰을 쓰는 사람은 전 세계 스마트폰 사용 인구 다섯 명 중 한 명에 불과하다. 그러나 이 같은 제약으로 인해 페이스북에는 약 7퍼센트의 손실액이 발생할 것으로 추정됐다. 금액으로 환산하면 무려 60억 달러에 해당한다.

'설득'의 기술

페이스북이나 인스타그램이 초래하는 모든 문제는 타깃 광고를 기반으로 한 비즈니스 모델에서 비롯된다. 조회 수가 높을수록 광고 수익도 늘어나는 구조인데, 앞서 살펴본 바와 같이 사람들의 참여를 가장 많이 끌어들이는 건 극단적인 내용이나 분열을 조장하는 내용, 혐오를 부추기는 내용의 콘텐츠다. 유튜브에서 틱톡에 이르기까지 모든 무료 플랫폼은 사람들의 관심을 끄는 이 '문제적' 콘텐츠를 방임하거나 부각해야 성공한다.

만약 스마트폰에 관한 기사 하나가 있다고 하자. 우리가 이를 끝까지 다 읽기란 그리 쉬운 일이 아니다. 늘 중간에 왓츠앱 메시지가 오거나 인스타그램 알림이 떠서 집중을 방해하기 때문이다. 인터넷상에서는 특정 매체 하나를 진득하게 보기보다 여기저기 돌아다니게끔 유인하는 요인이 많아 좀처럼 집중력을 유지하기가 힘들다. 모든 플랫폼이 조회 수를 높여 광고 영역을 더욱 비싸게 팔려 하기 때문이다. 이러한 '집중력 전쟁'이 벌어지자 사람들 관심을 사로잡고 끌어들이는 메커니즘을 연구하는 캡톨로지Captology라는 학문마저 생겼다.

모든 플랫폼이 사람들 관심을 끌어 광고 수익을 올리려는 데 혈안이지만, 그중 단연 으뜸은 막강한 재력을 가진 메타다. 이는 2021년 10월 3일 일요일, 미국 CBS가 진행한 프랜시스 하우건의 인터뷰에서도 확인됐다. 해당 방송에서 최초로 신원을 밝힌 프랜시스 하우건은 이용자의 개인정보 보안과 경제적 성과 사이에서 마크 저커버그는 항상 후자를 택하여 수익을 극대화했다고 설명했다. "페이스북은 항상 기업에 득이 되는 최적의 길을 택했다. 돈을 더 많이 버는 쪽을 택한 것이다." "마크 저커버그가 처음부터 혐오 플랫폼을 만들려고 한 건 아니다. 하지만 혐오적이고 양극화된 콘텐츠가 더 많이 배포되고 널리 퍼질 수 있는 부작용을 지닌 선택을 허용하고 말았다."[22]

하버드대학 출신의 평범하고 무해했던 청년이 처음부터 살인과 자살을 부추기는 사이트를 만들려고 생각했던 건 아니었을 테다. 하지만 결국 자기 손으로 그런 사이트를 만들었다. 교내 괴롭힘은 늘 있었고 이로 인한 고통으로 청소년들이 자살 충동을 느끼는 것 또한 어제오늘 일이 아니다. 하지만 그 규모가 이례적으로 확대된 건 소셜미디어 탓이다. 페이스북이나 인스타그램이 상황을 더욱 부추기고 확대하는 역할을 하는 것이다. 예전에는 학급 친구들 몇몇이 외모를 가지고 놀려도 방과 후 집에 돌아가면 그 아이들의 괴롭힘으로부터 해방될 수 있었다. 하지만 이제는 소셜미디어를 통해 24시간 내내 끊임없이 공격이 이어지고 가해자의 수도 수백 명으로 늘어난다. 학내 괴롭힘과 낮은 자존감에서 비롯된 문제들이 폭발적으로 증가하고 있는 추세다.

청소년기는 원래 남이 바라보는 내 모습을 수용하는 데 어려움을 겪는 시기다. 그런데 소셜미디어는 이 기간을 더욱 길게 연장한다. 페이스북은 아이들이 실제 삶을 들여다볼 때 쓰는 돋보기가 되었으며, 인스타그램은 더욱 무서운 위력을 보여준다. 사진과 영상 중심 플랫폼이기에 특히 여학생들에게 해악을 미치는 것이다. 친구가 별로 없는 아이들은 온라인에서도 똑같이 이 서글픈 현실을 눈으로 확인한다. 학교 친구들 모두가 자신의 계정을 보고 있기에 이 아이들의 '패배감'은 더욱 극대화되고, 소위 '인싸'로 통하는 아이들의 모습을 보다 보면 마음 여린 친구들의 고립감은 더욱 커진다. 아이들의 심리적 고충이 심화하고 자살 시도가 늘어나는 이유다.

2023년 10월, 미국의 40여 개 주는 페이스북과 인스타그램의 모회사인 메타에 소송을 제기했다. 해당 소셜미디어들이 청소년들의 정신적, 신체적 건강에 해롭기 때문이다.[23] 메타는 나이 어린 이용자들의 도파민 분비를 촉진하고 이로부터 수익을 끌어내는 알고리즘을 고의로 설계하여 이들을 중독시키고 해로운 길로 빠뜨렸다는 혐의를 샀다. 자극적인 콘텐츠가 끊임없이 제안되고 알림 메시지가 수없이 뜨면서 우울증, 불안감, 불면증이 유발되었으며 학교 공부와 일상생활에도 지장이 초래됐다. 소셜미디어에서 지나치게 오랜 시간을 보내면 집중력이 떨어지고 노모포비아Nomophobia(휴대폰이 손에 없으면 불안감을 느끼는 증상), 포모증후군FOMO Syndrome(세상의 흐름이나 무언가를 놓치는 것에 두려움을 느끼는 증상), 아타자고라포비아Athazagoraphobia(잊거나 잊히는 것에 공포를 느끼는 증상)를 겪기도 한다.

요컨대 소셜미디어 의존증이 아이와 청소년의 정신 건강에 미치는 영향은 마약이나 담배만큼이나 해롭다. 오랜 기간 담배에 중독성 물질을 추가해온 담배 생산업자들처럼 소셜미디어 역시 의존적 시스템을 기반으로 구축됐다. 습관처럼 접속하고 없으면 허전함을 느끼며 강하게 중독되는 현상은 유감스러운 부작용이 아니라 애초에 서비스 설계 단계에서 추구된 목표다.

아울러 미 법원은 메타가 법규를 지키지 않은 부분도 지적했다. 소비자 사생활을 보호하는 규정과 미성년자 데이터로 수익 창출을 금지하는 규정을 어겼다는 것이다. 이에 연방거래위원회FTC는 기존 규제의 확대 수정안을 받아들이도록 메타에게 명령했다. 메타는 뻔뻔하게도 항소에 나섰으며, FTC가 규제를 수정하지 못하도록 법원에 중지 명령을 요청했다.

뷰티 필터 성행과 성형 수술 증가

1996년 이후에 태어난 Z세대는 손에 휴대폰을 쥐고 성장한 아이들

로, 소셜미디어 중독과 가장 관련이 깊다. 미 국립보건통계센터NCHS
가 2007년부터 2017년까지 진행하여 2019년 10월 발표한 연구에 따
르면, 2007년 이후로 10세~24세 청소년과 청년의 자살률은 56퍼센트
증가했다.[24] 소셜미디어는 타인의 인정을 바탕으로 자신의 존재 가치
를 느끼는 젊은이들 사이에서 우울함과 고립감을 더욱 심화하고 있다.

이에 대한 경계의 목소리가 높아지는데도 상황은 점점 더 심각해
지고 있다. 특히 뷰티 필터 유행이 문제다. 뷰티 필터란 이목구비나 체
형을 다듬어주는 사진 보정 앱 속 기능이다. 이를 이용해 피부 톤을 보
다 매끄럽게 할 수 있고, 코나 입술 모양을 수정하거나 다리도 더 길어
보이게 만들 수 있다. 이렇게 보다 멋있고 근사하게 자기 사진을 보정
해 인스타그램, 틱톡, 스냅챗 같은 소셜미디어에 게시하는 것이다. 문
제는 뷰티 필터 때문에 성형 수술을 받는 18세~30세 젊은이들이 대
폭 증가하고 있다는 점이다. 미국의 성형외과 의사 매슈 슐먼은 보정
된 사진과 닮게끔 성형받길 원하는 스냅챗이형증Snapchat dysmorphia이
란 증상이 존재한다고 설명한다. 2023년 7월 프랑스 경제 전문지 《레
제코Les Echos》가 내보낸 성형 중독에 관한 기사에 따르면, 파리의 유명
성형외과 클리니크데샹젤리제를 찾는 15세~25세 젊은이들이 10년 전
에 비해 열 배 증가하여 전체 고객의 4분의 1을 차지한다고 한다.[25]

뇌가 아직 성장 단계에 있는 청소년들이 이런 사진 보정 기능을
사용하면 비현실적일 정도로 완벽한 외모에 익숙해지고 이는 심각한
결과에 이를 수 있다. 2021년에 유출된 메타의 내부 문건에도 청소년
을 대상으로 진행했던 연구의 우려스러운 결과가 적혀 있었다.[26] 이 보
고서의 주된 결론은 외모를 중심으로 다른 사람과 비교하며 부정적인
판단을 할 경우 외모 콤플렉스가 더 악화하고 식이장애, 불안감, 외로

움 등이 심해질 수 있다는 것이었다.[27]

특히 영미권보다 프랑스 청소년들의 상황이 훨씬 심각하나 다른 나라라고 예외는 아니다. 전 세계적으로 10대 여성의 32퍼센트가 외모에 대한 사회적 압박을 강하게 느끼기 때문이다. 10대 남성 역시 필터 사용으로 식이장애 문제와 불안감을 겪고 있으며 발기 부전이 나타나기도 한다.

인스타그램은 13세 미만을 대상으로 한 전용 앱을 출시할 예정이었으나 2021년 9월 말 사람들의 반발로 이를 중단한다. 정부가 아무것도 하지 않고 손 놓고 있을 때 대중이 움직일 수 있다는 사실을 보여준 또 하나의 사례다. 하지만 프랜시스 하우건의 주장에 따르면, 페이스북은 새로운 다음 세대를 공략해야 하기에 이 사업을 완전히 폐기하지 않을 것이라고 한다. 경쟁사인 중국의 틱톡에 대항하려면 이 같은 프로젝트가 필요하리라 짐작된다.

이제 세상은 입소문으로도 사람이 죽어나가는 곳이 됐다. 그러나 온라인이라는 공간에서는 누구도 책임감을 느끼지 않는다. 살집이 있는 친구에게 직접 가서 놀리기보다는 '좋아요' 버튼을 누르거나 그 친구를 조롱하는 게시물을 퍼 나르는 편이 더 간단하다. 하지만 가해자는 죄의식을 덜 느끼게 되었더라도 피해자에게 미치는 괴롭힘의 영향은 더욱 커졌다. 우리 삶의 디지털화는 대인 관계를 해체하고 인간성을 훼손하는 또 하나의 형태를 보여준다.

이용자가 가장 많은 소셜미디어는 그만큼 이 사회에 구조적인 위협이 된다. 마크 저커버그는 자신의 소셜미디어 서비스가 초래하는 사회적, 민주적 폐단을 줄일 수 있지만 스스로 이를 원치 않는다. 또한 서방이든 다른 지역이든 현재로선 어떤 나라의 정부도 이를 막아내지 못했고 그럴 의지도 보이지 않는다. 더욱 안타까운 점은 페이스북의 (매우 상대적인) 콘텐츠 단속 노력이 광고 수익이 높은 부유한 시장에 집중되어 있다는 점이다. 중동이나 아프리카 같은 곳에서는 페이스북 계정에 효과적인 필터링이 가해지지 않고 있는데, 내부 문건에 따르면 해당 지역들에서는 마약 거래, 장기 매매, 인신매매 등의 범죄 활동이 주로 페이스북을 통해 이뤄진다고 한다. 가령 성매매 목적으로 여성을 유인할 때 페이스북보다 좋은 도구가 없다는 것이다.

AI의 절대 신봉자

아직 우리가 잘 알지 못하는 또 다른 위험도 있다. 일론 머스크를 비롯한 다른 테크계 억만장자들처럼 마크 저커버그 역시 엔지니어팀과 함께 AI 개발에 매진하고 있다. 2023년 7월, 챗GPT에 준하는 생성형 AI 라마2Llama 2가 세상에 모습을 드러냈다. 마크 저커버그는 장차 라마가 AI계의 '안드로이드'가 되길 바라고 있다. AI 소프트웨어와 애플리케이션을 구축하기 위한 빌딩블록이 되기를 말이다. 다른 빅테크 기업과 달리 메타는 라마2의 소스를 공개했다. 모두에게 무료로 공개해 서로 협업하는 개발 환경에서 AI 연구를 진행하려고 한다.

그런데 일론 머스크와 달리 마크 저커버그는 AI의 뛰어난 성능과 잠재력에 대해 굉장히 낙관한다. 본인의 알고리즘이 우리 삶의 질을 떨어뜨리고 있음에도 알고리즘이 장차 삶을 개선할 것이라고 거듭 강조한다. 2017년, 그는 AI가 언젠가 인간을 '제거'할 거라는 종말론적 시나리오를 입에 담은 일론 머스크를 무책임하다고 비난했다. 일론 머스크는 트위터에서 반박하고 나섰다. "그와 AI에 대해 이야기를 나누었다. 하지만 AI에 대한 지식이 모자라던데"라고 말이다. 마크 저커버그를 눈엣가시로 여기는 일론 머스크는 2023년에 성기 크기 대결까지 제안[28]했다.

마크 저커버그는 기술에 대해 지극히 낙관적인 시각을 보이고 일론 머스크는 기술 개발에 적극적이면서도 비관적인 입장을 고수하지만, 어쨌든 둘 다 조물주를 넘보는 똑같은 프로젝트를 개발 중이다. 구글 창업주인 세르게이 브린 및 래리 페이지와 마찬가지로 마크 저커버그 역시 인간의 뇌와 컴퓨터를 연결하는 프로젝트에 착수했다. 인간의 능력을 확대해 '증강 인간'으로 만들려는 이 프로젝트들의 기반에는 트랜스휴머니즘 사상이 깔려 있다. 2017년 마크 저커버그는 뇌와 페이스북을 연결하는 프로젝트를 선보이기도 했다. 뇌와 기계가 상호작용하는 인터페이스 기술을 이용해 손가락을 사용하지 않고 생각만으로 스마트폰을 조종하고 메시지를 쓸 수 있게 하는 것이었다. AI 및 신경학 분야의 전문가 60명 정도가 빌딩8이라는 연구팀에서 이 프로젝트에 매진했다. 2019년, 페이스북은 알고리즘을 이용해 뇌의 작용을 단어로 변환하는 데 성공했다. 이식된 칩을 통해 뇌 활동이 기계에 전달되었으며 알고리즘이 미리 준비된 일련의 질문과 선택지를 바탕으로 이 활동을 해석했다. 궁극적인 목표는 칩 이식보다 덜 부담스러운 방식을 쓰는 것으로, 센서 달린 AR 안경 등을 만들려고 한다.

일론 머스크나 뒤에 살펴볼 구글도 마찬가지지만, 메타가 초래하는 사회적, 민주적, 경제적 폐단은 규모가 워낙 방대하여 하루빨리 그 막강한 위력을 제한해야 한다. 많은 철학자와 사회학자가 심지어 지금도 이미 너무 늦었다고 생각한다. 인류 역사상 이례적인 속도로 변형

이 이뤄지고 있기 때문이다. 마크 저커버그가 수천억 달러의 자산가가 되는 동안 그로 인해 한 세대가 희생당했다. 그리고 그의 플랫폼들은 이미 인류 문명의 변화를 초래했다.

03

래리 페이지와 세르게이 브린,
죽음을 정복하려는 자들

최근 20년간 동굴에서 지내다 온 사람이 아니라면 일론 머스크와 빌 게이츠를 모르는 사람은 없다. 마크 저커버그와 제프 베이조스 얼굴은 그보다 덜 친숙하지만, 그래도 이름 정도는 다들 알고 있다. 특히 젊은 이들 사이에서 인지도가 높다. 반면 래리 페이지와 세르게이 브린은 경제 분야 외에선 등장하는 법이 거의 없다. 둘은 좀처럼 무대 위로 나서지 않지만 이 억만장자들은 세상에서 애플 다음으로 유명한 브랜드인 구글의 창업주다. 오늘날 구글은 디즈니나 코카콜라보다 훨씬 더 유명한 기업이 됐다. 2015년, 순다르 피차이에게 기업 경영을 맡긴 후 둘은 구글에서 거의 유령 같은 존재가 되었지만 그래도 여전히 절대적인 권력을 갖고 있다. 알파벳이란 이름으로 다시 태어난 이 거대한 제국에서 둘이 보유한 의결권은 50퍼센트가 넘는다. 2022년 말, 오픈AI의 챗GPT가 업계에 혜성처럼 등장하며 구글을 위협하자 이들은 즉시 마운틴뷰 본사에 모습을 드러냈다. 그룹의 미래에 빨간불*이 켜졌기 때문이다.

---

* 2022년 12월 챗GPT가 공개되자 순다르 피차이는 즉각 구글 내에 '코드 레드(code red)'를 발령하고 경영에서 물러나 있던 래리 페이지와 세르게이 브린에게 도움을 청했다.

특히 세르게이 브린은 슬리퍼와 서핑용 반바지 차림으로 등장할 때가 많은데, 이런 쿨해 보이는 외양에 속으면 안 된다. 일론 머스크나 마크 저커버그처럼 구글의 창업주들 역시 각국 정부의 수반보다 더 많은 권력을 가졌다. 비단 구글을 기반으로 어마어마한 재산을 보유하고 있기 때문만은 아니다. 10년 전 이들은—신에 대한 도전일지 모를—새로운 계획을 하나 세웠다. 바로 죽음을 정복하는 일이다. 2013년 9월 30일, 《타임》도 '구글이 죽음을 해결할 수 있을까?Can Google solve death?'라는 제목의 기사를 내보낸 바 있다.

기술의 힘으로 모든 것을 풀어내는 해결사들

실리콘밸리의 다른 빅테크 대표들과 마찬가지로 래리 페이지와 세르게이 브린 역시 인류의 해결사를 자처한다. 즉, 우리 삶을 가로막는 모든 문제를 AI와 억만금의 돈으로 해결할 수 있다고 확신한다. 인간의 노화도 그중 하나다. 둘은 모든 생명체에 내재된 '노화'라는 이름의 '버그'를 뿌리째 뽑아내려고 한다. 평소 트랜스휴머니즘이란 표현을 자주 사용하진 않지만 그래도 이 사상을 따르며, 이 정신 나간 꿈을 실현할 만한 재력도 있다. 자신이 가진 돈으로 원하는 모든 것을 살 수 있을 때, 마지막 목표는 영원한 삶이 아닐까? 자신을 시공간 속에서 영원히 확장하는 것이 바로 이들이 최종적으로 손에 넣고 싶은 마지막 성배인 듯하다.

세르게이 미하일로비치 브린, 즉 세르게이 브린은 1973년 8월 21일, 레오니트 브레즈네프가 집권하던 시절의 모스크바에서 태어났다. 수학자인 아버지와 우주과학자인 어머니는 둘 다 유대인이었고, 1979년 미국 이민권을 획득하여 메릴랜드로 이주한다. 부모를 닮아 학창 시절 수학과 과학에 소질을 보인 세르게이 브린은 열아홉 살 때 이미 매우 우수한 성적으로 컴퓨터과학 및 수학과 학부 과정을 마쳤다. 요트나 서핑 같은 운동도 열심히 배웠는데, 특히 서커스를 좋아해서 공중그네도 제법 잘 타는 편이었다.

로런스 에드워드 페이지, 즉 래리 페이지는 1995년 여름 스탠퍼드대학에서 처음으로 세르게이 브린을 만났다. 이제 막 박사 학위 과정 등록을 마친 래리 페이지가 신입생 오리엔테이션을 받으러 학교에 간 날, 2년 전부터 다니던 세르게이 브린이 학교 안내를 해주러 왔다가 서로 알게 되었다. 세르게이 브린과 동갑내기인 래리 페이지는 1973년 3월 26일 미국 미시간주에서 태어났으며, 세르게이 브린처럼 이공계 출신 유대인 부모를 두었다. 부친인 칼 페이지는 컴퓨터학 교수로 AI에 정통했으며, 모친인 글로리아 바인슈타인 역시 미시간대학에서 프로그래밍을 가르쳤다. 래리 페이지는 컴퓨터 분해와 조립을 즐기던 컴퓨터광이었고 대학 재학 중에는 레고 블록으로 잉크젯 프린터를 만들기까지 했다.

이후 둘은 떼려야 뗄 수 없는 사이가 된다. 대중이 알타비스타, 야후, 익사이트 같은 검색 엔진을 이용하던 인터넷 태동기를 함께 보냈다. 그런데 당시 이 1세대 검색 엔진들은 다른 사이트에 이름이 등장하는 횟수에 따라 사이트를 분류했다. 래리 페이지는 보다 나은 사이트 분류 방식을 구상했고, 여기에 페이지랭크PageRank라는 이름을 붙였다. 인지도와 정확도가 가장 높은 사이트를 찾아내기 위해 특정 페이지가 얼마나 많이 다른 곳에 링크되어 있는지를 고려하는 방식이다.

래리 페이지는 당시 존재하던 모든 웹페이지를 하드디스크에 저장하여 데이터베이스를 구축했다. 무모한 짓이었다. 이미 수백만 개의 웹페이지가 존재했고 그 수도 기하급수적으로 늘어났기 때문이다. 이 모든 웹페이지의 색인 작업을 하려면 굉장히 많은 컴퓨터가 필요했다. 훗날 래리 페이지는 "우리의 모든 역사는 이렇게 요약된다. 늘 더 많은 컴퓨터가 필요했다"고 회고했다. 세르게이 브린은 래리 페이지와 함께 이 검색 엔진 개발에 매진하는데, 당시 이들은 여기에 백러브 BackRub라는 이름을 붙였다. '등 마사지'라는 뜻으로, 검색 엔진이 끊임없이 같은 페이지로 되돌아가 분석하는 작업에서 착안한 이름이었다. 그래픽 디자이너에게 줄 만한 여윳돈이 없었던 둘은 첫 페이지를 그냥 흰 바탕으로 내버려두었다. 그리고 가운데에 직사각형의 긴 검색창을 가져다놓은 뒤 이용자가 원하는 검색어를 집어넣을 수 있도록 했다.

이용자의 모든 것을 알아내는 구글

두 청년은 일단 게이츠컴퓨터공학관 360호에 둥지를 틀었다. 빌 게이츠의 후원으로 세워진 이 건물에서 최대한 컴퓨터를 많이 끌어모은 뒤 네트워크로 연결하여 '월드 와이드 웹' 전체에 색인 작업을 할 수 있도록 했다. 둘의 검색 엔진은 꽤 쓸만한 도구로 인정받아 학생과 교직원 사이에서 큰 호평을 얻었다.

이후 빠르게 입소문이 퍼졌고 매일 약 1만 건이 검색되자 학교 서버는 포화 상태에 이르렀다. 하지만 다수 기업들로부터 투자를 거부당한 둘은 간신히 첫 투자자를 만났다. 선마이크로시스템스Sun Microsystems의 창업주 앤디 벡톨샤임이 10만 달러짜리 수표를 끊어준 것이다. 덕분에 둘은 더 많은 컴퓨터를 구입할 수 있게 되었다. 래리 페이지와 세르게이 브린은 자비를 들여 (훗날 세르게이의 처형이 되는) 수전 워치츠키의 차고로 사무실을 이전했다.

이들은 검색 엔진의 새 이름을 '10의 100제곱이 되는 수'를 뜻하는 구골Googol로 정했지만 구글Google로 잘못 표기해버렸다. 어쨌든 구글이 최종 이름이 되었으며, 물안경이나 작업용 안경을 뜻하는 고글goggles까지 연상시키게 되었다.

당시만 해도 이용 목적으로 개인정보를 수집한다는 건 생각할 수 없는 일이었고 검색 엔진은 돈이 되는 서비스가 아니었다. 웹페이지에 띠 모양으로 집어넣은 배너 광고를 통해 얼마간의 수익 창출을 기대할 수 있었지만 이는 신문 광고처럼 모두를 대상으로 한 광고였지 특정 방문객을 겨냥한 광고는 아니었다. 2000년, 구글은 광고주가 입찰한 키워드를 기반으로 광고를 띄워주는 애드워즈를 만들었고 2001년에 처음으로 흑자를 기록한다. 이후 구글은 브라우저에서 웹서핑을 하는 방문객의 움직임을 쫓아 이들의 취향은 무엇이고 어떤 활동을 주로 하는지 그리고 필요로 하는 것은 무엇인지 알아낸다. 또 분석 툴인 애널리틱스가 발명되자 개인 맞춤형 광고도 제공할 수 있게 되었다. 비단 적절한 때에 적절한 광고 메시지만 보내는 게 아니라 광고주의 사이트를 방문한 사람의 행동을 분석하고 웹마케팅의 성과까지 가늠해주는 툴이었다. 구글이 수익 모델을 찾은 것이다.

이후 구글은 폭발적으로 성장한다. 시간에 따른 자연적인 성장도 있었고, 지메일이나 안드로이드 같은 새로운 사업으로의 확장도 있었다. 유튜브나 더블클릭DoubleClick 등을 인수하기도 했다. 그 결과 2022년 구글의 매출액은 약 2,830억 달러에 이르렀으며, 순수익도 약 600억 달러에 달했다. 실로 경이로운 금액이다. 더욱이 소비자는 돈 한 푼

안 내는 상품들을 가지고 이만한 영업 이익을 거둔 것이다. 페이스북 같은 테크 기업들의 서비스도 그렇지만 구글 역시 대중이 무료로 서비스를 이용한다는 점이 제일 큰 강점이다. 이용자가 돈을 내지 않고 제공받은 답이 구글에겐 정보의 원천이기 때문이다. 구글은 이를 통해 이용자의 성향을 특정하고 구글의 '진짜 고객'인 광고주들이 타깃 고객을 적절히 추정해 효율적인 광고 설계를 할 수 있도록 돕는다. 구글 이용자가 무상으로 서비스를 이용할 수 있는 까닭은 그만큼 이용자가 구글에게 가져다주는 게 있기 때문이다. 광고주 입장에선 구글의 이용자가 곧 상품이다. 우리의 연락처, 우리가 연락하는 사람들, 우리가 만들어내는 콘텐츠, 우리가 보는 영상, 우리가 집어넣는 검색어, 우리의 쇼핑 목록 등, 모든 게 광고주에겐 흥미로운 상품이 된다. 구글은 우리의 모든 정보를 간직한다. 마크 저커버그와 메타를 다룬 앞 장에서 살펴봤듯이 저들이 이용자에게서 빼낸 정보의 가치와 활용도는 어마어마하다.

정보부 및 국세청과의 공조

우리의 모든 것을 알고 있는 구글은 우리 뜻에 반하여 이를 사용할 수도 있다. 2013년 에드워드 스노든의 내부 고발로 구글이 NSA의 대규모 사찰 작업에 협력하고 있다는 사실이 밝혀지면서 구글의 진보적이고 자유로운 이미지는 큰 타격을 입었다. NSA는 구글의 두 창업주와 협정을 맺고 매년 정부 요주의 인물 수천 명의 '프로필'을 제공받은 것으로 알려졌다.

구글은 프랑스에도 동일한 서비스를 제공한 것으로 보인다. 알려진 바에 따르면 프랑스 국세청은 페이스북, 링크드인, 인스타그램 등에서 얻은 정보를 이용해 탈세자에 대한 자료를 확보하고 있다. 만약 신고 세액이 적다면 호화로운 휴양지 여행을 다녀왔거나 테슬라 신형차를 뽑았다고 함부로 자랑하지 않는 편이 좋다. '범죄자'로 간주되어 세금이 정정 부과될 수 있기 때문이다.

프랑스 국세청이 개인 주택에 있는 미신고 수영장을 파악하는 데 구글의 도움을 받고 있다는 건 공공연한 사실이다. AI를 동원해 구글맵 위성으로 살펴보면 그 무엇도 빠져나갈 수 없다. 신고하지 않은 5제곱미터 이상의 베란다와 정원 내 휴게 공간 역시 이듬해 세금 부과 대상이 될 수 있다. 이 모든 게 구글과 AI의 지원 덕분이다.

이렇듯 21세기 '빅브라더'의 명성이 높아진 탓에 구글이 자회사 사이드워크랩스SidewalkLabs를 통해 캐나다 토론토에 만들려 했던 미래형 신도시 프로젝트도 좌초되었을 것이다. 래리 페이지는 15년 전부터 미래형 신도시를 만들겠다는 꿈에 부풀었으며, 샌프란시스코베이 같은 곳의 물 위에, 혹은 사막이나 달 위에 도시를 만들고자 했다. 특히 기존 도시를 개조하여 보다 살기 좋게 만드는 게 목표였다.

토론토에 이 최신 '스마트시티'가 건설되는 것은 시간문제처럼 보였다. '세계에서 가장 똑똑한 도시'가 캐나다에 구축되는 것이다. 도시 건설이 마무리되면 일단 이곳에 교통 체증 따윈 존재하지 않는다. 교통량에 따라 신호등 불빛이 실시간으로 바뀌기 때문이다. 또한 쓰레기도 없다. 지하 로봇이 알아서 처리하고 운반해줄 것이다. 도로 일부는 자율 주행 자동차용이며, 겨울에 인도와 자전거 도로는 따뜻한 온기를 띤다. 목조 주택에서는 에너지 절약이 저절로 이뤄지고, 곳곳에 설치된 센서가 24시간 내내 도시 정보를 수집한다. 보행자나 킥보드 등의 통행량은 어느 정도인지, 물 소비는 어느 정도인지, 쓰레기는 어느 정도 차 있는지를 체크하는 것이다.

그런데 이상적인 최첨단 도시화 계획과 환상적인 모형도를 갖추고 이 사업을 진행하던 사이드워크랩스는 '한 줌' 시민단체 앞에서 무릎을 꿇어야 했다. 시민들은 도시에 막대한 수의 CCTV와 WIFI 안테나를 설치하는 데 반대했고, 당사자의 동의를 구하지 않은 점에 대해서는 물론, 개인의 디지털 신상 명세와 기명 데이터의 저장 및 소유에 대해서도 반발했다. 민간인 사찰 의혹 및 시민 사회에서의 논란이 래리 페이지의 신도시 구축 사업을 굴복시킨 것이다. 반대 목소리를 내는 데에서는 정부보다 국민들이 낫다.

언론사는 광고 시장을 '민영화'하기 위한 발판

그럼 이 같은 상황을 염두에 두고 살펴보자. 구글의 스마트시티 사업 실패는 빅테크 기업들이 저지른 사건에 비하면 별것 아니다. 지난 15년간 정부가 막아내지 못한 빅테크 기업들의 만행으로 인해 전 세계에서 언론사 수백 개가 죽어나갔다. 페이스북과 구글은 진출한 모든 나라에서 전체 디지털 광고 수익의 50~80퍼센트를 가져간다. 기존 언론사의 광고 수익 대부분을 갈취해간 것이다. 이들은 언론사의 기사들을 그대로 가져다가 자사 서비스로 제공해 매출액을 끌어올리고도 해당 언론사나 기자에게는 단 한 푼도 주지 않는 뻔뻔함을 보였다(오히려 자연스레 기사 홍보가 되니 다행으로 여겨야 한다는 설명을 내밀곤 했다). 무료로 가져다 쓴 이 기사들은 빌려 쓰고도 갚지 않은 빚이나 마찬가지라서, 미국의 테크계 억만장자들은 그 덕에 재산을 불렸지만 재정 균형이 무너진 수백 개 언론사는 간판을 내려야 했다. 알렉시 드 토크빌 말마따나 양질의 언론은 자유를 위한 민주적 도구다.

기사 공유를 막기 위해 서방에서는 몇 년간 이 빅테크 기업들과의 힘겨루기가 벌어졌다. 구글과 페이스북은 막대한 로비 활동을 펼쳐 상황이 해결되지 못하도록 시간을 끌었지만, 결국 프랑스, 캐나다, 호주 등지에서 언론사 콘텐츠의 무단 공유가 금지됐다. 하지만 고분고분 말을 들을 이들이 아니었다.

가령 프랑스에서는 2019년 7월 24일 저작인접권과 관련한 법이 표결되어 10월 말 시행에 들어갔다. 언론사의 콘텐츠가 디지털 플랫폼 업체에 의해 이용되는 경우 해당 언론사에 저작인접권을 부여하는 기존의 EU 저작권 지침을 확대 적용한 것이었다.

법이 제정되었으니 응당 보상을 받아야 하고, 이제 구글은 해당 매체에 이용료를 지불해야 하는 상황이 됐다. 그러나 구글은 콘텐츠 색인화에 대한 모든 이용료 지급을 거부한다는 자사의 '기본 방침'을 내밀었다. 그리고 법률상의 허점을 이용해 대안을 제시했다. 첫 번째 안은 이용료를 일절 받지 않되, 구글의 뉴스 페이지에서 해당 매체의 기사 제목, 사진, 토막 기사snippet를 전처럼 잘 보이도록 게시해주는 것이다. 두 번째 안은 사람들의 관심을 끌 만한 토막 기사나 사진 없이 기사 제목만을 검색 결과에 노출하는 것이다. 즉, 구글 검색 페이지에서 사실상 기사가 더는 보이지 않는 것이다.

실로 기만적인 거래이자 한 언론사 대표 말마따나 "도를 넘어선 지위 남용"이었다. 언론사들이 구글을 통한 기사 홍보를 포기한다면 해당 매체의 웹사이트를 찾는 사람은 점점 줄어들 것이다. 언론사나 개인이나 구글을 통한 접속에 익숙해진 상황이라 그렇게 되면 광고 수

입과 구독자 수가 줄어든다. 재정 상황이 위태로워지는 것이다. 표현의 자유와 다원주의가 위축됨은 물론이다. 프랑스 미디어 그룹 레제코-르파리지앵Les Échos-Le Parisien의 대표 피에르 루에트는 "민주주의의 중요한 균형을 흔들어놓는 면에서 자신들의 막대한 책임을 과소평가하는 초국가적 기업들의 태도"[1]를 규탄하며 업계에서 느끼는 실망감을 토로했다. 우리 사회의 기본 원칙에 반하여 저들이 놓는 강수强手는 법도, 신념도 없는 이 기업들의 파괴적 위력을 정부가 그동안 얼마나 간과해왔는지 여실히 보여준다.

언론사들도 가만있지는 않았다. 상황을 좌시하지 않고 프랑스의 경쟁당국에 이 명백한 지배적 지위 남용 사실을 고발한 것이다. 이에 경쟁당국은 2021년 7월 구글에 벌금 5억 유로를 부과했다. 언론사들과 '성의 있게' 협상을 진행하지 않았기 때문이다. 구글은 결국 당사자들과의 협상을 수락했고, 2022년 3월 3일 구글과 약 300개 언론사와의 합의가 도출됐다. 하지만 2023년에 지급된 보상액은 기대에 크게 못 미치는 수준이었다. 《르푸앵Le Point》은 "구글이 동전 몇 푼 쥐여주고 끝냈다"[2]며 개탄했다. 한편 페이스북, 마이크로소프트, 링크드인은 아예 해당 법을 지키지도 않고 있다. 다수 언론사로부터 소송당한 X 역시 예외는 아니다. 캐나다에서 메타는 언론사 기사로 이어지는 페이스북과 인스타그램상의 모든 링크를 끊어버렸다. 언론사에 돈을 지불하도록 강제하는 새 법을 따르느니 차라리 모든 접속을 차단한 것이다.

양측의 이 한없는 힘겨루기는 정부가 거대 기업들, 특히 구글 앞에서 주도권을 잡지 못하고 있음을 보여준다. 언론사들은 구글에 의존할 수밖에 없는 약자다. 구글이 언론사에 던져주는 금액은 '고작' 몇백만 유로에 불과하지만 전 세계에서 광고로 벌어들이는 수익은 매년 약

1,500억에서 2,300억 달러에 이른다. 즉, 비교조차 되지 않는 금액이다. 구글 혼자서 전체 디지털 광고 수익의 40퍼센트 정도를 가져가고 프랑스에서만 최소 30억 유로를 챙겨간다. 구글에게 언론사는 디지털 광고 시장을 '민영화'하기 위한 발판이었으며 그 균형을 되찾기엔 너무 늦어버렸다. 래리 페이지와 세르게이 브린은 20년이란 시간 동안 언론사들로부터 수익을 뽑아내고 이들의 의존도를 높였으며 규제 앞에서 계속 '딴청'만 피웠다. 결국 이 문제는 파급력이 더욱 커지고 해결하기 어려워졌다.

이 연장선에서 또 다른 분쟁의 소지가 생겨나고 있는데, 바로 생성형 AI의 학습에 관한 문제다. 생성형 AI를 훈련하기 위해 마이크로소프트, 구글, 페이스북, X 등의 AI 설계자들은 웹콘텐츠를 이용한다. 이 과정에서 특히 언론사 웹사이트의 콘텐츠가 많이 사용되지만 여전히 이들에게 돈은 지급되지 않는다. 그나마 일부는 해당 언론사에 로봇 접속을 차단할 수 있는 선택권 정도는 제공해주는 모습을 보였다.

페이퍼컴퍼니를 통한 수익 극대화

구글이 또 하나 용을 쓰며 버티는 부분이 있다. 바로 세금 문제다. 두 창업주가 최대한 세금을 피하고자 마련한 자금 운용 구조는 이 억만장자들의 관행을 상징한다. 둘은 20년간 '더블아이리시 더치샌드위치'라 불리는 교묘하고 복잡한 절세 신공을 선보였다. 아일랜드와 네덜란드를 이중으로 끼고 조세를 회피하는 수법이다. 아일랜드, 싱가포르, 버뮤다제도, 네덜란드 등에 주소지를 두고 직원 없는 페이퍼컴퍼니를 세운 구글은 전 세계에서 거둔 이익의 상당 부분을 증발시켜 버뮤다제도로 옮겼다. 이곳에서는 그 어떤 소득세도 낼 필요가 없기 때문이다.

구글의 조세 회피 수법은, 모회사 알파벳 법무팀이 수시로 환기하듯이 법적으로 문제가 없었기에 더욱 경이로웠다. 나라별로 조세제도에 차이가 있다는 점을 악의적으로 이용하였으며 법률상 허점을 교묘히 파고들었다.

이 자금 운용 구조는 보이는 것만큼 복잡하지는 않다. 일단 구글은 유럽에서 법인세가 제일 낮은 아일랜드에 자회사 두 개를 두었다. 아일랜드의 자회사 하나는 프랑스, 독일, 스페인 등 또 다른 현지 회사들이 거둔 수익에 지적소유권 사용(상표 사용 등) 등의 명목으로 청구를 진행해 어마어마한 금액을 송금받는다. 이번에는 네덜란드에 둔 회사가 아일랜드의 자회사에 비슷한 명목으로 청구를 진행해 거액을 송금받는다. 그다음에는 또 다른 아일랜드의 자회사가 네덜란드의 자회사가 얻은 소득에 청구를 진행하고, 이 아일랜드의 자회사에서 기록된 최종 금액이 버뮤다제도로 송금된다.

구글의 이러한 절세 구조는 아일랜드가 의도적으로 법제상에 남겨둔 허점을 기반으로 한다. 그리고 2020년, 아일랜드는 EU와 미국의 압박으로 이러한 '문제'를 바로잡아야 하는 처지가 됐다. 따라서 구글은 몇 차례 소송을 거친 뒤 결국 기존 메커니즘을 포기했다. 개중에는 프랑스에서 진행된 소송도 있었는데, '세금 포탈 가중죄' 및 '조직적인 자금 세탁' 혐의였다.

구글은 그럼에도 아랑곳하지 않고 조세 최적화를 지속했다. 절세 전문가를 고용하고 세금을 적게 내는 곳으로 이리저리 옮겨 다녔다. 프랑스에서 구글은 2020년 소득분(신고 매출액 약 6억 유로)에 대해 2021년에 고작 2,710만 유로를 납부했다. 프랑스에 세운 자회사는 다른 자회사들에게 서비스를 제공하고 그것으로만 수익을 얻는 회사였기 때문이다. 하지만 프랑스 상원의 미디어집중관련연구위원회에서 구글이 공개한 자료대로라면, 2020년 구글이 프랑스에서 실제로 달성한 매출액은 27억 유로에 육박한다. 구글 대변인은 다음과 같이 입장을 밝혔다. "국제적인 기업으로서 구글은 본국인 미국에 대부분의 세금을 납부하며, 또한 사업을 하는 나라에서도 부과받은 모든 세금을 지불한다. 우리는 OECD를 통한 국제 조세 제도의 공조 개혁이 전 세계를 무대로 활동하는 기업들에 명확한 틀을 제공해줄 최선의 방법이라고 여전히 확신하는 바이다."[3] 그렇다면 그때까지는 계속 세금 납부 의무를 회피하겠다는 걸까?

구글이 이 같은 절세 신공을 발휘하지 않았다면 프랑스에서 과연 얼마의 세금을 내야 했을지 추산하기란 사실상 불가능하다. 아일랜드 외에는 나라별 영업 성과를 상세히 발표하지 않기 때문이다. 그럼에도 프랑스가 구글의 이러한 조세 최적화 수법에 따른 직격타를 맞고 있다는 것만은 확실하다. 구글이 프랑스에서 내는 소득세는 미미한 수준이다. 연간 1,000만 유로를 넘지 않은 경우가 대다수다. 2014년 프랑스 재무부는 약 11억 유로를 추징하려고 했으나 구글이 법정에서 이를 무마했다. 하지만 분쟁이 거듭되자 결국 2019년에 10억 유로를 납부하며 모든 문제를 해결하기로 했다. 파리 법원도 2015년 6월부터 검찰이 조사를 개시한 세금 포탈 가중죄 및 조직적인 자금 세탁 혐의와 관련해 구글과 검찰 간에 체결된 공익성 법적 합의를 승인했다. 이로써 2005년부터 2018년까지 프랑스에서 진행된 법정 소송 및 세금 분쟁이 몽땅 마무리되었다. 구글로서는 적은 비용으로 문제를 해결한 셈이다.

글로벌 법인세율로도 부족

빅테크 기업들의 조세 회피 정황을 보다 못한 프랑스는 GAFA세라는 것을 신설한다. 구글, 페이스북을 비롯한 주요 빅테크 기업들을 노린 조세 제도로, 2019년부터 시행에 들어갔다. 당시 집권한 트럼프 정부로서는 유감스러운 조치였고 곧 상응하는 보복 조치를 마련하며 반발했다. 광고 수입에 대한 이 조세 규정은, 10여 년 전부터 OECD 140개국 사이에서 논의되어 마무리 단계에 '임박한' 15퍼센트의 글로벌 법인세율이 정착될 때까지 임시로 사용되는 중이다.

프랑스인 경제 전문가 파스칼 생타망이 10년 넘게 이끌어온 글로벌 법인세율 협상은 2022년 11월 최종 합의에 이르렀다. 협상안은 2024년 1월 1일부로 적용되어 2026년에 실질적인 조세 수입이 들어올 전망이다. 빅테크 기업에 부과하는 이 법인세율은 다국적 기업의 조세 회피를 제한하고, 매년 전 세계적으로 1,500억 달러의 초과 세수를 가져다줄 전망이다.

원칙은 단순하다. 소득을 신고하는 나라가 어디든 15퍼센트의 법인세율을 부과받는 것이다. A라는 기업이 (자회사 소재지인) 외국에서 15퍼센트가 안 되는 법인세율을 부과받으면, (본사가 위치한) 본국에서 차액을 회수하여 해당 기업에게 적용된 법인세율이 최종적으로 15퍼센트에 이르도록 만드는 것이다.

이러한 조세 합의안에 서명한 국가들에서 7억 5,000만 유로 이상의 연수익을 거두는 기업은 해당 세율에 따른 법인세를 내야 한다. 가령 프랑스의 기업이 법인세율이 7퍼센트인 타국에서 법인세를 납부했을 경우, 8퍼센트 상당의 차액은 본국인 프랑스에 내는 것이다.

이러한 '최소한'의 법인세율 부과 조치는 분명 반가운 일이어야 한다. 다국적 기업들은 조세 회피에 굉장히 능하기 때문에 유럽 정부가 수백억 세수를 회수하게 된 상황은 뜻밖의 결과다. 하지만 겉만 보고 좋아하기엔 이르다. 이 금액 또한 다국적 기업들이 납부해야 할 세액에 비하면 현저히 낮은 수준이기 때문이다. 프랑스의 법인세율은 25퍼센트이나 글로벌 법인세율은 15퍼센트에 불과하지 않은가. 미국은 자국 기업들이 해외에서 세금을 많이 내지 않게끔 온갖 노력을 기울여 왔다.

파스칼 생타망이 협상한 협의안의 핵심 과제는 두 개다. 협의안의 제2과제는 앞서 살펴봤듯이 15퍼센트에 달하는 글로벌 법인세율을 제정하는 것이다. 제1과제는 실제로 거둬들인 세수의 일부를 기업이 영업을 수행한 각국에 배분하는 것이다. 현재 기본 배분 원칙은 세워졌지만 세부 사항을 협의하는 데 어려움이 있어 교착 상태에 빠져 있다. OECD 회원국들은 특히 분배의 핵심 사항에 대해 의견의 일치를 보지 못하고 있어서 제1과제는 아직 마무리되기 힘든 상황이다.

구글은 세금을 거의 내지 않지만 EU에 낸 벌금은 80억 이상이다. 구글 플랫폼상에서 경쟁사 서비스보다 자사 서비스(가격 비교, 모바일 OS 기능, 광고 등)를 유리하게 제공함으로써 10년간 세 차례에 걸쳐 경쟁법을 위반했기 때문이다. 또한《월스트리트저널》이 보도한 미 FTC 조사 보고서에 따르면, 2012년부터 이미 구글은 자사의 서비스 개선을 위해 옐프Yelp, 트립어드바이저, 아마존 같은 경쟁사의 콘텐츠를 무단으로 복제했다. 예를 들면, 아마존에 있는 평점과 상품평을 이용하여 구글 쇼핑 페이지상의 상품들에 순위를 매긴 것이다. 경쟁사들이 반발하자 구글 검색에서 제외하겠다고 엄포를 놓기까지 했다.

최근 몇 년간 구글이 불공정 경쟁과 반경쟁적 행위로 여러 차례 처벌받았지만 이러한 부당 행위는 사실 매우 흔하다. 소위 GAFAM으로 통하는 5대 IT 공룡 모두 그 힘을 이용하여 경쟁사를 죽이고 있다. 이는 제프 베이조스를 다룬 4장에서 다시 짚어보기로 한다.

부자의 관심은 어디로 향할까?

구글의 이러한 만행은 미국에서도 당연히 처벌 대상이며, 실제로 2023년 9월부터 반독점 소송이 진행 중이다.* 구글에 대한 반독점 소송은 1998년 마이크로소프트를 거의 해체 직전까지 몰고 갔던 반독점 소송 이후 가장 규모가 크다. 미 법무부는 구글이 온라인 검색 시장을 완전히 장악했다는 혐의를 제기했다. 구글은 사실상 미국 검색 시장의 90퍼센트를 쥐고 있는데(프랑스에서도 마찬가지다) 이러한 독점 상태를 유지하기 위해 반경쟁적 전략을 사용했다는 지적이다. 이에 더해 애드테크 기술을 남용해 디지털 광고 시장을 반독점한 건에 관한 또 다른 소송도 대기 중이다.**

구글은 AI 분야의 선두 기업이기도 하다. 물론 오픈AI의 챗GPT만큼 그 성과가 회자되진 않았지만 바드Bard라는 챗봇을 개발했다. 처음 소개되었을 때는 그저 시장에 구글의 생성형 AI도 '존재'한다는 걸 알리는 수준이었다. 실제로 2023년 초 대중을 상대로 실시한 테스트에서 바드는 조롱거리로 전락했다. 구글 내에 '코드 레드'가 발령되자

---

* 2024년 8월에 구글은 미 연방법원에서 반독점법을 위반했다는 판결을 받자 항소했다.
** 미 법무부가 디지털 광고 시장에서 구글이 반독점법을 위반했다며 제기한 이 소송은 2024년 9월에 개시되었다.

래리 페이지와 세르게이 브린은 복귀해 엄청난 재원을 마련하고, 구글 브레인과 딥마인드를 합병하면서 그룹의 전체 R&D 센터를 재정비한 뒤, 모든 연구진의 노력을 생성형 AI 모델 개발에 쏟아부었다. 그 결과 2023년 12월에 제미니Gemini라는 이름의 새로운 AI 챗봇 모델을 선보인다. 매우 복잡한 논리적 추론 능력을 갖춘 제미니는 챗GPT-4보다 우수하다. 사용자가 몇 가지 물건과 그림과 비디오를 보여주자 제미니가 자신이 '본' 것을 음성으로 이야기하는 영상이 있다. 제미니는 사물을 인식하고 복잡한 질문에 답을 제시했다. 그림으로 그려진 것이 오리임을 깨달았으며 이 오리가 수영하고 있다는 사실 또한 '이해'했다. 수학, 역사, 법학 분야의 논리 추론 테스트에서도 전문가들을 모두 앞질렀다.

뿐만 아니라 구글은 캐릭터.AICharacter.ai에도 막대한 투자를 감행했다. 캐릭터.AI는 유명인을 모델로 한 AI 또는 가상의 인물과 대화하게 해주는 앱이다. 또한 구글은 아마존과 함께 앤스로픽Anthropic에 투자했다. 앤스로픽은 챗GPT에 대항하는 AI 챗봇 클로드Claude를 선보인 기업이다.

구글의 두 창업주는 2022년과 2023년에 평균 600억 달러가 넘는 연수익을 거둬들였다. 프랑스 40대 기업의 전체 수익 1,420억 유로의 절반 가까이에 해당하는 금액으로, 말하자면 거의 무한대의 재산을 보유하게 된 셈이다. 그렇다면 이들의 다음 행보는 무엇일까? 집, 요트, 전용기 따위를 다 사고 난 후에도 돈이 넘쳐 더 이상 쓸 수 없을 때, 사람의 관심은 어디로 향할까? 빌 게이츠는 백신 사업을 벌여 아이들을 질병으로부터 구제하고자 했다.[4] 일론 머스크처럼 지구인을 화성으로 데려가 구제해주려는 경우도 있다. 세르게이 브린과 래리 페이지의 관심은 죽음에 대한 문제로 향했다. 죽음을 극복하여 신의 권위에 도전하겠다는 것이다. 과연 억만장자들에게 걸맞은 도전이 아닐 수 없다.

'죽음을 정복'하기 위해 래리 페이지와 세르게이 브린은 앞서 살펴본 대로 캘리코라는 회사를 세웠다. 노화 과정을 연구하는 회사로, 주축 인물은 샌프란시스코 캘리포니아대학의 분자생물학 명예교수인 신시아 케니언이다. 선충의 노화 속도를 생물학적으로 조절할 수 있다는 사실을 입증한 연구를 발표해 이름을 알렸다. 간단한 유전자 조작으로 선충의 수명을 두 배로 늘린 신시아 케니언은 이러한 유전자 조작이 포유류에게도 적용될 수 있으며 인간 수명 연장의 길이 열릴 것이라고 래리 페이지를 설득했다. 생명공학 기술로 죽음의 문제를 해결할 수 있다는 뜻이다. 게다가 관련 앱과 혁신 제품들로 이루어질 무궁무진한 시장이 부수적으로 따라온다. 구글의 모회사 알파벳은 치료 연구 회사 애브비AbbVie와 함께 그 원대한 목표에 걸맞게 캘리코에 무려 15억 달러를 지원해주었다.

그런데 오늘날 캘리코의 부사장까지 올라간 이 생물학자에게 구글이 전권을 위임한 지 10년이 지났음에도 아직 새로운 성과에 대한 소식이 없다. 기업이 성과에 대해 입을 닫고 있다면 새로이 발견한 게 아무것도 없다는 뜻일까?

베일에 싸인 회사 캘리코

생명공학 학자들은 캘리코의 연구 방법에 대해 알려진 게 별로 없다고 지적한다. 캘리코를 함께 세운 아서 레빈슨은 저명한 학자로, 바이오벤처 제넨텍의 전 CEO였고 스티브 잡스 사후 애플 이사회 의장을 맡기도 했는데, 그는 이 회사와 관련한 인터뷰를 일체 거부하고 있다. 구글이 내세우는 투명성은 이 회사에는 적용되지 않는다.

그런데 캘리코가 자사 웹사이트에 올린 기업 신조는 꽤 많은 것을 예고하고 있다. "우리는 노화 및 그에 따른 질병 분야에서 큰 도약을 이루려 하기 때문에 무모한 아이디어나 위험이 두렵지 않다. (…) 우리는 과학적 기반만 확고하다면 검증되지 않은 영역을 탐구하기를 주저하지 않으며 특정 경로, 표적, 기술에 얽매이지 않는다."[5] 달리 말하면 캘리코는 그 어떤 학파나 유파도 따르지 않는다는 뜻이며, 이 분야의 혁신을 위해 모든 노력을 쏟을 준비가 되어 있다는 말이다. 죽음이여 꼼짝 마라, 라며 경고하는 셈이다.

래리 페이지는 캘리코에 투자하고 있으며 세르게이 브린은 파킨슨병의 공략에 주력하고 있다. 2006년부터 세르게이 브린은 이 병에 관심을 쏟기 시작했다. 앤 워치츠키(훗날 세르게이 브린과 결혼하지만 지금은 이혼한 상태다)가 설립한 23앤드미23andMe란 업체의 유전자 분석으로 자신에게 이 병을 유발하기 쉬운 유전자가 있음을 안 것이다. 이 가설은 이론에 그치지 않았다. 모친인 유지니아 브린은 이미 파킨슨병에 걸렸기 때문이다. 머리 위에 다모클레스의 검이 걸리게 된 세르게이 브린은 시간과의 싸움에 돌입했다. 그는 구글이 신경퇴행성질환에 대한 연구에 자금을 지원하길 원했다. 2014년에 구글 자회사로 인수한 스타트업 기업 리프트랩스LiftLabs는 파킨슨병 환자 특유의 손 떨림을 완화해주는 스마트 식기 리프트웨어를 개발하는 곳이다. 리프트랩스는 2017년부터 손 떨림 보정 스푼인 리프트웨어 스테디Steady의 시판에 들어갔다. 충전식으로 작동하는 이 스푼은 손잡이 부분의 센서로 파킨슨병 환자의 손 떨림을 감지하여 이를 보정한다. 이 보정 기능을 사용하면 수저의 흔들림이 70퍼센트까지 줄어든다.

알파벳은 캘리코 외에도 의료 스타트업 기업 100여 곳에 투자했다. 구글벤처스를 통해 의료 분야의 최신 성과를 파악하며 잠재적인 혁신 기술도 빠르게 입수했다. 구글은 2021년까지 23앤드미의 자본 일부를 보유했다. 23앤드미라는 사명은 인간 세포 속 23쌍의 염색체에서 따왔다. 앤 워치츠키와 그의 공동 설립자들이 애초에 세운 목표는 크게 세 가지였다. 첫 번째는 개개인이 물려받은 유전 정보, 조상의 지리적 기원, 특정 질환(암, 심혈관질환, 당뇨, 알츠하이머 등)의 발병 위험을 알 수 있는 유전자 검사를 상업화하는 것이다. 두 번째는 의료 연구계를 대상으로 판매할 수 있는 유전 데이터베이스를 구축하는 것이고, 마지막 목표는 소위 유전자 페이스북, 유전자를 기반으로 전 세계 곳곳에서 '친족'을 찾을 수 있는 커뮤니티를 만드는 것이다. 23앤드미의 웹페이지에 서로 상봉한 형제자매들의 후기가 올라와 있다.

미래에 대한 예언의 위험성

맨 처음 이 업체가 생겼을 때 999달러를 내면 자신이 무엇 때문에 죽을 가능성이 높은지 알 수 있었다. 자신의 유전자 지문 분석이나 모계로만 유전되는 미토콘드리아 DNA 정보를 돈 주고 살 수 있었던 것이다. 그런데 FDA가 일부 결과의 신뢰도에 의심을 제기하고 나섰다. 특히 유전자 분석 결과는 상당히 치명적인 영향을 미칠 수 있기 때문이다. FDA는 가령 유전자 분석으로 유방암 발생 위험도가 평균치보다 높다고 나오면 유방 절제술을 받는 여성들이 생길 수도 있다고 우려했다. 그리고 23앤드미가 더는 미래를 점치는 '점쟁이' 노릇을 하지 못하게 금지했다.

2013년 23앤드미는 생식 세포 기증자를 선별해 '맞춤형' 아이를 만들어내는 방법의 특허도 출원했다. 생명윤리 학자들은 파렴치한 행위라고 맹비난하였으며, 원하는 유전자를 가진 아이를 만들어내는 이 방법은 상품화되지 않았다.

이후 23앤드미는 가족 계보 연구에 매진했다. 비용이 더 적게 들고 연구할 여지가 많았기 때문이다. 2015년 10월, 앤 워치츠키는 자식에게 대물림될 수 있는 돌연변이 유전자 보유 여부를 알려주는 서비스 제공을 승인받았다. 낭포성 섬유증을 포함해 36개 질환이 대상 목록에 올랐다. 검사 비용도 그리 비싸지 않았기에 23앤드미는 훌륭한 유전자 지문 파일을 구성했으며 이를 제약 회사에 되팔았다.

혁신적인 스타트업 기업을 인수 또는 보유하는 게 득이 되기만 하는 건 아니다. 딥마인드가 개발해 영국에서 사용되던 스트림스 Streams는 의료진이 환자의 기록에 보다 쉽게 접근할 수 있도록 도와주는 앱이었지만 딥마인드의 모회사 알파벳에 리스크를 안겨주었다. 2015년에 등장한 이 앱은 생명을 구하고 아울러 의료진의 업무 환경을 바꿔주었다는 이유로 호평받았다. 하지만 환자들의 정보를 적법하지 않게 얻어 제삼자에게 전송해왔다는 사실이 2016년 언론에 밝혀져 논란이 되었다. 2021년 구글은 스트림스의 서비스를 돌연 중지했다.*

---

* 2018년에 딥마인드 내 스트림스 개발팀이 구글헬스로 편입된다는 소식이 발표되자 환자들의 개인정보가 구글 제품과 서비스에 이용될지도 모른다는 비판이 쇄도했다. 2021년에는 스트림스 운영 중단이 결정되었고 얼마 안 있어 구글헬스도 해체되어 재편성되었다. 웹사이트 〈모비헬스뉴스(MobiHealthNews)〉에 의하면 스트림스 폐쇄 결정 자체는 구글헬스 해체 전에 이루어졌다고 한다.

이 앱에 크게 의존해온 의료진에 대한 고려는 일절 없었다. 문제가 있었다면 서비스를 시행하기 전에 검토한 뒤 미리 문제를 수정했어야 하지 않을까?

페이스북도 마찬가지이지만, 외부에서 보면 구글은 문제를 인지하고도 일단 서비스부터 개시한 뒤 사람들의 반응을 살피는 듯이 느껴진다. 해당 '버그'가 묻히고 지나가길 바라며 서비스를 개시하고 사후 반응을 지켜보는 것이다. 그러다 만약 문제가 발견되면 그에 수반되는 피해는 고려하지 않은 채 모든 서비스를 전면 중지한다. 자회사 보스턴다이내믹스Boston Dynamics를 다시 매각하던 과정도 이와 비슷했다. 미 국방성 방위고등연구계획국과 함께 개발하던 군용 로봇이 기업 이미지를 훼손할 우려가 있자 곧 회사를 되팔아버린 것이다.

2018년, 알파벳의 또 다른 의료 부문 자회사 베릴리Verily는 당뇨 환자들에게 큰 희망을 안겨주었던 혈당 수치 감지용 스마트 콘택트렌즈 개발 프로젝트를 폐기한다. 기술 개발이 예상대로 진행되지 않았던 것이다.

사람 목숨이나 의료와 관련한 부분에서 이렇게 경솔해도 되는 걸까? 구글 창업주들은 지친 인류에게 새 희망을 불어넣어주고자 한다. 하지만 이들이 꿈꾸는 포스트휴먼의 세계는 종의 근본적인 변화를 전제한다. 둘이 트랜스휴머니즘에 자금을 지원하고 있기 때문이다.

마운틴뷰에 있는 트랜스휴머니즘의 교황

래리 페이지는 싱귤래리티대학에도 기부금을 출연했다. 레이 커즈와일, 피터 디아만디스, 피터 틸 등 인간과 기계의 융합을 예언하는 실리콘밸리의 대표 인물들이 마운틴뷰에 세운 독특한 IT 싱크탱크다. 교육기관 겸 스타트업 인큐베이터로서의 역할을 맡고 있다.

싱귤래리티대학에서 개최되는 일주일간의 세미나에 참여한 프랑스의 경영자들과 고위 임원들은 특이점의 도래와 관련한 레이 커즈와일의 연설을 듣게 되었다. 레이 커즈와일은 2005년에 이미 저서 『특이점이 온다The Singularity Is Near』에서 특이점의 도래에 대한 논리를 펼쳤고, 2024년 출간된 후속 저서 『특이점이 더 가까워지다The Singularity Is Nearer』에서 재차 이를 강조했다. 실리콘밸리에서 '트랜스휴머니즘의 교황'으로 통하는 레이 커즈와일은 2029년쯤 AI의 지능이 인간 수준에 도달하며 이후 인간의 지능을 뛰어넘은 AI는 우리에게 생명 연장의 가능성을 제공해줄 것이라 예언했다. 머지않아 우리의 의식을 (휴머노이드 로봇 같은) 기계에 이식함으로써 여러 면에서 좁고 한계가 있는 육신을 벗어날 수 있다는 주장이다.

인지 능력이 열 배는 높아지고 지각 능력도 증폭된 인류를 생각해보라. 기존의 인간을 초월한 이 신인류는 더욱 개선된 신체적, 정신적 능력으로 질병을 겪지 않는 완전무결한 존재가 된다. 피부 노화로부터도 해방될 뿐 아니라 유전 요인에 따른 변수를 피할 수 있고, 더는 신이니 예수이니 내세이니 하는 것을 믿지 않아도 된다. 지상에서 영생의 삶을 누릴 것이기 때문이다. 저들의 주장대로라면 이는 AI를 통해, 기계와의 융합을 통해 실현될 수 있다. 그러니 이러한 기술의 힘을 두려워하지 말라는 것이다.

래리 페이지는 2012년 레이 커즈와일을 구글의 엔지니어링 이사로 채용했다. 위키피디아에도 그렇게 표기되어 있으나 커즈와일이 특히 주력을 쏟는 분야는 머신러닝 연구다. 현재 70대 중반의 커즈와일은 노화를 늦추기 위해 매일 70알 이상의 알약을 먹는다. 사후에는 육체 또한 냉동 보관될 예정이다. 과학 기술이 발전하면 다시 깨운 뒤 의식을 컴퓨터에 이식하기 위해서다.

트랜스휴머니스트들은 기계가 미식의 즐거움을 재현하고 애무와 사랑의 느낌을 알며 바람과 햇살을 지각할 수 있을 것이라 이야기한다. 우리가 그토록 좋아하는 모든 감각적 즐거움을 기계 또한 알게 된다는 말이다. 그럼에도 생물학적 신체를 버린다는 건 누구에게나 그리 달가운 일은 아니다.

따라서 인류는 언제나처럼 서로 다른 두 가지 속도로 살아갈 우려가 있다. 한쪽에선 기억, 지능, 수명 측면에서 기본 역량을 확장하거나 기계로 이식되는 것까지 받아들이는 사람들이 살고, 다른 한쪽에서는 이를 원치 않거나 혹은 원해도 돈이 없어서 할 수 없는 사람들이 사는 것이다. 후자의 사람들은 영국의 사이버네틱스 학자 케빈 워릭의 말마따나 "미래의 침팬지"[6], 인류의 '아종'이 된다. 신체 능력 확장을 거부하고 노화하는 사람 혹은 충분한 재력이 없는 사람은 영장류 취급을 받고 다른 인간의 지배를 받게 된다. 고대인과 현대인을 둘러싼 신구 논쟁은 끝나며 이제 트랜스휴머니스트들과 생명보수주의자들의 싸움, 기술진보주의자들과 생명공학반대론자들의 싸움이 시작된다. 그리고 이 싸움에서 전자는 불가피하게 후자보다 우위에 있다. 구글 창업주들은 인간에서 포스트휴먼으로의 전환을 이끌 것이다. 원래 하던 사업 덕분만이 아니라 다수의 테크 기업을 인수해 사업 영역을 확장하면서 로봇공학, 컴퓨터공학, 검색 엔진, AI, DNA 시퀀싱, 나노 기술 등, 트랜스휴머니즘을 실현할 모든 기술을 갖췄기 때문이다.

이러한 꿈을 꾸는 건 구글 창업주들만이 아니다. 앞서 살펴봤듯이 뉴럴링크를 세운 일론 머스크 역시 방식은 좀 다르지만 인간과 기계의 융합을 택했다. 인간 뇌에 칩을 이식하려 하기 때문이다. 사실 테크계에서 트랜스휴머니즘은 시대정신의 일부다. 비유적 의미에서나 문자 그대로의 의미에서나 스스로를 뛰어넘고 극복해야 할 필요성은, 미래를 낙천적으로 관망하고 더 많은 부에 집착하는 실리콘밸리 사람들에겐 너무나 당연한 것이다. 오늘날의 세계를 지배하는 새로운 주인들은 서른 살이 되기 전에 전 지구에 대한 주도권을 쥐었다. 세간 사람들에게 금기시되는 것들이 저들에겐 그저 호기심을 불러일으키는 한 요인일 뿐이다.

금기의 부재

트랜스휴머니즘이란 말은 하이테크와 실리콘밸리가 있기 전부터 존재했다. 『멋진 신세계Brave New World』의 작가 올더스 헉슬리의 형제인 생물학자 줄리언 헉슬리가 1957년에 만들어낸 말이기 때문이다. 기술의 힘으로 인간의 한계를 뛰어넘는다는 세계관은 우선 주로 SF 소설 독자들에게 받아들여진 뒤 이후 소셜미디어를 통해 확산됐다. 포스트휴먼의 세상은 그간 SF 팬들의 오랜 꿈이었으나 이제 2040년경이면 이뤄질 수도 있을 듯한 미래가 됐다. 레이 커즈와일의 싱귤래리티대학을 교육의 거점으로 삼은 이 '신흥 종교'는 윌리 피스터 감독의 영화 〈트랜센던스Transcendence〉라는 작품에서도 다뤄진다. 주연 조니 뎁이 맡은 역할은 트랜스휴머니즘의 최종 목표인 성배를 얻은 천재 과학자로, 그의 지능, 기억, 감정을 포함한 의식 전체가 컴퓨터로 이식된다. 이후 주인공은 아내를 사랑하는 마음 때문에 원래의 몸보다 신체 능력이 향상된 아바타를 이용해 불멸의 존재로 '환생'한다.

트랜스휴머니즘은 종파가 아니라 과학 기술이 인류를 구원한다는 확신을 가진 이들의 사상운동이다. 이들은 세상을 바꾸기에 앞서 먼저 개인의 몸부터 개조하려 한다. 오늘날 사람의 몸은 부품을 조금씩 바꿔나갈 수 있는 기계처럼 되었다. 이들은 '자연사'란 표현을 허용하지 않으며 이들에게 죽음이란 결코 '자연적'인 게 아니다. 또한 형태에 대한 자유, 몸을 자유자재로 처분할 수 있는 절대적 권리를 원한다. 이미 우리는 문제가 생긴 치아나 골반이나 무릎 관절을 교체하며, 백내장 수술로 새로운 수정체를 이식하는 김에 아예 평생 고통받아온 근시도 치료해버린다. 프랑스의 인공 심장 제조업체 카르마Carmat가 완전한 생체 인공 심장을 이식했을 때도 실제 사람의 심장을 이식했을 때만큼의 논란이 제기되지 않았다. 이렇듯 우리 사회는 의료 분야의 기술적 혁신을 거부한 적이 거의 없다. 인류의 보다 나은 삶을 위한 것이기 때문이다.

제 기능을 하지 못하게 된 신체 부위를 다른 것으로 대체하고 사고나 질병으로 손상된 부분을 고치는 데 대한 사회적 합의는 이미 형성된 상태다. 머지않아 기계란 무엇이고 사람이란 무엇인지 명확히 구분하기 힘들어질 수 있다. 그렇다면 우리 몸을 고쳐 쓰는 정도에 머무를 이유가 없지 않겠는가? 신체를 개선할 수 있다면, 새로운 능력을 부여해 더 좋게 만들 수 있다면 굳이 하지 않을 이유는 무엇인가? 인간의 몸을 보정하고 교정하는 데 주력한 트랜스휴머니즘은 이제 능력이 확대된 증강 인간을 만들고자 한다.

그리고 여기가 바로 이 사상의 맹점이다. 심장이나 간 이식, 시력 교정, 의수 및 의족 착용 등 치료나 재활 목적 의료는 신체 능력 증강을 통해 인간을 '개조'하는 것과 엄연히 구분된다. 즉, 근력을 향상하고 기억력을 증강하며 고양이의 야간 시력을 추가하는 등의 행위는 치료나 재활 목적 의료와 다르다. 물론 일부 수술은 두 영역 모두에 걸쳐 있기도 한다. 시력 교정술을 통해 노인에게 젊었을 때의 시력을 되찾게 해주거나, 다리가 절단된 사람에게 보통 사람보다 더 빨리 달리게 해주는 의족을 이식하는 수술 등이다. 그러나 바로 이 '경계'에 있는 사례부터는 진지한 논의와 고민이 필요하며, 이에 대한 사회적 합의가 필수적이다. 모든 신체 기능을 타고 난 인간이 선천적으로 부여받은 신체 조건을 굳이 바꿀 필요가 있는지에 대한 논의가 지속되어야 한다는 말이다. 신체 능력 증강이란 단순히 귀에 보청기를 다는 게 아니라 박쥐만큼 귀가 밝아지도록 박쥐 유전자를 인간의 게놈 속에 집어넣는 것을 뜻하기 때문이다.

엘리트와 침팬지

일론 머스크가 개발 중인 것과 같은 뇌 이식 연구가 진척되는 상황에서 의료계의 누구도 인간이 차세대 인공 보철구를 단순히 재활 목적으로만 사용하리라고는 생각하지 않는다. 신체 장애가 있는 사람이 특정 의료 기술로 이를 치료한 게 확인되는 순간, 장애가 없는 일반인도 이를 이용하여 신체 역량을 늘리려 들 것이기 때문이다.

만약 이러한 기술들이, 안 그래도 빈부 격차가 심한 우리 사회에 도입된다면 과연 어떤 결과가 초래될까? 처음에는 낮은 차원에서의 신체 능력 증강이 성형 수술처럼 유행할 것이다. 그리고 일각에선 시술 실패에 관한 이야기들도 언급될 것이다. 이 단계에서 윤리적 논의가 소극적으로 이뤄진다. '긍정적인' 증강 사례와 '부정적인' 증강 사례를 구분하여 기세를 늦추고 상황을 덜 불평등하게 만들려고 할 것이다. 하지만 현실은 이 같은 논의를 곧 추월한다. 신체 능력이 개선된 사람들은 나머지 사람들과 분리되어 엘리트 사이보그 계층을 이루고, 자신들끼리 어울리며 자식을 낳으려 할 것이다. '개선된' 사람들은 '미래의 침팬지'와 혼인하지 않을 것이기 때문이다.

　　그러나 이 '미래의 침팬지'들은 모든 상황이 자신의 선택에 의한 것이었다는 사실을 받아들이기가 힘들 것이다. 지금도 스마트폰 사용은 선택이라고 하나 실제로 스마트폰 없이 지내는 건 불가능한 세상이 아닌가? 따라서 돈 있는 사람과 돈 없는 사람의 경계는 더욱 뚜렷해질 것이다. 그리고 없는 자들에 대한 세심한 배려도 없을 것이다. 트랜스휴머니스트들은 사교성을 추구하지 않고 다들 자기가 제일 중요한 사람들이기 때문이다.

　　건강 면에서 새로운 엘리트 계층이 등장하면, 우리는 결정적으로 두 가지 속도로 움직이는 세상에서 살게 된다. 기술이 지배하는 신자유주의 사회에서 돈 있는 사람들은 죽음을 모르는 채 살아가고, 가난한 사람들은 자연스러운 노화 과정에서 벗어나지 못한 채 이른 나이에 죽어갈 것이기 때문이다. 심지어 평등을 중시하는 프랑스 같은 나라에서도 노화를 막아주는 의약품에 대해서는 의료 보험이 보장되지 않을 터이다. 노화는 질병이 아니기 때문이다.

철학자들은 노화와 죽음을 막으려는 이 같은 프로젝트의 폐단을 지적하며 경계의 목소리를 높인다. 죽음을 고려하지 않는 삶, 심지어 죽음을 잊고 사는 삶에 대한 정신적, 도덕적 대비가 이뤄지지 않았기 때문이다. 인구 증가 및 그에 따른 자원 감소의 위험에 대한 환경적 대비도 되어 있지 않다. 이러한 변화로 초래될 불평등 문제와 관련한 사회적 대비도 이뤄지지 않았다. 누군가는 무한한 삶을 누리고, 다른 누군가는 나이 팔십을 넘기지 못하고 죽으리라는 사실을 알게 된다면, 인간과 인간 사이의 가장 기본적인 평등, 즉 죽음 앞에서의 평등은 사라진다. 그리고 신체 능력을 증강하거나 영원한 삶을 사는 부자들이 누릴 잠재 능력은 '미래의 침팬지'를 부리는 권력 수단이 될 것이다.

우리는 이 새로운 시대의 초입에 와 있다. 따라서 앞으로의 사회에 대해 논의를 하기에 이상적인 시기다. 그런데 래리 페이지와 세르게이 브린, 일론 머스크 등은 자신들의 주장이 곧 '진리'인 양 건전한 대중 논의를 막는다. 저들에 홀린 정부는 사람들의 의견을 구하지도 않은 채 수동적으로 끌려가기만 한다. 그러나 우리에겐 주어진 시간이 그리 많지 않다.

04

제프 베이조스,
모든 곳에 존재하는 자

60대의 제프 베이조스는 원숭이 뇌에 칩을 이식하지도, 죽음을 정복하겠다고 설치지도 않는다. 하지만 막강한 위력을 지닌 아마존의 창업자로서 다른 억만장자들 못지않은 각오로 이 세상을 구하려 한다. 또한 어린 시절부터 꿈꾸었던 SF 세계를 현실로 만들고자 한다. 그리 하지 않는다면 수천억 달러 자산을 가진 억만장자가 되어 무엇하겠나?

제프 베이조스의 계획은 수십억 지구인을 우주로 보내는 것이다. 그는 인간이 태양계와 은하수를 점령하는 미래를 꿈꾼다. 인구 과잉으로 인한 위기도 더 이상 위협이 되지 않을 것이다. 지구 자원이 한계에 이르는 즉시 우주로 점령군을 보내면 되니까. 그런데 곧 자원이 바닥날 때가 되지 않았나?

2019년 5월 9일 미국의 한 컨벤션센터에서 연단에 홀로 오른 제프 베이조스는 프롬프터로 뜨는 발제 내용을 보며 자신의 기발한 계획 일부를 발표했다. 그는 블루문Blue Moon이란 이름의 거대한 달 착륙선을 소개했다. 2023년에 블루문은 NASA의 달 탐사 프로젝트 아르테미스V에 쓰일 두 번째 유인 착륙선으로 선정된다. 무려 약 34억 달러 규모의 계약이었다. 사업은 블루오리진이 이끄는 팀이 진행하며, 실제로는 예상보다 비용이 훨씬 더 많이 투입될 거라는 게 제프 베이조스의 설명이다. 그는 매년 아마존 주식 10억 달러를 팔아 우주 사업에 자금을 대겠다고 누누이 밝혀왔다. 그런데 이 계약 체결을 다른 관점으로 바라볼 수도 있다. 제프 베이조스가 함께 비용을 부담할 누군가를 발견했다고 말이다. 바로 미 정부가 그가 꿈꾸는 우주 사업의 막대한 예산을 함께 부담하게 된 것이다.

미국이 다시 도전하는 달 탐사 계획 아르테미스의 첫 번째 유인 프로젝트(아르테미스III)는 2021년 4월, 스타십을 앞세운 일론 머스크가 사업권을 가져갔다. 계약 규모는 29억 달러로, 우주비행사 네 명을 달 표면에 데려가는 착륙선을 구축하기로 했다. 소송으로 시장에서 입지를 다지는 데 익숙한 제프 베이조스는 일론 머스크를 택한 NASA의 사업자 선정 과정이 "불법적이고 부적절"했다면서 소송을 제기했다. 재판은 제프 베이조스의 패배로 끝났는데, 그가 NASA에 제출했던 사업 계획은 59억 달러짜리였던 탓이다. 하지만 2023년 5월, 이번에 NASA는 아르테미스V 프로젝트의 예산을 제프 베이조스의 팀에게 할당했다. 그가 제시한 비용이 대폭 낮아졌기 때문이다.

그런데 달 탐사는 사실 '애피타이저'에 불과하다. 제프 베이조스는 일찌감치 "다시 달로 돌아갈 시간이다. 하지만 이번에는 머무를 시간이다"라고 강조한 적이 있다. 단지 화성을 점령하자는 수준의 이야기가 아니다. 그는 사람들을 아예 우주 공간으로 옮겨놓겠다는 무모한 계획을 세우고 있다. 오늘날의 대도시만 한 초대형 우주선을 구축하고 그 안에 최적화된 생활 환경을 조성하겠다는 것이다. 1976년에 이를 구상한 천체물리학자 제러드 K. 오닐의 이름을 따서 오닐실린더라고 불리는 이 캡슐형 우주선은 백만 명을 수용할 수 있다. 제프 베이조스는 이 우주선을 많이 띄워 천억 명이 캡슐 안에서 살게 할 생각이다.

우주 공간에 떠 있는 이 캡슐 안에는 중력을 비롯해 인간이 살기 위해 필요한 모든 것이 구비될 예정이다.

1,000명의 모차르트와 아인슈타인

모든 우주 캡슐에서 사람이 살진 않는다. 가령 태양 외곽에 떠 있는 캡슐들에서는 에너지 생산만 이뤄진다. 또 다른 캡슐들에는 오염도가 높은 공장들이 설치되고, 천연자원 보유고가 들어갈 캡슐들 역시 별도로 마련된다. 제프 베이조스는 오닐 캡슐 구상도를 보여주었는데 가히 최고의 SF 소설 속 한 장면 같은 모습이었다. 하와이의 봄 같은 기후 속에 산과 들은 물론 농장, 호수가 조성되어 있고 사슴이 뛰어놀며, 초고속 열차가 달리고 마천루들이 솟아 있다. 거대한 거주형 캡슐 안에 녹음이 우거진 유토피아가 펼쳐지는 것이다.

    제프 베이조스는 이미 아주 오래전부터 무중력 세계에 대한 꿈을 꾸었다. 오닐 박사가 맨 처음 이러한 세계를 구상했을 때 제프 베이조스의 나이는 열두 살이었다. 그는 "어떤 캡슐들은 좀 더 오락적인 공간이 될 수 있다. 모든 캡슐에 반드시 똑같은 중력이 필요한 건 아니다. 중력을 0으로 설정한 캡슐에서 하늘을 날아다닐 수도 있다"고 하며 흥분했다.[1] 캡슐 주민들은 항상 맑은 날씨로 고정된 완벽한 환경에서 살아가며, 이 우주 낙원에는 비도, 태풍도, 지진도 존재하지 않는다. 그렇게 되면 제프 베이조스 말마따나 굳이 다른 행성에 정착촌을 세울 필요가 없을 것이다.[2] 태양 에너지를 사용하면서 달이나 화성에 있는 자원만이 아니라, 더 멀리 떨어진 행성 주변을 도는 위성들이나 근처 소행성과 천체에 있는 자원도 이용할 예정이다.

제프 베이조스는 인류가 에너지 소비를 현저히 줄이거나 탈성장의 위험을 감수하지 않는 한 이러한 우주 캡슐 건설이 지구를 구할 유일한 해법이라고 생각한다. 아이들은 우리보다 더 힘든 삶을, 혹은 더 가난한 삶밖에 경험하지 못할 테니 우주의 다른 공간으로 이주해 사는 수밖에 없다는 것이다. "만약 우리가 이 모든 실용적인 목적을 위해 태양계로 나간다면 사실상 무한한 자원을 누릴 수 있다. 이건 쉬운 선택이다. 우리는 우리가 원하는 것이 무엇인지 알고 있다. 이제 빨리 실행에 옮기기만 하면 된다."[3] 아마존 창업주는 여러 행성을 아우르는 새로운 문명의 부상에 일조하고자 하며, 근미래에 이러한 문명이 완전히 자리를 잡을 것으로 기대한다. 제프 베이조스는 인류가 태양계로 나아간다면 태양계에 1조 명이 살게 될 것이며 "우리에게 1,000명의 모차르트와 1,000명의 아인슈타인이 생길 것"[4]이라며 흥분했다. 하지만 그만큼의 푸틴과 트럼프도 생기지 않을까?

어찌 됐든 전 우주로 인간의 생활 반경이 확장되면 지금의 지구는 거대한 야외 박물관에 불과해질 수도 있다. 인류의 요람 같은 역사적 유적지가 되어 각자 순례 돌 듯 한 번씩 견학하러 오는 것이다. 마치 미국인들이 오늘날 유럽의 유적지를 찾는 것과 비슷하다. 제프 베이조스는 어쩌다 이런 무모한 꿈을 꾸게 되었을까? 그리고 어떻게 감히 그런 생각을 할 수 있었을까?

제프 베이조스의 본명은 제프리 프레스턴 요르겐센으로, 1964년 1월 12일 미국 뉴멕시코주의 앨버커키에서 태어났다. 어릴 땐 그렇게 몽상가도, 이상주의자도 아니었다. 서커스 공연가이자 대단한 외발자전거 하키 선수였던 부친 테드 요르겐센은 그의 생후 17개월 때 어머니

재클린 자이스 곁을 떠난다. 어린 제프리는 다시는 아버지의 얼굴을 보지 못했고, 지금의 그에겐 부친에 대한 기억조차 없다(오직 의사가 문진표를 작성하라고 할 때만 아버지를 떠올린다고 밝힌 적이 있다). 제프 베이조스는 네 살 때 어머니가 쿠바계 이민자인 미겔 마이크 베이조스와 혼인하자 그의 양아들로 입적되어 이후 태어난 남동생과 여동생과 함께 성장한다. 그리고 열 살 때 마이크가 양부라는 사실을 알게 된다.

무중력 상태가 집파리에게 미치는 영향

IQ 테스트를 했더니 결과가 매우 높게 나오자 부모는 그를 영재 초등학교에 들여보냈다. 그런데 이 지역의 한 기업이 자사의 대형 컴퓨터가 노는 시간에 학생들도 이를 이용하게 하자고 교장에게 제안했다. 제프 베이조스는 학교 강당에서 텔레타이프로 이 컴퓨터에 접속하는 작은 무리의 리더 역할을 맡았으며, 친구들과 같이 프로그래밍하는 법을 배우면서 장시간 고전 〈스타트렉Star Trek〉 게임을 즐겼다. 고등학교 동급생들 말에 따르면 제프 베이조스는 경쟁심이 기이할 정도로 강했고 수학과 과학 과목에서 꼬박꼬박 우등상을 받았다고 한다. 심지어 「무중력 상태가 일반 집파리의 노화 속도에 미치는 영향The Effect of Zero Gravity on the Aging Rate of the Common Housefly」이라는 논문으로 학술 대회에 입상하기도 했다.

제프 베이조스는 천재 발명가가 되어 제2의 토머스 에디슨이 되길 꿈꾸었다. 모친은 전자 부품을 파는 체인점 라디오섁Radio Shack과 집을 부지런히 오가며 제프 베이조스를 실어 날랐고, 어머니가 사준 부품으로 그는 로봇과 태양열 조리 기구 등 잡다한 기기들을 만들었다. 동생들이 자기 방을 뒤지지 못하게끔 만든 경보 시스템도 그중 하나였다.

고등학교를 마친 제프 베이조스는 프린스턴대학에 들어가 컴퓨터과학을 전공하고, 빌 게이츠, 스티브 잡스, 마크 저커버그 등 다른 IT 귀재와 달리 학위를 취득하여 대학 졸업장을 받는다. 몇 년 뒤에는 월스트리트의 한 헤지펀드에서 재무 분석가로 일하기를 택하는 신중함을 보였다. 스스로 사업가가 되지 않는다면 돈을 벌 가능성이 제일 높은 분야가 바로 재무 분야였기 때문이다. 아니면 아직은 미래를 위한 빌드업 단계였을까? 투기성 투자로 유명한 D. E. 쇼D. E. Shaw&Co.에서 서른 살에 최연소 부사장직에 오른 제프 베이조스는 인터넷이 태동하던 1994년에 그 놀라운 잠재력을 깨닫는다. 어떤 자료를 통해 당시 인터넷 성장률을 2,300퍼센트라고 추정한 그는 인터넷에 매료되어 쇼핑몰을 만들기로 결심했다. 인터넷의 무한한 진열대를 활용하면 어떤 분야의 제품이든 무제한 공급할 수 있겠다고 생각한 것이다.

제프 베이조스는 온라인상에서 가장 판매하기 쉬운 상품을 선택했다. 바로 책이었다. 책은 제일 규격화된 상품이었고 배송 중 우발적인 사고가 일어날 가능성이 제일 낮았다. 그는 미국서점협회가 후원하는 도서 판매 방법 강좌를 듣거나 하면서 업계의 세세한 내부 상황을 파악해갔다. 일론 머스크와 달리 미래의 업계 동료들에게 묵살해버리겠다는 선전 포고 같은 건 하지 않았다(물론 결과적으로는 그리 된 게 맞다). 그리고 1995년 7월, 본격적으로 전자상거래 사업에 뛰어든다.

하지만 모든 걸 혼자 시작한 건 아니다. D. E. 쇼에서 동업자를 찾았기 때문이다. 바로 매켄지 스콧 터틀이다. 매켄지도 프린스턴대학 출신이었으나 남편과 달리 문학을 전공했다. 소설가 토니 모리슨 밑에서 일한 적도 있던 이 미래의 소설가는 제프 베이조스의 재능을 알아보고 곁에서 응원해주었다. 제프 베이조스의 반려자가 된 그는 소설가로서의 미래를 잠시 뒤로 접어두고 10년간 아마존 사업에 매진했다. 아마존이란 회사명은 세계에서 가장 긴 강 이름을 차용한 것으로, 둘이 함께 정했다. 제프 베이조스는 그의 성격에 걸맞게 '가차 없는', '집요한'이란 뜻의 'Relentless'를 사명으로 짓고자 했으나 대중적인 브랜드 이름으로서는 그리 적절하지 않았다. 유력 후보로 올라온 또 다른 이름 중에는 '스타트렉' 시리즈 등장인물의 유명한 명령어 '그렇게 하도록Make It So'이나 마법의 주문 '카다브라'도 있었다. 하지만 둘은 결국 '아마존Amazon'이란 이름을 택했는데, 알파벳 첫 글자인 A로 시작하는 만큼 검색에 더욱 잘 노출되리라는 계산이었다.

매켄지는 3남 1녀를 훌륭히 키우면서 빠른 속도로 급성장한 아마존 플랫폼의 핵심 인사로 활약하며 남편의 사업을 도왔다. 2019년 둘이 이혼했을 때도 제프 베이조스는 자신이 보유한 아마존 주식 4분의 1이 응당 매켄지에게 돌아가야 함을 인정했다. 이는 회사 전체 지분의 4퍼센트에 해당하며 350억 달러에 이른다. 오늘날 매켄지는 자신의 재산을 자선 사업에 배분하고 있으며 마지막 한 푼까지도 남을 위해 쓰려 하고 있다.

120여 개 스타트업 기업을 집어삼킨 아마존

제프 베이조스는 닷컴 버블이 붕괴한 1999년~2000년의 위기에서 살아남은 소수의 IT 스타트업 사업가 중 하나다. 1994년에 정식 설립된 아마존은 1997년에 미 증시에 상장되는 영광을 누린다. 구글과 페이스북보다 몇 년 앞선 행보다. 검색 엔진으로 출발한 구글이나 소셜 미디어만으로 사업을 시작한 페이스북처럼 아마존 역시 처음에는 온라인 도서 판매라는 단일 분야에만 매진했다. 이후 원거리로 판매 가능한 모든 상품으로 사업 반경을 확대해 장난감, 인테리어 용품, 의류, 가전 등 온갖 제품을 다 팔았다. IT 스타트업 기업들은 물론, 대형 식료품 유통 업체 홀푸드마켓까지 137억 달러에 인수한 아마존은 이렇듯 크고 작은 기업 120여 개를 흡수하면서 실로 하나의 제국으로 거듭났다. 다수의 기업을 인수하고 여러 업체와 제휴하며 내적 성장을 거듭한 아마존 그룹은 결국 단순한 온라인 서점을 뛰어넘어 세계에서 가장 큰 전자상거래 플랫폼이 되었다.

아마존은 수익을 거둬들이기까지 10년을 인내해야 했다. 하지만 적자가 누적되는 와중에도 (구매력이 높은 지역 중심으로) 세계 곳곳으로 뻗어간 아마존의 기업 가치는 파죽지세로 높아졌다. 투자자들에게는 주문량과 단골 수가 많아지면 수익이 회수될 거라는 확신을 심어주었다. 판매 규모가 커지면 고정 비용이 상쇄된다는 논리였고, 그러다 경쟁 업체들이 사라지면 보다 높은 가격으로 큰 이윤을 남길 수 있다는 뜻이기도 했다. 그리고 이는 현실이 되었다.

어떻게든 수익을 내거나 아니면 문을 닫아야 하는 온오프라인 경쟁자들은 무섭게 커지는 이 적자 괴물의 성장을 그저 지켜보는 수밖에 없었다. 아마존은 사업 영역을 확장하여 온갖 물건을 다 파는 대형 전자상거래 플랫폼이 되는 동시에 서서히 독점 체제를 굳혔다. 물론 법적 의미에서의 독점은 아니다. 아직 오프라인 서점이나 식료품점에 찾아갈 수 있지 않은가. 하지만 경쟁사를 인수하거나 무너뜨리면서 몸집을 키운 아마존의 시장 지배력이 너무 커진 탓에 이제 어디서든 다 '아마존'이면 되는 것도 사실이다. 전 세계 상거래를 지배하고 통제한다는 아마존의 원대한 목표는 거의 실현 가능한 듯하다. 지구상의 모든 판매자와 구매자를 중개하는 매개체가 되었기 때문이다.

오늘날 아마존은 비단 세계 1위의 전자상거래 업체일 뿐 아니라 하나의 전 지구적인 제국이 되었다. 이 다국적 기업의 힘이 너무나도 막강해진 나머지 사장 제프 베이조스는 이제 자본주의를 혁명하고 '세상의 구원자'가 되길 원한다.

머리가 벗어지고 옷도 평범하게 입고 다니던 과거의 제프 베이조스는 친구들 말마따나 IT 잡지에서 튀어나온 듯한 인물이었다. 하지만 지금은 확신에 찬 CEO로 변모했으며 세계에서 손꼽히는 갑부가 되었다. 아마존은 직원 약 160만 명을 거느린 세계에서 두 번째로 큰 민간 고용주다(다만 이 아마존 직원들을 극도로 분업화된 업무에 시달리게 하고 기계의 통제를 받으며 기계처럼 일하게 한다는 비판도 받고 있다). 아마존의 물류 창고 역시 각국에서 환영받는다.

마크 저커버그나 일론 머스크와 마찬가지로 제프 베이조스도 각국 정부의 수반과 어깨를 나란히 할 수 있는 몇 안 되는 인물이다. 이런 대우를 받을 수 있는 건 비단 고용 창출이나 경제 활동 면에서의 기여도 때문만은 아니다. 외려 일각에선 제프 베이조스가 만들어내는 일자리보다 사라지게 만드는 일자리가 더 많다는 분석을 내놓는다. 서점, 잡화점, 대형 마트 등에서 말이다.

손 놓은 트럼프 정부

다른 빅테크 기업들과 마찬가지로 아마존 역시 세율이 낮은 국가와 조세 천국을 이용하여 자금을 이동하고 청구지 주소를 옮기면서 가능한 한 적은 세금을 내려고 노력한다. 심지어 세금을 전혀 내지 않은 적도 있는데, 2021년 탐사 보도 언론 《프로퍼블리카Propublica》에 따르면 2007년과 2011년에 제프 베이조스는 연방소득세를 전혀 내지 않은 것으로 추정된다. 투자 손실액이 연간 소득액보다 높다는 이유였고 2011년에는 4,000달러에 달하는 자녀 세액 공제도 받았다고 한다.

2015년 12월, 트럼프는 시애틀의 거인에게 불성실한 납세자라는 낙인을 찍었다. "만약 아마존이 제대로 세금을 냈다면 아마존 주가는 곤두박질치고 회사도 종이봉지처럼 찌그러졌을 것"이라는 트윗을 올린 것이다. 이에 제프 베이조스는 "블루오리진 우주선에 여전히 트럼프 씨를 위한 자리가 있다"며 트럼프를 우주로 내보내자는 해시태그를 달았다. 2016년, 트럼프는 대통령 선거 유세에서 "단언컨대 내가 대통령이 된다면 아마존은 골치 아픈 일이 생길 것"이라 선언했고, 몇 달 후 베이조스는 트럼프가 민주주의를 약화하고 있다고 받아쳤다.

트럼프는 결국 미 대통령에 당선됐고 둘의 관계는 정상화되었다. 제프 베이조스는 당선 축하 인사를 전했으며 예의 우려할 만한 상황은 생기지 않았다. 가공할 절세 전략으로 일궈낸 조세 회피도, 지배적 지위 남용도 전혀 문제가 되지 않은 것이다. 하지만 그는 크고 작은 수백만 점포가 사라진 데 직간접적으로 책임이 있다. 아마존과 공존할 수 있으리라 믿었던 무수한 업체가 그에게 뒤통수를 맞고 결국 문을 닫아야 했다.

가장 대표적인 업체가 장난감 유통 업체 토이저러스다. 1999년 당시 아마존은 공급을 확대하려 애쓰는 '일개' 온라인 서점에 불과했다. 그런데 장난감이 꽤 괜찮은 틈새시장으로 보였다. 그래서 다수의 장난감 제조사를 아마존 사이트에 등록했다가 머지않아 재고 부족에 시달렸다. 이에 전 세계에 1,600개 매장을 둔 굴지의 장난감 유통 업체 토이저러스에게서 포켓몬 카드와 마텔Mattel의 장난감을 구입했다. 하지만 사실 아마존에겐 손해가 나는 구조였다. 구매한 가격 그대로 장난감을 팔아야 했을 뿐만 아니라 배송료까지 부담해야 했기 때문이다. 대신 아마존에는 300만 명의 신규 고객이 생겼다. 아마존이 중장기적으로 노린 것도 바로 이 부분이었다. 토이저러스는 이 새로운 판로를 반겼다. 자사의 부실한 웹사이트를 아마존 쇼핑몰로 대체할 수 있으니 이득이었고, 당시 CEO인 존 에일러는 인터넷이 장난감의 주된 판매 루트가 될 수 없으리라 생각했다. 고객이 실물을 보지 않고 장난감을 살 거라 생각하지 않았던 것이다. 토이저러스의 첫 번째 패인이었다.

두 번째 패인은 토이저러스의 전략적 오류다. 토이저러스는 아마존과 10년짜리 계약을 체결해 공식 납품 업체가 되기로 했다. 2000년 8월 9일, 아마존과 토이저러스는 공동 발표를 통해 "함께 인터넷상에서 장난감과 어린이 및 유아용 제품의 글로벌 리더가 되겠습니다"라고 선언한다. 양측이 합의한 내용에는 토이저러스가 자사의 웹사이트를 닫고 아마존에 매년 5,000만 달러를 지급하겠다는 조항이 들어 있었다. 장난감이 판매될 때마다 아마존이 수수료를 챙겨감은 물론이다. 토이저러스에게 이러한 계약 내용은 합당해 보였다.

토이저러스를 무너뜨린 제프 베이조스

사실 존 에일러는 아마존의 덫에 걸린 것이었다. 장난감을 팔면 팔수록 중요한 정보들이 하나둘 아마존으로 넘어갔기 때문이다. 고객 연락처는 물론, 가장 많이 팔리는 제품 정보, 계절별 인기 품목, 구매 찬스, 선전 문구, 이런저런 할인 행사의 효과 등, 아마존은 장난감 시장을 장악하는 데 필요한 모든 정보를 야금야금 수집했다. 한마디로 토이저러스는 아마존이 장차 이 시장에서 혼자 싸워나갈 만반의 준비를 시켜준 셈이다. 한술 더 떠 제프 베이조스는 다른 장난감 제조사 수십 곳을 아마존에 들였다. 계약상 금지된 사항이 아니라고 판단했기 때문이다.

2004년, 토이저러스는 모든 면에서 자사 손해를 확인하고 아마존과 부당한 계약을 체결했다는 사실을 깨닫는다. 이에 계약 폐기를 통고하고 아마존을 고소했지만 돌아온 건 5,100만 달러라는 눈곱만한 배상이었다. 토이저러스는 다시 독립적인 지위를 보장받고 웹사이트 구축을 시도했지만 이미 너무 늦었다. 2009년, 아마존은 토이저러스보다 두 배 더 많은 장난감을 판매했다.

아마존이 쓴 편법은 무엇일까? 어떤 비정상적인 경쟁 전략을 택했기에 제프 베이조스의 기업이 그토록 막강한 존재가 된 것일까? 답은 간단하다. 아마존이 모든 이해관계의 결정권을 쥐는 것이다. 아마존은 마켓플레이스(거래 플랫폼)인 동시에 판매자다. 즉, 외부 판매자들이 물건을 팔러 오는 시장이기도 하지만 그 안에서 본인도 물건을 직접 판매한다. 아마존은 이러한 전략을 20년 이상 지속하고 있다. 그간 아마존을 믿고 이곳에 발을 들인 판매 업체 수백 곳은 제품 판매량이 올라가는 순간 아마존에서 밀려났다. 아마존이 해당 제품의 납품 업체와 직접 연락해 대신 물건을 팔았기 때문이다. 물론 이 같은 불공정 경쟁 행위를 두고 유럽은 아마존에 벌금을 부과했다. 아마존은 두 차례 반독점 조사를 받았으며, 전 세계 매출액(2022년 기준 약 5,000억 달러)의 10퍼센트에 달하는 벌금 부과를 피하고자 2022년 12월 EU와 합의안을 체결했다.

EU 조사에서 아마존이 받은 혐의는 자사의 규모, 위력, 정보를 이용하여 자사 판매 상품과 서비스를 홍보했다는 점이었다. 즉 다른 판매자와 달리 마켓플레이스 운영자로서의 부당한 특권을 누렸다는 것이다. 제프 베이조스는 이러한 혐의를 인정하고 더는 판매자들의 데이터를 이용하여 소매 사업을 좌우지하지 않기로 합의했다. 두 번째 혐의는 아마존 직판 상품을 상품 페이지의 바이 박스Buy Box*에 타 판매자들의 상품보다 우선적으로 노출했다는 것으로, 구매자로선 다른 제품을 사는 게 나을 때도 일단 먼저 눈에 띄는 건 아마존이 직접 판매하는 제품이었다. EU는 아마존에 모든 제품을 동등하게 처리해 달라고 요구했다. 아마존은 자사 판매 제품이 우선 노출되는 경우라도 다른 업체의 판매 제품을 선택 옵션으로 함께 제공하기로 했다. 세 번째는 물류와 관련된 혐의다. 지금까지 아마존프라임 가입 판매자는 무조건 아마존 물류 시스템을 이용해야 했다. 하지만 이제는 판매자 스스로 원하는 배송 시스템을 이용할 수 있게 되었다.

그러나 아마존을 잡으려는 건 비단 유럽만이 아니다. 미 FTC도 열일곱 개 주와 함께 2023년 9월 26일 아마존을 지배적 지위 남용 혐의로 제소했다. FTC는 아마존이 경쟁을 막고 시장에서 독점권을 행사하여 경쟁사들의 가격 인하를 억제하고 품질 저하를 유발하며 혁신을 저해한다고 지적했다. 가령 자사에서 직접 판매하는 제품보다 타사 판매 제품의 가격이 저렴할 경우 해당 제품이 잘 검색되지 않는 식이다.

---

* 아마존 상품 페이지의 오른쪽에 표시되는 구매 옵션 공간을 일컫는다.

의료 시장에 대한 집착

작은 온라인 서점으로 시작한 아마존은 20년간 법의 테두리 안에서, 때로는 법의 경계 위에서 온갖 방식으로 전자상거래, IT 플랫폼, 엔터테인먼트 서비스의 제국을 이루었다. 하지만 여기에 만족할 제프 베이조스가 아니다. 그는 규제가 심하거나 공공재로 취급되어 '성역'에 해당하던 시장 하나를 공략하기로 했다. 즉, 의료 분야에 발을 들인 것이다. 제프 베이조스는 진료나 물리치료 예약은 물론, 의료 보험, 의약품 배송에 이르기까지 의료 서비스 전체를 바꾸고 싶어 했다. 환자들이 대면으로든 비대면으로든 거의 즉각 진료를 받게끔 보장하고, 화상 진료만으로는 정확한 진단이 나올 수 없는 경우에는 혈압 측정, 심전도 검사, 방사선 촬영 등의 기초적인 검진을 위한 이동형 트럭을 보내는 방안도 생각했다. 몇 시간 안에 약이 배달됨은 물론이다. 배송 시스템이야 아마존의 강점이 아니던가? 이 모든 의료 서비스는 한 번도 존재한 적이 없었던 시스템이다. 아마존은 새로운 패러다임을 업계에 적용하려 한 것이다. 테크계의 다른 리더들과 마찬가지로 제프 베이조스역시 'Fail fast, Learn fast'를 신조로 삼고 있다. 즉, 일찍 실패할수록 빨리 배운다는 것이다. 실패가 없다면 크게 성공하기도 힘들다.

2018년, 우선 제프 베이조스는 JP모건의 CEO 제이미 다이먼, 버크셔해서웨이 회장 워런 버핏과 함께 비영리 회사 헤이븐Haven을 설립하면서 의료 분야에 발을 들였다. 헤이븐은 각 기업의 직원들에게 새로운 의료 서비스를 지원했다. "기본 의료 서비스에 대한 접근성을 높이고 의료보험을 더욱 쉽게 이해하고 이용하게 하며 처방 약 비용을 보다 저렴하게 만드는" 여러 방법을 모색했다. 하지만 이 시도는 실패로 끝났고 헤이븐은 문을 닫았다.

또한 아마존은 아마존케어라는 원격 진료 서비스도 출시했는데, 먼저 워싱턴 주재 직원들에게 서비스를 제공한 뒤 이 지역의 모든 기업, 나아가 미국 전체로 서비스를 확대할 계획이었다. 아마존케어를 이용하면 전문 의료진과 1:1 채팅 상담을 받을 수 있고 화상 진료를 이용하거나 바로 간호사에게 전화할 수 있다. 문제가 해결되지 않으면 필수 장비를 갖춘 차량이 환자를 찾아와 필요한 추가 검사를 받게 한다. 의사가 처방한 약도 순식간에 환자에게 전달된다.

미래가 쉽게 짐작되지 않나? 의료 시장을 독점한 아마존은 특정 지역이나 구, 특정 질환 치료에 우선권을 줄 것이다. 다 떨어져가는 약의 마지막 재고를 나눠줄 환자 선정 또한 선택적으로 이뤄졌을 테고, 비용을 올려 누구나 쉽게 의료 서비스를 이용하지 못했을 수도 있다. 다행히도 이는 현실이 되지 못했다. 아마존케어의 실험은 이용자에게도, 아마존의 수익에도 긍정적인 결과를 가져오지 못했기 때문이다. 제프 베이조스는 2022년 말 서비스 종료를 결정했다.

반면 원격 진료와 의약품 배송 서비스에서는 아직 발을 빼지 않았다. 전자상거래의 제왕 제프 베이조스는 온라인 약국 필팩PilPack을 인수해 아마존파머시Amazon Pharmacy로 이름을 바꾸었다. 아마존프라임 가입 회원들은 몇 시간 안에 의약품을 배송받을 수 있으며 때로는 할인가에 구매가 가능하다. 2022년, 아마존은 대형 의료 네트워크 원메디컬One Medical을 인수했다. 환자의 대기 시간을 줄여주는 것이 목표였다. 연간 약 200달러를 내면 빠른 진료 예약이 가능하고 24시간 내내 채팅을 통해 전문 의료진의 상담을 받을 수 있다. 굉장히 복잡한 미 의료 시스템 속에서 적절한 치료를 받기 위한 루트를 조언받거나 건강 보험에 대한 자문을 구하는 것 또한 가능하다. 하지만 치료비에 구독료가 더해지는 셈이니 안 그래도 가계당 연간 의료비 지출이 약 12,500달러에 이르는 나라에서 이는 부담스러운 추가 금액이 될 수 있다.

아마존의 진짜 돈벌이

첫 의료계 진출은 큰 성과 없이 끝났지만 제프 베이조스는 이를 'Test and Learn', 즉 실패를 통한 배움의 계기로 삼았다. 일론 머스크가 무수한 실패 끝에 로켓 발사를 성공시켰듯이 제프 베이조스 역시 더욱 완벽해지기 위해 진일보하는 계기라 여기며 더욱 큰 야망을 내비치고 있다. 사실 아마존은 여러 부문에 발을 들이면서 소비자 패턴과 성향 그리고 의료진 네트워크에 관한 귀중한 정보를 확보했다. 아마존의 의료계 진출은 다른 어떤 분야보다 개인의 자유에 위협이 될 수 있다. 언제나 이용자의 개인정보에 관심을 두기 때문이다. 이에 관한 아마존의 욕심에는 끝이 없다.

　개인의 건강 정보는 특히 민감한 정보에 해당한다. 만성 질환, 가족력, 개인적인 위험 요인, 음주량, 흡연 습관, 식습관 등 각 고객의 모든 우려 사항을 보험사가 정확히 파악하고 있다면 지금처럼 모두가 평등하게 보험료를 낼 수 있을까? 다른 사람보다 병에 걸릴 위험이 큰 사람이라면 보험 가입 시 남보다 더 많은 보험료를 내야 할 수도 있다. 또는 아마존이 고용주에게 채용 예정자의 건강 관련 정보를 공개한다면 선발 과정에서 그에 따른 불이익을 받을 수도 있다. 자녀들 역시 원하는 학교에 입학할 가능성이 줄어들지도 모른다. 모르긴 몰라도 아마존이 보험사, 은행, 사업장 등 우리의 건강 정보에 관심이 많은 모든 곳에 의료 정보를 팔 가능성은 상당히 높다.

아마존에 가장 많은 수익을 가져다주는 건 역설적이게도 본업인 전자상거래가 아니다. 매년 50억 건 이상의 주문을 배송하지만, 아마존의 진짜 황금알은 바로 개인정보다. 구글이나 페이스북과 마찬가지로 아마존은 이 정보를 광고주에게 되팔고, 광고주는 이를 이용해 자사 제품에 관심이 있을 만한 사람에게 타깃 광고를 띄운다. 광고 효과가 뛰어나기에 광고주들은 더 많은 돈을 지불할 준비가 되어 있다. 2022년 약 380억 달러였던 아마존의 광고 수익은 2023년 약 450억 달러에 이르렀으며, 이는 전 세계 디지털 광고 시장의 약 10퍼센트를 차지한다.

그런데 아마존의 실질적인 캐시 카우이자 수익성이 낮은 다른 사업들의 자금줄 역할을 해주는(결과적으로 경쟁사들과의 불공정 경쟁을 유발하고 있다) 데이터 관련 사업이 바로 클라우드 서비스다. 아마존웹서비스가 데이터 원격 처리를 가능하게 해주는 이 서비스를 제공하고 있다. 아마존은 이 산업의 개척자다.

의존할 수밖에 없는 클라우드 서비스

오랫동안 아마존의 핵심 임원이었으며 현재 아마존의 CEO인 앤디 재시는 기존 관념을 뒤집는 참신한 발상을 떠올린다. 데이터 센터의 비용을 줄이기보다 수입을 늘려보는 건 어떨까, 라고 생각한 것이다. 앤디 재시는 인터넷이 점점 발전하고 속도가 빨라짐에 따라 대규모 서버를 이용하고 데이터 저장이나 처리를 외부에 맡길 필요가 생기리라는 점을 간파했다. 게다가 기업들은 각기 다른 시간대에 운영되기에 동일

서버의 저장 공간을 공유하는 것도 가능했다. 이렇게 아마존은 데이터 저장 인프라를 '임대'한다는 새로운 비즈니스 모델을 만들어냈다. 막대한 규모의 서버를 다른 기업들과 공유하고 데이터를 저장하고 처리해주는 부분에 대해 비용을 청구하는 것이다. 데이터 처리는 아마존의 전공 분야인 만큼 서비스 제공 면에서 기술적인 문제는 없었다. 넷플릭스, 항공기 제조사인 에어버스Airbus, 에너지 기업인 엔지Engie, 라디오프랑스, 악사AXA의 공통점은 모두 아마존웹서비스에 정보 처리 업무를 맡겼다는 점이다. 따라서 해당 기업의 정보 처리 시스템, 즉 기업의 핵심이라 할 수 있는 데이터 역시 아마존웹서비스가 관리한다. 데이터 주권은 간과되고 있는 셈이다.

막대한 서버를 갖춘 미국 기업들도 앞다투어 아마존의 뒤를 따랐다. 선두에는 마이크로소프트(애저Azure)와 구글(구글클라우드)이 있다. 프랑스 기업에게는 아마존, 마이크로소프트, 구글 말고는 선택의 여지가 없는데 이 세 곳 모두 미국 기업이다. 따라서 그만큼 주권 문제가 제기될 소지가 있다. 사실 미국이 프랑스의 동맹국이라고는 하나 양국의 경제적 이해관계는 서로 배치되는 경우가 많다. 양국은 사생활 보호에 대한 개념도 서로 상이하다. 게다가 미국 법의 영외적용(달러로 거래할 경우 미국 법이 타국에서도 적용되는 것)은 실로 월권행위다.

2018년 트럼프 정부 시절 채택된 클라우드법CLOUD Act에 따라 미 당국은 범죄 행위 조사 시 '공공질서를 위협'할 가능성이 있는 모든 정보를 사전 고지 없이 적법하게 압수할 수 있다. 이러한 데이터 압수는 미국 영토에서뿐만 아니라 유럽 땅에서도 이뤄질 수 있으며, 이는 엄연한 주권 침해다. 미국 기업들의 클라우드 서비스 장악을 허용함으로써 유럽은 미국이 디지털 공간상에서 유럽의 가치 체계를 위협하는 상황을 방치하고 있다. 아울러 감시자본주의를 거부하는 우리의 태도도 원론적인 차원에만 머물게 됐다. 아마존은 공유 클라우드 서비스를 통해 프랑스를 비롯한 유럽 국가들의 기업을 새로운 의존 상태로 몰아넣었다. 그리고 정부보다 일개 억만장자의 권력이 우위에 있는 분야가 하나 더 늘었다.

유럽 각국의 지도자들은 아마존웹서비스에 대항하는 유럽의 대안을 만들기 위해 상당한 노력을 기울였다. 100퍼센트 유럽산인 자주적 클라우드 서비스를 만들고자 하였으나 작업의 난도와 운영 비용 때문에 포기하고 말았다. 더욱이 유럽은 필수적인 기술을 전부 갖추지도 못했다. 그래서 임시방편책을 모색했다. 프랑스도 '신뢰할 수 있는 클라우드Cloud de Confiance'라는 라벨과 '섹넘클라우드SecNumCloud'라는 인증 제도를 만들었다. 이는 여기에서 일일이 설명하기엔 꽤 복잡한 데다 아직 미진한 부분이 많다.

한편 아마존웹서비스는 우크라이나 정부로부터 평화상을 수상했다. 러시아와의 전쟁에서 필수적인 클라우드와 디지털 서비스를 우크라이나에 제공해주었기 때문이다.

클라우드 서비스를 담당해온 앤디 재시는 2021년부터 제프 베이조스의 뒤를 이어 아마존을 지휘하게 되었다. 챗GPT에 대항할 생성형 AI 사업을 비롯해 최신 사업 분야를 모두 아우르게 된 것이다. 아마존은 언어 모델을 훈련하거나 추론 작업을 향상하는 AI칩 트레이니엄Trainium과 인퍼런시아Inferentia를 개발했다. 개발자에게 코드 라인을 제안하고 개발 시간을 단축하게 해주는 코딩 어시스턴트 도구인 코드위스퍼러CodeWhisperer도 만들었다. 뿐만 아니라 생성형 AI 시장을 선도하는 기업 중 하나인 앤스로픽에 2023년부터 2024년 상반기에 걸쳐 약 40억 달러를 투자했다.

'스타트렉' 세계관 안에서 게임 중

앤디 재시에게 아마존을 맡긴 제프 베이조스는 자신만의 무모한 프로젝트에 매진한다. '스타트렉' 시리즈 마니아로서 영화 〈스타트렉 비욘드Star Trek Beyond〉에 외계인 분장을 하고 8초간 출연해 어린 시절의 꿈을 실현한 것으로도 유명하다. 그에겐 새로이 열망하는 바가 있으면 무엇이든 실현할 수 있을 만큼 돈도 많다. 초대형 요트를 소유한 것만으로는 성에 안 찼는지 25억 유로를 들여 슈퍼요트 코루Koru를 제작해 요트계에 새 역사를 쓰기도 했다. 길이가 127미터에 달하는 이 요트에는 돛대가 세 개나 있고, 아베오나Abeona라는 75미터 길이의 지원 선박이 옆을 줄곧 따라다닌다. 아베오나에는 대형 헬리콥터 격납고는 물론, 부속 선박, 구호 장비 등이 탑재되어 있다.

또한 제프 베이조스는 NASA의 아폴로 계획을 수행한 새턴V의 바다로 가라앉은 엔진 회수 탐사를 후원하고, 2013년에는 가족과 함께 인양 작업에 참여했다. 회수한 엔진 잔해는 현재 시애틀 남부에 있는 항공박물관에 전시 중이다. 한편 텍사스에 초대형 시계를 설치하는 프로젝트에 약 4,200만 달러를 쏟아붓기도 했다. 정오에 태양이 가장 높이 뜰 때 동기화되는 이 거대한 시계는 만 년간 작동할 예정이다. 2021년 7월에는 블루오리진의 로켓에 몸소 올라 우주비행사가 되기도 했다. 자신이 추진하는 '우주 관광' 시대의 포문을 연 것이다.

블루오리진의 우주 관광 로켓 뉴셰퍼드New Shepard의 캡슐에 탑승해 고도 약 106킬로미터 지점까지 비행한 제프 베이조스는 국제항공

연맹FAI이 우주와 지구의 경계로 정의한 한계선인 카르만라인을 넘어섰다. 동생 마크 베이조스와 82세의 최고령 우주비행사 월리 펑크, 블루오리진 최초의 유료 탑승객이자 최연소 우주비행사인 18세 네덜란드인 올리버 데이먼이 그와 함께 커다란 유리창 너머로 펼쳐지는 푸른 지구와 암흑의 우주를 감상했다. 이들을 태운 캡슐은 무중력 상태에서 몇 분간 비행하고 자유 낙하로 내려온 뒤, 대형 낙하산을 펼치고 역추진 로켓을 발사하며 사막에 부드럽게 착륙했다.

최초의 우주 관광객

제프 베이조스는 카우보이모자를 쓴 모습으로 캡슐에서 내린 뒤, 아마존 전 직원과 소비자에게 감사를 표했다. "여러분이 이 모든 값을 치러주었다You guys paid for all of this"라고 한 것이다. 그러자 소셜미디어에서 비난의 목소리가 쏟아졌다. 아마존의 노동 환경과 임금 수준으로 미루어보건대 낮은 처우 속에서 힘들게 땀 흘리며 일하는 직원들이 창업주의 무모한 우주 관광 비용을 실질적으로 부담했다는 지적이었다. 생태운동 진영에서도 이러한 유인 비행은 지구에 또 다른 재앙이라고 성토했다. 이후 기후 관련 회담에서 제프 베이조스는 우주에서 바라보면 지구가 얼마나 취약한지 깨달을 수 있다는 식의 이야기를 늘어놓았다.

대기권 밖으로 날아가 우주 관광을 하면서 이 억만장자는 자신이 얼마나 큰 위험을 감수했는지 몰랐을 것이다. 하지만 2022년 9월, 무인 비행을 하던 뉴셰퍼드에 심각한 엔진 고장이 발생했다. 다행히 무인 캡슐은 분리되어 낙하산을 펼치고 무사히 착륙할 수 있었다. 여담으로 2022년 6월의 다섯 번째 유인 비행 때는 사업가 해미시 하딩이 탑승했고, 로켓은 이륙부터 착륙까지 약 10분간 운행되었다. 그리고 약 1년 후 해미시 하딩은 심해 관광용 잠수정 타이탄호 사고로 목숨을 잃는다. 부실하게 설계된 타이탄은 해저 약 4,000미터 깊이에 있는 타이태닉호 잔해를 보러 내려갔다가 내파됐다.

제프 베이조스의 가장 유용한 프로젝트는 저궤도 통신 위성을 띄우는 일로, 과거에는 정부만이 시행한 사업이다. 스타링크를 가진 일론 머스크처럼 그도 카이퍼란 위성군을 앞세워 이 새로운 시장을 공략할 예정이다. 유럽은 훗날 아마존에 위성 시장을 넘겨준 것을 후회할 날이 올지도 모르겠다. 제프 베이조스는 미 FCC 승인 조건에 따라 2026년 7월까지 위성 약 1,600개를 쏴야 하며, 2029년 7월까지 3,236개를 발사할 예정이다. 카이퍼 위성군은 고도 약 600킬로미터에 위치하기에 일론 머스크가 '그의' 우주 공간을 침범하진 못할 전망이다.

제프 베이조스는 사실 연막전술의 달인이다. 유통 분야에만 관심 있는 듯이 보였으나 예상 외의 분야에서 투자를 이어갔기 때문이다. 지구를 쥐락펴락하는 다른 억만장자들과 마찬가지로 이 전직 금융가의 관심도 트랜스휴머니즘으로 향하고 있다. 우주 캡슐로 '전 인류의 영생'을 꾀하고 있는 탓이다. 그런데 이런 그의 관심은 아무래도 나이 탓인지 '개인의 영생'으로도 기우는 모양새다.

제프 베이조스를 움직인 건 인간 능력을 증강하는 연구였다. 그는 빌 게이츠와 함께 뇌-컴퓨터 인터페이스 연구 기업 싱크론Synchron에 조용히 투자했다.[5] 싱크론 창업주인 톰 옥슬리의 방식은 일론 머스크의 뉴럴링크가 시도하는 방식보다 부작용의 우려가 훨씬 낮다. 싱크론은 두개골을 뚫지 않고 그저 정맥을 통해 스텐트로드Stentrode라는 기구를 삽입하는 방식을 쓴다. 스텐트로드는 혈관을 타고 올라가 대뇌 피질 근처에 안착한다. 관상동맥 환자에게 스텐트 시술을 하는 것과 비슷하다. 스텐트로드가 뇌의 운동 명령을 기록해 전기 신호로 보내면 수신기를 통해 컴퓨터로 전달된다. 따라서 중증도의 마비 환자도 생각만으로 컴퓨터 작업을 할 수 있다. 2021년, 싱크론은 뉴럴링크보다 빨리 FDA로부터 사람을 대상으로 한 임상 실험 승인을 받는 데 성공한다.

톰 옥슬리는 일론 머스크에 대한 빌 게이츠와 제프 베이조스의 반감을 잘 활용했다. 둘은 일론 머스크에 대한 감정이 좋을 수가 없었는데, 빌 게이츠는 화성 정착지 건설, 코로나19 바이러스, 암호화폐와 관련하여 트위터에서 주기적으로 일론 머스크의 공격을 받았다. 그가 테슬라 주가 하락에 걸고 테슬라 주식을 공매도한 사실이 밝혀졌을 때 일론 머스크는 트위터에 임신한 남자 이모티콘과 배 나온 빌 게이츠 사진을 함께 올리며 조롱했다. 한편 제프 베이조스는 저궤도 위성 사업 및 NASA와의 계약 면에서 일론 머스크의 경쟁자로, 둘은 계약을 두고 치열하게 싸워왔다. 일론 머스크는 제프 베이조스가 스페이스X를 상대로 한 소송을 전업으로 삼기 위해 아마존 CEO에서 물러난 거라고 비꼬기도 했다.

영생의 비결을 찾아서

따라서 제프 베이조스 역시 영생의 비결을 찾기 위해 시간과의 전쟁에 나선 인류의 '십자군' 중 하나다. 그 길에서 먼저 시도한 건 노화 프로세스를 뒤집어 인간의 수명을 늘리는 일이었다. 사실 이제까지 제프 베이조스는 죽음을 정복하겠다던 세르게이 브린, 래리 페이지와는 달리 조용히 이 분야를 공략했다. 그런데 2022년 1월, 러시아-이스라엘계 억만장자 사업가 유리 밀너와 제프 베이조스 등으로부터 투자를 받아온 미국의 생명공학 스타트업 기업 알토스랩스Altos Labs가 공식적인 운영을 시작했다. 알토스랩스는 세포 나이를 되돌리는 재프로그래밍 연구에 매진하고 있는데, 토대가 된 건 일본인 과학자 야마나카 신야가 발명한 '세포 회춘' 기법이다. 야마나카 신야 박사는 세포에 네 개의 유전자(단백질)를 주입해 세포를 초기 상태로 되돌림으로써 배아줄기세포와 비슷한 성질을 가진 유도만능줄기세포를 만들어낼 수 있음을 입증하고 2012년에 노벨상을 받았다. 그야말로 젊음의 묘약을 발견한 것이다.

야마나카 신야 박사는 알토스랩스의 선임 과학 고문직을 수락했다. 30억 달러의 자본금을 장착한 이 기업은 또 다른 노벨상 수상자 셋을 영입해 드림팀을 갖추었다. 제니퍼 다우드나는 에마뉘엘 샤르팡티에와 함께 저 유명한 유전자 가위 CRISP-Cas9을 개발했다. 프랜시스 아널드는 효소 개량을 통한 혁신적인 생명공학 기술을 연구하고, 데이비드 볼티모어는 암과 세균 유전학에 관한 연구로 의학계에 눈부신 발전을 가져왔다. 이 과학계의 슈퍼스타들 곁에서 기초 생물학 전문가와 생화학자, 생명공학 전문가, AI 및 데이터 처리 전문가 등 굉장히 노련한 연구진이 보조를 맞추고 있다.

알토스랩스는 우선 세포 관련 기술을 개발하면서 이미 규명된 부작용을 연구할 계획이다. 실험 대상 쥐 일부에게 매우 심각한 종양이 발생했기 때문이다. 이 기업의 목표는 궁극적으로 인간 수명을 50년 정도 늘리는 것이며, 연구진을 유치하고 동기 부여를 하기 위해 1백만 달러의 연봉을 제시하고 있다. 열정을 실현할 수 있을 만한 무제한의 자원이 있는 것이다. 원하는 게 있을 때, 우리는 돈을 따지지 않는다.

이원화된 사회

가장 먼저 영원한 젊음의 비결을 찾는 사람이 필경 가장 많은 돈을 벌 것이다. 하지만 그보다 먼저 생각해봐야 할 부분이 있다. 영원한 젊음이 현실이 될 경우, 그에 따른 결과와 파장은 엄청날 것이다. 영원한 젊음이 실현되면 우리 앞에는 디스토피아가 펼쳐진다. 돈 있는 사람은 젊고 건강한 모습으로 계속 떵떵거리며 영생의 삶을 누리고 서민은 질병, 노화, 죽음과 싸워나가며 고군분투해야 한다.

제프 베이조스가 아마존의 CEO로서 주주들에게 보낸 마지막 서한의 결론 부분에서 아마존 이야기는 상대적으로 적었다. 그는 마치 이미 다른 곳에 가 있는 사람처럼 자신이 흠뻑 몰두해 있는 인간의 죽음이란 주제를 언급했다. 다음은 그가 리처드 도킨스의 『눈먼 시계공 The Blind Watchmaker』에서 인용한 대목이다. "우리 체온은 대체로 주변 환경의 온도보다 높고, 추운 곳에서 우리 몸은 온도 차이를 유지하기 위해 열심히 노력해야 한다. (…) 만약 실패하면 죽는다. 조금 더 일반적으로 봤을 때, (체온이 주변 온도와 같아지는 것을) 막기 위해 생명체가 적극적으로 노력하지 않는다면, 결국 환경에 흡수되고 자주적인 존재로서 살아갈 수 없게 된다. 죽는다는 건 바로 이런 상황을 뜻한다."[6]

05

빌 게이츠,
인류의 구세주

'빌 칠Bill Chill'이라는 표현이 있다. '빌에 대한 두려움'이란 뜻이다.[1] 전세계 보건 분야의 의사결정자들 사이에서 '빌 칠'이란 말은 '자기 검열'의 동의어로 쓰인다. 여기에서 '빌'은 '빌 게이츠'를 뜻한다. 빌앤멀린다게이츠재단은 민간 조직 가운데 WHO에 가장 많은 기금을 내는 조직이다. WHO 운영진은 빌 게이츠가 매년 투척하는 수억 달러의 기부금이 날아갈까 두려워서 그의 결정에 감히 토를 달지 못한다. '빌칠'이란 말이 나오는 이유다. 워낙 거물이라 뒤에서 쉬쉬하며 '소심한 저항'을 할 뿐 영화 〈킬 빌Kill Bill〉처럼 빌의 등에 칼을 꽂는 건 꿈도 못 꿀 일이다.

　20세기 후반 가장 유명한 기업인이었던 빌 게이츠는 21세기에 접어들면서 전 세계 보건 분야의 최강자가 되었다. 마이크로소프트의 창업주이지만 현재 회사 운영에서는 손을 뗀 상태다. 하지만 자기 업무 시간의 10분의 1 정도는 여전히 후임자에게 자문을 주는 데 할애하고 있다. 그리고 그는 오늘날 세계에서 가장 관대한 자선 사업가다. 빌앤멀린다게이츠재단의 기부액은 WHO의 예산에서 약 10퍼센트 정도를 차지하며 매년 주요국들이 내는 금액을 웃돈다. 예외가 있다면 2020년~2021년의 독일 정부와 2018년~2019년의 미국 정부 정도다.

직원 약 2,000명을 거느린 빌앤멀린다게이츠재단은 사실 보유 기금 자체도 어마어마한 수준이다. 억만장자 워런 버핏을 비롯한 지인들 덕분에 2023년 말에는 무려 약 700억 달러에 달했다.

이렇게 왕성한 자선 사업을 벌이고 있음에도 빌 게이츠는 여전히 엄청난 자산을 가진 세계에서 손꼽히는 부호다. 물론 언제까지 이 지위를 지킬지는 알 수 없다. 2022년에는 재단에 200억 달러를 추가 기부하겠다고 발표하기도 했다.

빌 게이츠가 보건 분야에서 행한 노력 덕분에 전 세계에서 소아마비도 거의 근절된 상태다. WHO는 1988년부터 이 병의 퇴치를 위해 힘을 쏟았으나, 병을 없애는 데 결정적인 기여를 한 사람은 바로 빌 게이츠다. 그의 자금력, 창의적인 해법, 테크계에서 쓰던 방식이 병의 퇴치에 화력을 보탠 것이다. 20년 전부터 백신 접종이 이어진 덕분에 소아마비 발생 건수는 99.9퍼센트 감소했고, 125개국에서 30만 건 이상에 달했던 야생 소아마비 바이러스 발생 신고 건수가 2021년에는 단 여섯 건으로 줄었다.[2]

전 세계 보건 분야를 다스리는 통치권자

그런데 빌 게이츠가 단순히 돈만 대는 게 아니라 보건 정책의 결정 과정까지 개입하는 것을 두고 비판이 많다. 업계는 그가 기부금만 출연하고 돈의 쓰임에 대해서는 신경을 끊어주길 바라지만 이는 그의 스타일이 아니다. 빌 게이츠는 돈을 대는 사업의 모든 측면을 자기 손으로 통제하길 좋아한다. 효율성을 극대화하기 위해서다. 그는 아무 목표나 선정하지 않는다. 구체적이고 분명한 결과가 나오는 걸 좋아한다. 따라서 모든 일에 참견하며 현장에서 시간을 보내거나 유용하다는 판단이 들면 절차를 변경하기도 한다.

　빌 게이츠에 대한 두 번째 비판은 첫 번째 비판과도 어느 정도 관련이 있고 더 신랄하다. 빌 게이츠가 WHO의 의사 결정권을 아예 '독점'해버렸다는 것이다. 영국 에식스대학 사회학 교수로 이 재단에 관한 책 『공짜 선물 따윈 없다No Such Thing as a Free Gift』를 집필한 린지 맥고이는 "빌 게이츠가 WHO에 대는 돈의 대부분은 그의 개인적인 관심사와 관련이 있다. 즉, 세계 보건 분야의 우선 과제를 결정하는 WHO의 입지가 흔들리고 있다"고 지적한다.[3] 빌앤멀린다게이츠재단은 세계백신면역연합의 설립을 지원하고 상당한 자금을 기부해왔다. 감염병혁신연합 역시 비슷한 경우인데, WHO와 협력하여 코로나 백신 공급 사업 COVAX를 주도한 것이 바로 이 조직들이다. 《뉴욕타임스》에 따르면 WHO가 이 사업의 주도권을 쥐고 싶어 했으나 빌앤멀린다게이츠재단이 저어했다고 한다.

　린지 맥고이에 따르면 "빌앤멀린다게이츠재단은 빠르게 성과와 실적이 나타나는 것을 좋아한다. 억만장자의 자선 사업이 이토록 효율적이라는 점을 입증하기 위해서다."[4] 아울러 빌 게이츠가 이를 통해 자신의 악명을 개선하려 한다는 얘기도 있다. 린지 맥고이는 1990년대 말, 마이크로소프트에 대한 반독점 소송 판결이 내려진 시기와 빌앤멀린다게이츠재단이 설립된 시기가 묘하게 겹친다는 점을 지적한 이들의 의견에 동의한다. 이 일로 마이크로소프트는 무너지지 않았지만 이후 시정 조치를 취하고 "선행을 입증"해야 했다.

　빌 게이츠를 향한 마지막 세 번째 비판은 민간 재단의 속성과 관련이 있다. 일반적으로 회원국은 (일부 예외인 경우가 있지만) 유권자인 국민을 대표하는 조직이다. 하지만 이들과 달리 빌앤멀린다게이츠재단은 누구에게도 재단 활동에 대해 보고할 필요가 없다. 어떤 책임도 지지 않는다는 뜻이다. 억만장자들은 모두 자기 돈으로 하고 싶은 일을 하며, 누구도 이 돈의 용처에 대해 비난할 수 없다. 극단적으로 단순화하면, 백신 접종 국가 순위를 정할 때 B 국가보다 A 국가에 자주 휴양하러 가기 때문에 A 국가 먼저 백신을 접종시켜야 한다고 판단하더라도 아무도 뭐라 할 수 없다는 뜻이다. 저들의 권리이기 때문이다. 무엇보다 기부는 이들의 의무가 아니다. 그들의 기부는 모두 '부차적인' 행위일 뿐이다.

코로나19 팬데믹 때도 빌 게이츠에 대한 비난 여론이 높아졌다. 대형 제약사들Big Pharma의 mRNA 백신 특허를 해제하는 문제에 대한 그의 입장이 문제가 된 것이다. 빌 게이츠에게도 할 말은 있었다. 재단을 통해 여러 단계에 걸쳐 코로나19 치료 및 백신 연구에 돈을 댔기 때문이다. 2020년에 COVAX 사업에 1억 5,600만 달러를 낸 뒤 계속 거액을 기부하고, 저소득 국가로 갈 2억 개 백신 생산을 위해 인도혈청연구소에 3억 달러를 투척했으며, 노바백스에 1,500만 달러, 바이올로지컬E에 400만 달러, SK바이오사이언스에 480만 달러를 기부금으로 출연했다.

가난한 나라에서의 백신 생산과 유통이 장려되려면 신규 백신 특허가 '해제'되어야 할까? 제약 회사의 소유권은 취소되는 게 옳았을까? 정부들이라면 불가항력이라는 이유를 대며 제약 회사의 특허를 해제하는 쪽으로 결정을 내렸을 수도 있다. WHO 사무총장 테워드로스 아드하놈 거브러여수스도 특허 해제를 원했다는 설이 있다. 하지만 빌 게이츠가 완강히 반대했다. 그가 마이크로소프트의 소프트웨어로 재산을 모을 수 있었던 이유도 지적소유권이 제도적으로 보호됐기 때문이다.

빌 게이츠는 제약 회사로부터 권리를 박탈하는 건 근시안적인 결정이라고 확신했다. 나중에 새로운 바이러스가 나타나면 누구도 이렇게 빠르고 효율적인 방식으로 획기적인 치료제를 만들려 하지 않을 게 분명하다는 것이었다. 비자본주의 국가들의 상황이 대표적인 사례였다. 중국에서 시노백科※ 같은 국영 기업의 백신은 효과가 확실치 않았고 어느 기업도 mRNA 백신을 개발하지 못했다. 빌 게이츠는 시장의 법칙이 최고라고 믿는다. 돈을 벌 가능성이 보여야만 최고의 두뇌를 가진 이들이 일주일 내내 24시간 틀어박혀 연구에 매진한 뒤 6개월 만에 획기적인 제품을 내놓을 수 있다는 생각이다. 그리고 제약 업계가 젊은 스타트업 기업들과 손을 잡고 막대한 돈을 쏟아부어 최대한 많은 지역에 최대한 빨리 백신이 유통되게 하려면 수익성을 기반으로 한 시장의 논리밖에는 답이 없었다.

미국 소프트파워의 상징

빌 게이츠는 제약 회사의 특허권 해제를 반대하면서도 저소득 국가들이 최대한 빠르게 백신을 공급받을 수 있도록 노력했다. 백신을 구매하고 널리 보급할 수 있게끔 기금을 끌어모았을 뿐 아니라 주요 제약 회사들이 아프리카에 맞는 제품을 개발하도록 설득하는 데도 동참했다. 백신 보관에 초저온 냉동이 필수라면 혜택을 받을 수 있는 아프리카 국가는 몇 안 되었기 때문이다.

미국의 소프트파워를 상징하는 대표적 인물인 빌 게이츠는 각국 정부의 수반에게 직접 연락해 화상 회의를 진행하는 등 지원을 얻기 위해 노력했다. 코로나19 팬데믹으로 이동 제한령이 연달아 내려지던 시기에는 프랑스 대통령 에마뉘엘 마크롱, 독일 총리 앙겔라 메르켈, EU 집행위원장 우르줄라 폰데어라이엔, 사우디아라비아 왕세자 무함마드 빈 살만과 회담을 가졌다. 백악관의 최고 의료 고문이었던 파우치 박사와도 꾸준히 연락했다. 파우치 박사와는 말라리아, 에이즈, 소아마비 문제를 함께 연구해오기도 했다.

빌 게이츠는 실용주의 노선을 추구하는 인물이다. 대중의 건강과 민간 사업의 수익성 사이에서 충돌하는 이해관계를 모르는 바는 아니나, 이 '부수적인 피해'가 시스템 전체의 효율성을 해쳐서는 안 된다고 생각한다. 무엇보다 중요히 여기는 것은 이 시스템의 효율이다. 《뉴욕타임스》는 WHO의 전 지식관리 책임자였던 아리엘 파블로스멘데스의 옹호 발언을 전했다. "어떤 사람들은 묻습니다. 왜 빌 게이츠가 해야만 하느냐고요. 빌 게이츠에게는 스타급 영향력이 있습니다. 자원도 있습니다. 문제에 열심히 신경도 쓰고 있지요. 빌 게이츠와 비슷한 일을 하는 사람은 많지만, 빌 게이츠만큼의 규모로 일하는 사람은 없습니다."[5] 그러니 이런 빌 게이츠의 손을 뿌리칠 이유가 있겠는가?

그 누구도 빌 게이츠만큼 많은 돈과 노력을 공중 보건에 쏟지 않는다. 또한 그 누구도 빌 게이츠만큼 호되게 비판받지 않는다. 세계 보건 정책에 그가 미치는 영향력이 싫더라도 WHO가 다시 주도권을 쥘 수 있는 유일한 방법은 민간 기금으로부터 독립하는 것뿐이다. 그러자면 회원국들의 분담금을 대폭 인상해야 하는데 어떤 나라도 지금보다 지출이 많아지길 원하지 않는다.

게다가 몇몇 정부는 빌 게이츠가 간접적으로 자금 사용 방식에 지배력을 행사하는 상황을 은근히 좋아하고 있을지도 모른다. 빌 게이 츠가 관리 감독을 맡아준 덕분에 조직 운영의 효율성이 높아졌다면 굳이 빌 게이츠의 통제를 싫어할 이유가 없지 않은가? 빌 게이츠는 기본적으로 통제를 좋아한다. 받아들이거나 포기하거나 둘 중 하나다.

부모와의 싸움에서 이긴 아이

빌 게이츠의 본명은 윌리엄 헨리 게이츠 3세다. 1955년 10월 28일 시애틀에서 출생한 그는 어린 시절부터 무엇이든 꼼꼼하게 확인하는 정확성의 화신이었다. 일찍이 수학에 독보적인 재능을 보였고, 백과사전도 무척 즐겨 읽었다고 한다. 부모에게 대들고 반항하는 경우가 많아서 심리 상담까지 받았는데, 첫 진료 때 열두 살이었던 빌 게이츠는 "누가 주도권을 쥐는지를 두고 부모님과 전쟁 중이다"[6]라고 분명히 자기 생각을 밝혔다고 한다. 이런 모습이 무척이나 인상적이었던 상담사는 1년간의 심리 치료 후 부모에게 아들이 이 싸움에서 이길 것이며 그저 편하게 해주라고 조언했다.

　　시애틀에 소재한 사립 학교 레이크사이드에 진학한 빌 게이츠는 1968년에 컴퓨터 프로그래밍에 관심을 보인다. 4년 전 만들어진 베이식 언어에 파고들기 시작한 것이다. 아직 오늘날의 컴퓨터만 한 개인용 컴퓨터는 존재하지 않았던 시기였기에(약 10년 후 빌 게이츠와 애플이 개인용 컴퓨터를 발전시키고 대중화한다) 빌 게이츠는 학교 어머니회가 인근의 한 기업과 계약해 임대한 대형 컴퓨터(제너럴일렉트릭사 제품이었다)에 텔레타이프를 통해 접속하여 프로그래밍하는 법을 배운다. 마찬가지로 컴퓨터에 관심이 많았던 상급생 폴 앨런과 함께 체육

시간이나 쉬는 시간에 컴퓨터와 소통하고 모노폴리 게임도 수없이 즐겼다.

18세에 하버드 입학 허가를 받은 빌 게이츠는 위대한 수학자가 되기 위해 보스턴으로 떠났다. 그런데 대학에 들어간 뒤에는 밤새도록 포커를 치며 시간을 보낼 때가 많았다. 1975년, 허니웰의 프로그래머로 보스턴에서 지내던 폴 앨런이 빌 게이츠에게 잡지 《포퓰러일렉트로닉스Popular Electronics》의 표지를 보여준다. '상업용 모델과 경쟁하는 세계 최초의 미니 컴퓨터 키트'란 카피가 쓰여 있었다.

잡지에는 최초의 마이크로컴퓨터 알테어Altair의 조립 방식이 설명되어 있었다. Intel8080 CPU를 포함한 모든 부품을 우편 주문할 수 있는 주소도 함께 실렸다. 조립 후 결과물은 화면이나 키보드 없이 그저 스위치와 작은 램프가 여럿 달린 직사각형 상자 같았는데, 입력값에 따라 램프들이 깜빡거렸다. 그런데 데이터를 입력하려면 스위치를 올바른 순서대로 움직여야 했으므로 컴퓨터에 어느 정도 조예가 깊은 사람들만 사용 가능한 기기였다.

폴 앨런은 '이 기기를 위한 베이식 언어 인터프린터를 만들면 어떨까'라는 발상을 떠올렸고 둘은 함께 알테어 에뮬레이터와 알테어 베이식을 만든다. 이후 상황은 익히 알려진 바와 같다. 둘은 알테어의 개발사에 이를 판 뒤 마이크로-소프트Micro-Soft라는 회사를 세운다. 나중에 이름 중간에서 하이픈을 빼고 마이크로소프트로 바꾸었다. 빌 게이츠는 회사 지분의 60퍼센트를 가져갔다. 베이식과 관련된 거의 모든 작업을 자신이 했다고 주장한 것이다.

통제에 집착하는 천재

빌 게이츠는 사업에 전념하기 위해 학업을 중단했다. 하버드대학을 중퇴했을 때 고작 스무 살이었다. 하지만 미래를 내다보는 혜안이 있었다. 언젠가 가정마다 마이크로컴퓨터가 한 대씩 놓이리라 확신했고, 당시로서 이는 흔히 할 수 있는 생각이 아니었다. 심지어 IBM조차 그런 일은 상상하지 못하던 때였다. 당시에는 옷장만 한 초대형 컴퓨터밖에 없었고 그나마도 기업들의 전유물이었다. 간혹 크기가 작은 블랙박스 형태의 컴퓨터도 있었지만 일부 컴퓨터 애호가들의 장난감에 불과했다. 경영에 딱히 관심이 없던 빌 게이츠는 직원들 통제에만 열중하는 스타트업 기업 사장이 된다. 모든 직원의 자동차 번호를 암기했기에 주차장에서 번호판들을 살피면서 누가 몇 시에 출근해 몇 시에 퇴근했는지 계산하곤 했다.

IBM은 원래 마이크로컴퓨터 시장의 미래에 확신이 없었다. 하지만 이 분야의 선구자인 애플을 경쟁 세력 하나 없이 방치할 수는 없었기에 IBM도 마이크로컴퓨터 모델을 시장에 출시했다. IBM은 입찰 방식을 통해 이 개인용 컴퓨터의 운영체제인 엠에스도스MS-DOS 제작을 빌 게이츠에게 맡겼다. 그래픽 사용자 인터페이스 운영체제인 윈도우Windows의 개발 역시 빌 게이츠가 진행했다. 엠에스도스와 윈도우 개발 덕에 큰물로 진출한 빌 게이츠는 스티브 잡스의 대항마가 되었다. 사실 그간 빌 게이츠는 애플II와 매킨토시의 소프트웨어들을 만들어왔다. 따라서 둘 사이가 경쟁 구도로 바뀐 뒤로 오랫동안 불화가 지속되었다.

빌 게이츠는 윈도우의 독점 라이선스를 IBM에 넘기지 않는 영민함을 보였다. 대신 컴퓨터에 설치될 때마다 로열티를 받기로 했다. 그리고 애플 제품을 제외한 모든 개인용 컴퓨터에 윈도우가 장착되었다.

1986년 3월에 마이크로소프트가 월스트리트에 입성하고 주가가 상승하면서 빌 게이츠는 서른한 살에 억만장자의 반열에 올랐다. 동업자였던 폴 앨런과 스티브 발머도 돈방석에 올랐다. 뿐만 아니라 1만 2,000명의 백만장자가 같이 탄생했다. 프로그래머, 판매 사원, 비서 등, 빌 게이츠가 동기 부여를 하기 위해 초창기부터 회사 주식을 배분해준 마이크로소프트 직원들이 그 주인공이었다. 하지만 대부호가 된 후에도 꽤 오랫동안 빌 게이츠는 돈으로 위세를 떨지 않았다. 전용기를 구입하기는커녕 일등석도 타지 않은 것이다. 다만 큰 집을 지었다. 영화 〈시민 케인Citizen Kane〉의 주인공이 소유한 저택 제나두Xanadu에 빗대어 제나두2.0이라고도 불리는 이 대저택은 여러 건물과 설비로 이루어져 있으며, 시애틀까지 15분밖에 걸리지 않는 워싱턴호수 옆에 자리 잡고 있다. 이미 1996년 건설 당시 이 대저택에는 마이크로프로세서와 칩과 소프트웨어가 장착되었다. 네트워크를 통해 편리한 생활을 누리게 해주는 최첨단 집의 원형이라 할 수 있다.

빌 게이츠는 IT 커뮤니티 내에서 언제나 눈엣가시 같은 존재였다. 처음에는 예술가나 디자이너가 선호하던 브랜드인 애플과의 경쟁 때문에 말이 많았지만, IT 쪽에서 특히 불구대천의 원수가 된 이유는 그가 프로그램에 소유권 개념을 도입했기 때문이다. 당시 업계 관행상 프로그램은 오픈 소스로 남아야 했다. 하지만 프로그램을 사유화한 사람이 바로 빌 게이츠다. 아직 음모론이 본격적으로 등장하지 않은 시기였지만 그는 이미 모두의 적이었다. 훗날 등장한 음모론 중 하나는 마이크로소프트의 운영체제에 백도어 프로그램이 심어져 있어서 FBI나 CIA가 원격으로 사람들의 컴퓨터에 잠입하고 있다는 설이다.

1998년에 시작된 마이크로소프트에 대한 반독점 소송은 정당했다. 그동안 마이크로소프트가 시장을 독점하고 경쟁 업체의 싹을 자르기 위해 온갖 술수를 써왔기 때문이다. 소송은 여러 해 이어졌고, 마이크로소프트와 대표인 빌 게이츠의 평판은 개선되지 못했다. 결국 빌 게이츠의 제국은 무너지지 않았지만, 불공정 관행에 대한 혐의로부터 결코 자유로워지지 못했다.

인터넷과 소셜미디어의 등장으로 반감은 더욱 빨리 퍼져나갔다. 비방이나 루머는 더 빠르게 왜곡되고 확대되면서 퍼진다. 누구도 마이크로소프트에 관해 말을 아끼지 않았다. 빌앤멀린다게이츠재단이 설립되고 빌 게이츠가 경영 일선에서 반쯤 물러났어도 대중의 반감은 사그라지지 않았다. 외려 그 반대였다. 빌 게이츠는 그의 의지와는 상관없이 세간을 휩쓰는 음모론의 중심에 늘 서게 되었다. 억만장자 빌 게이츠가 정부 수반을 뛰어넘는 권력을 가지고 있더라도, 음모론 신봉자들이 빌 게이츠에게 미치는 악영향은 그의 권력보다 더 막강한 듯하다. 심지어 사람들은 이제 '반인륜 범죄' 혐의까지 씌우고 있다.

빌 게이츠의 '반인륜 범죄'

2020년 초 게시물 하나가 페이스북을 비롯해 여러 소셜미디어에 다양한 형태로 업로드되었다. 내용인즉슨 빌 게이츠가 무려 여덟 가지 반인륜 범죄를 저지른 혐의로 체포되어야 한다는 것이었다.[7] 빌 게이츠에 관한 음모론을 제기한 사람 중에는 도널드 트럼프의 지지자이자 보수 논객인 캔디스 오웬스나, 민주당 소속이었으며 백신 접종에 반대해 온 로버트 케네디 주니어 같은 유명 정치인도 있었다.

우선 빌 게이츠에게 씌워진 첫 번째 혐의는, 이벤트201이라는 국제 전염병 훈련 행사 때 코로나 바이러스로 인한 전 세계적 팬데믹을 '고지'한 뒤, 이를 '기획하고 자금 지원'까지 했다는 것이다. 실제로 이벤트201은 2019년 10월에 열린 행사였다. 존스홉킨스 보건보안센터가 빌앤멀린다게이츠재단과 세계경제포럼(다보스포럼)과 협력해 개최했다. 그런데 이 행사는 예방 훈련의 일환으로, 전 세계적으로 전염병이 대유행할 수도 있다는 가설을 제기했을 뿐이다. 코로나 바이러스가 유행한다는 가상의 시나리오를 바탕으로 삼긴 했지만, 사실 왕관 모양 돌기를 가진 코로나 바이러스의 종류는 한두 개가 아니다. 훈련의 목적은 "심각한 팬데믹에 대응하는 과정에서 대규모 경제 및 사회적 결과를 축소하기 위해" 권고 사항을 작성하여 모두에게 알리는 것이었다. 단지 예방 활동을 전개했을 뿐, 중국에서 아직 시작되지도 않은 코로나19 감염을 암시하는 대목은 그 어디에서도 찾아볼 수 없었다. 그럼에도 빌 게이츠는 이 병을 기획하고 퍼뜨린 장본인으로 몰렸다.

또한 빌 게이츠가 영국 퍼브라이트연구소에 자금을 지원하기 때문에 바이러스가 유행하도록 돈을 댔다는 혐의도 있다. 물론 퍼브라이트연구소가 2015년에 코로나 바이러스에 대한 특허를 출원한 것은 사실이다. 그러나 코로나19가 아니라, 가금류에 기관지 감염을 일으키며 인간은 감염될 위험이 없는 다른 코로나 바이러스에 대한 특허였다. 게다가 특정 바이러스에 대해 특허를 출원했다는 건 이 바이러스를 '만든' 게 아니라 '발견'했다는 점을 의미할 뿐이다.

게시물에 실린 또 다른 혐의는 빌 게이츠가 백신 접종 캠페인 때 논란이 많은 실험을 사람에게 시행했다는 것이다. 백신 접종 반대론자들이 즐겨 씹는 비난거리이기도 하다. 이 게시물은 말라리아 백신으로 인해 아프리카 아이들 151명이 목숨을 잃고 뇌수막염 백신으로 인해 50명 이상의 신체가 마비되었다고 주장했다. 하지만 이 혐의에 대해서는 쉽게 반박이 가능하다. 같은 시기에 아이들이 사망하거나 병에 걸린 것은 맞지만, 사례 하나하나를 분석해본 결과 원인은 백신 접종이 아니라는 사실이 입증되었기 때문이다.

다른 혐의 중에는 빌 게이츠가 WHO에 100억 달러를 기부해 케냐 여성 수백만 명이 파상풍 백신을 접종받아 불임이 되었다는 것이 있다. WHO는 이런 우려를 일축하며 해당 백신에 불임을 유발하는 성분은 들어 있지 않다고 설명했다.

사람들은 부자에게 관심을 갖기 마련이고 빌 게이츠는 특히 관심이 집중되는 대상이다. 여덟 가지 반인류 범죄 게시물에는 성병 예방용 백신과 의약품을 시험하려는 목적으로 과테말라인 수백 명을 성병에 감염시킨 존스홉킨스대학의 실험에 돈을 댔다는 혐의도 있다. 실제로 1946년부터 1948년까지 미국이 매독에 대한 페니실린의 효과를 알아보기 위해 과테말라인 수백 명에게 강제로 이 병의 균을 주입했고, 2010년에 이 실험이 밝혀져 크게 논란이 되긴 했다. 그러나 존스홉킨스재단은 이런 연구를 수행하거나 돈을 댄 적이 없고, 더구나 1955년에 태어난 빌 게이츠는 이 일과 무관하다.

세상에서 가장 화려한 주소록

빌 게이츠는 유전자 변형 식품으로 우리의 음식을 유전적으로 변화시키는 데 돈을 대고 있다는 혐의도 받고 있다. 테크계의 거물인 빌 게이츠가 유전자 변형 식품에 호의적인 것은 사실이다. 그는 유전자 변형 식품이 개도국의 영양실조 문제를 해결하는 데 기여할 수 있다고 확신한다. 하지만 그렇다고 이게 반인륜 범죄에 해당할까?

빌 게이츠에게 씌워진 마지막 반인륜 범죄 혐의는 백신 접종을 받은 사람들의 몸에 마이크로칩을 이식했다는 것이다. 이렇게 추적 장치를 심어 인류를 감시하려 한다는 얘기인데, 여기에 꽤 동조한 프랑스 영화배우 쥘리에트 비노슈도 인스타그램에 마이크로칩을 거부하자는 게시물을 올렸다. 물론 근거 없는 낭설이다.

이 혐의는 나노입자를 피부 속에 주입해 형광 반응을 확인하는, 실제로 발명된 기술에 근거하고 있는 듯하다. 이 기술은 아직 실험 단계에 있으며, 진짜로 훗날 형광 반응을 통해 백신 접종 여부를 확인하게 될지도 모른다. 그러면 잦은 접종 기록 분실 문제가 해결될 테다. 그렇지만 이 기술이 접종받은 사람을 원격으로 감시할 수 있는 건 아니다. 형광 물질은 30센티미터 거리에서밖에 보이지 않기 때문에 사람의 움직임을 추적하는 데 사용될 수 없다.

빌 게이츠는 사람들이 상상하는 것만큼의 괴물은 아니다. 하지만 세계 권력 구조의 핵심에 있는 것은 사실이며, 이는 비단 보건 분야에 국한되지 않는다. 그의 주소록에는 미 대통령의 주소록보다 더 많은 연락처가 들어 있을 것이다. 현재 69세인 빌 게이츠는 이미 반세기 전부터 세계 최상위 엘리트층에 속했고, 선거 같은 절차로 인해 무대 위에서 밀려난 적도 없기 때문이다. 빌 게이츠는 지구상의 어떤 지도자에게든 자기주장을 전달하고 자신의 이익을 옹호할 수 있다.

프랑스 경제지 《레제코》가 보도했듯이, '그린뉴딜' 정책인 인플레이션감축법을 살린 사람도 바로 빌 게이츠였다. 바이든 정부는 이 법안을 통해 새로운 산업 혁명을 전개하고, 환경친화적인 투자자들에게 보조금을 지급하거나 유럽을 포함한 전 세계 산업계를 유치할 수 있었다.[8] 빌 게이츠가 아니었더라면 2022년 미 의회에서 채택되지 못했을 것이다. 당시 미 상원에서 민주당과 독립당 의석은 50석이었고 공화당 의석도 50석이었기에 바이든 정부는 법안을 반대하는 민주당 의원 조 맨친과 커스틴 시네마, 이 둘을 반드시 설득해야 했다. 특히 조 맨친은 석탄 개발이 경제의 핵심인 웨스트버지니아주의 의원이라 유권자층이 불안정했던 만큼 이 법안은 비용이 너무 많이 들고 정치적으로도 위험하다고 판단했다. 따라서 표결하지 않겠다고 공식적으로 선언한 뒤였다. 웨스트버지니아주 사람들 앞에서 이 법안을 정당화할 수는 없는 노릇이었기 때문이다.

그런데 약 6개월 후, 조 맨친은 돌연 입장을 변경한다. 무슨 조화였을까? 답은 데우스엑스마키나, 즉 빌 게이츠에게 있다. 자선 사업을 본업으로 삼은 이 억만장자는 조 맨친과 아는 사이였다. 조 맨친이 결정을 재고하도록 빌 게이츠는 2022년 1월 그를 오찬에 초대한다. 그리고 자신의 기후 테크 재단, 브레이크쓰루에너지Breakthrough Energy에 대해 언급한다. 재단에 속한 기업 중 하나인 테라파워TerraPower가 웨스트버지니아주에 소형 원자력 발전소를 건설하고 건설 작업에 석탄 광부로 일했던 사람들을 직원으로 채용하겠다고 설명한 것이다. 빌 게이츠의 전략이 통해 조 맨친은 이 제안을 수락한 듯했다. 몇 달 후, 우유부단한 조 맨친은 다른 핑계를 들어 자신의 결정을 번복했는데 이때도 역시 빌 게이츠가 나서서 그를 설득했다고 한다.

윈도우의 아버지는 업계에서나 정치권에서나 지인이 워낙 많아 개인적으로든 혹은 재단이나 마이크로소프트를 통해서든 모든 '좋은 일'에 연루되어 있다. 그렇게 해서 다양한 방식으로 부를 축적했고, 수백 개의 유망한 기업에 투자했다. 그럼에도 이 테크계의 '현자'는 일론 머스크, 마크 저커버그, 세르게이 브린, 래리 페이지 등 더 젊고 모험심 강한 억만장자들의 말도 많고 탈도 많은 연구에는 별 관심이 없어 보였다. 이 전통적인 기업인이 '호모 데우스(신이 된 인간)'의 세계를 만들려고 하지는 않으리라 여겨졌다. 하지만 오판이었다.

인간-컴퓨터 인터페이스

모두에게 영생이라는 꿈은 최후의 목표인 듯하다. 이를 실현하는 자가 절대 위력의 무기를 손에 넣는 것이다. 빌 게이츠 역시 신체 마비 환자를 걷게 해주고 앞이 보이지 않는 사람에게 시력을 되돌려준다는 뇌 임플란트 분야에 투자하고 있다. 미래의 초인류를 위한 인간-컴퓨터 인터페이스를 준비하는 것이다. 시애틀의 이웃사촌 제프 베이조스와 함께 뇌 임플란트 분야에서 앞서고 있는 뉴욕의 스타트업 기업 싱크론에 자금을 지원했다.

앞서 설명했듯이 싱크론은 머리와 기계, 즉 뇌와 컴퓨터를 연결하는 기술을 개발하는 기업이다. 이 기술을 통해 신체 마비 환자는 근육과 말초 신경의 움직임을 동반하지 않고도 하고자 하는 일을 수행할 수 있다. 생각만으로 컴퓨터를 조종할 수 있는 것이다. 2021년 7월 28일, 싱크론은 미 FDA로부터 임상 실험 허가를 받아 뉴욕 마운트사이나이 병원의 중증 마비 환자 여섯에게 임상 실험을 할 수 있게 되었다. 싱크론의 신경 보철 장치인 스텐트로드는 환자의 흉부 위에 장착한 장치와 머신러닝 알고리즘을 통해 뇌의 신호를 컴퓨터상의 움직임으로 변환한다.

싱크론의 임플란트 기술이 가진 특징은 일론 머스크의 뉴럴링크와 달리 부담스러운 외과 수술이 필요하지 않다는 점이다. 일론 머스크는 뇌에 칩을 이식하려다 원숭이 수십 마리를 희생시켰다. 그러나 싱크론의 방식은 부작용의 우려가 현저히 낮다. 스텐트로드는 정맥을 통해 삽입되어 대뇌 피질 근처까지 올라간다. 동맥이 좁아진 환자의 혈관을 확장하고 동맥경화증을 막기 위한 스텐트 시술과 같은 방식이다. 몸 속에서만 이뤄지기 때문에 환자의 머리 밖으로는 그 어떤 선도 보이지 않는다.

이미 싱크론은 호주인 환자 둘을 상대로 임상 실험을 마쳤다. 둘 다 생각만으로 컴퓨터를 조작하는 데 성공했으며, 어렵지 않게 메시지를 작성하고 온라인 쇼핑까지 해냈다.[9] 2022년 12월에 행해진 펀딩 때 싱크론은 뇌-컴퓨터 인터페이스 분야에서 가장 많은 투자금을 유치한 스타트업 기업이 되었다. 마이크로소프트 창업주와 아마존 전 CEO가 7,500만 달러의 펀딩 라운드에 참여해 힘을 써준 덕분이다. 이 새로운 투자 유치로 싱크론이 모금한 총 투자액은 1억 4,500만 달러에 이르렀다. 뉴럴링크가 모금한 투자액의 절반가량에 해당한다. 싱크론은 이 자금을 바탕으로 스위치Switch라는 첫 제품 개발에 박차를 가하고 있다. 의료 보험 적용 대상 제품이 되게끔 만들어 수익을 올릴 계획이다. 어쨌든 일론 머스크로서는 꽤 심기 불편한 상황이 됐다.

이러한 뇌 임플란트 기술은 움직임이 자유롭지 않은 신체 마비 환자들을 위해 사용될 예정이다. 하지만 혈관을 통하기에 부작용도 적은 이 기술의 획기적인 잠재력에 빌 게이츠와 제프 베이조스가 둔감할리 없다. 이 기술은 일론 머스크의 것보다 쉽게 뇌에 신경 보철을 삽입해 생각만으로 컴퓨터나 스마트폰 등의 전자기기를 조작할 수 있게 해준다. 그야말로 아찔한 미래가 아닐 수 없다.

AI에 대한 태도 전환

빌 게이츠는 생성형 AI 프로젝트에도 다양한 방식으로 참여하고 있다. 일단 마이크로소프트는 오픈AI의 핵심 투자자다. 이익제한기업인 오픈AI는 AI의 건설적이고 긍정적인 이용을 위한 연구를 진행한다. 앞서 언급한 바와 같이 오픈AI는 2022년 말 챗GPT를 선보이며 세상을 놀라게 했다. 검색 엔진은 검색 결과를 보여주고 원하는 것을 고르게 하지만 챗GPT는 모든 질문에 이해 가능한 문장으로 직접 대답한다.

오픈AI의 챗GPT는 시장의 판도를 완전히 뒤집어놓을 만큼 혁신적인 '게임 체인저'였다. 생성형 AI 챗봇이 구글 검색 엔진보다 낫다면 검색 시장에서 구글의 절대적 패권도 무너지지 않겠는가? 지금까지는 검색 엔진에 검색어를 입력하고 목록에서 답을 찾았지만, 앞으로는 논리적인 근거에 기반한 문장형 답변을 AI 챗봇에게서 바로바로 얻게 된다면 어떨까? 검색 시장에서 차지하는 지분이 미미한 마이크로소프트는 오픈AI와의 협업을 통해 판세를 뒤바꾸려 한다. 이미 2019년부터 총 30억 달러를 지원해왔고 2023년 1월에는 100억 달러를 투자했다. 그리고 챗GPT 기술을 자사의 검색 엔진 빙Bing에 접목했을 뿐만 아니라 MS오피스와 아웃룩 서비스에도 도입했다.

그렇다고 빙 때문에 구글이 쉽사리 무너지진 않을 것이다. 일단 세르게이 브린과 래리 페이지는 마지막 카드를 공개하지 않았다. 게다가 챗GPT의 최신 버전도 아직 학습과 훈련이 더 필요한 상태로 판명됐다. '환각'이 너무 자주 나타나기 때문이다. 질문에 대한 정확한 답을 찾지 못했을 때 챗GPT는 답을 꾸며서 내놓으며, 자료의 출처 역시 매우 그럴듯하게 만들어 제시한다. 가령 지명도가 떨어지는 인물에 대한 정보를 물었을 경우, 이름이 비슷한 사람들의 정보를 기반으로 이력 자체를 창의적으로 만들어서 제시하기도 한다.

생성형 AI에 관한 주된 우려 가운데 하나는 출처 문제다. 구조상 생성형 AI는 웹상에 존재하는 자료들을 기반으로 학습한다. 특히 무단으로 가져다 쓰면 안 되는 유료 웹사이트 기사들을 학습 자료로 삼는데, 자료의 출처에 대해서는 일절 언급하지 않는다.

샘 올트먼, 그레그 브록먼과 함께 오픈AI를 세웠던 일론 머스크는 2018년 회사를 떠났다. 그는 오픈AI가 추구하는 사업 방향이 원래 사명과 달라졌다는 데 배신감을 느꼈다. 비영리 회사로 설립되었음에도 영리 목적의 자회사를 설립하고 마이크로소프트와 손을 잡았을 뿐 아니라 연구 결과와 소스 코드도 공개하지 않기 때문이다.

오늘날 전 지구의 시스템을 좌우하는 억만장자들은 하나같이 AI를 연구한다. 하지만 '비우호적인' AI가 인간에게 미칠 위험에 관한 생각은 저마다 다르다. 빌 게이츠는 이 문제에 모호한 태도를 보이는 인물 중 하나다. 이쪽저쪽을 꽤 오락가락하는 느낌인데, 2015년 1월, 온라인 커뮤니티 레딧에서 진행된 '무엇이든 물어보세요' 세션 때 이런 말을 남겼다. "저는 초지능super intelligence을 우려하는 진영에 속해 있습니다. 초기에는 기계가 우리 대신 많은 일을 수행하겠지만 아직 초지능이 아닐 것입니다. 우리가 잘 다룬다면 긍정적인 결과를 가져오겠지요. 그러나 몇십 년 후에는 AI의 힘이 막강해져 걱정할 만한 수준이 될 것입니다. 저는 이 점에 대해 일론 머스크 및 다른 사람들과 의견을 같이하며, 왜 일부 사람들은 걱정하지 않는지 이해할 수 없습니다."[10] 당시만 해도 빌 게이츠의 입장은 단호했다.

성배를 향한 싸움의 시작

그로부터 8년 후, AI에 대한 성토가 이어지고 많은 전문가가 AI의 비약적인 발전을 우려했지만 빌 게이츠는 기존과 다른 태도를 보였다. 오픈AI 덕분에 시장을 선도하게 된 마이크로소프트의 창업주는 더는 AI 연구 중단에 대한 이야기를 입에 담지 않은 것이다. 2023년, 빌 게이츠는 연구를 유예한다고 해서 미래가 걸린 문제들이 해결되지 않는다고 지적했다. 그보다는 AI의 개발 성과를 잘 이용하는 데 집중해야 한다는 것이다. 그는 전 세계가 다 함께 AI 연구를 중단하는 게 과연 의미 있는 일인지 되물었다. "누가 AI 개발을 중단할 수 있다고 말하는지, 전 세계 모든 국가가 중단에 동의할지, 왜 중단해야 하는지 잘 모르겠습니다." 이쯤 되면 슬슬 빌 게이츠도 마크 저커버그처럼 AI에 대한 지식이 모자르다고 비웃는 일론 머스크의 중얼거림이 들리지 않는가?

어쨌든 수천억 달러의 재산을 가진 이 대부호들은 모두 AI 연구의 최전방에 서 있다. 테크계의 진검 승부가 벌어지는 현장이다. 각자 세계 최고의 엔지니어를 끌어모아 백만 달러 이상의 연봉을 지급할 뿐 아니라 거의 무한정의 재원을 쏟아붓는다. 빌 게이츠나 일론 머스크처럼 구글, 페이스북, 아마존 창업주도 엔지니어 수십 명을 굴리고 있다. 이들은 결코 스스로 연구를 멈출 사람들이 아니다. 메타에서는 컴퓨터계의 노벨상인 튜링상을 받은 프랑스인 얀 르쿤이 활약 중인데, 20년 전부터 실리콘밸리의 AI 선구자로 자리매김해온 그는 연구를 늦추자는 주장이야말로 새로운 형태의 반계몽주의라고 서슴없이 주장한다. AI가 인류에게 위험이 되지 않는다고 생각하며, 어떤 직업이 변화를 겪거나 사라지거나 새 직업이 생기더라도 결국 인간이 적응하면 된다는 입장을 취하고 있다.

사실 진짜 문제는 지금 한창 개발 중인 생성형 AI가 아니라 자의식을 가진 초지능이다. '특이점의 도래'를 주장하는 구글 엔지니어링 이사 레이 커즈와일의 주장에 따르면 이러한 초지능이 도래할 날도 그리 멀지 않았다. 이 초지능이 지구의 운용을 최적화하기 위해 인간 존재는 불필요하다고, 해롭다고 판단하는 날이 올 수도 있다. 그렇게 되면 우리 모두를 송두리째 날려버리는 결정을 내릴지도 모른다.

테크계 억만장자들의 과도한 경쟁으로 장차 통제 불능의 세상이 오는 건 아닐까? 그러다 결국 인류의 전멸로 이어지는 건 아닐까? 일부 전문가들은 꽤 진지하게 이런 문제를 제기하고 있다. 하지만 모든 정부보다 막강한 이 억만장자들의 질주를 과연 누가 막을 수 있을지 모르겠다. 다들 하나같이 마지막 성배를 차지하기 위해 달려가고 있지 않은가?

억만장자들을
굴복시킨 중국

2019년 1월 23일, 다보스포럼에서 있었던 일이다. 아직 코로나19 팬데믹이 시작되기 전이었고, 알프스의 이 도시는 언제나처럼 세계화 지지자들의 성지였다. 휴게실 안쪽 소파에 앉은 나는 에마뉘엘 마크롱 정부의 한 여성 장관을 인터뷰하고 있었다. 그런데 갑자기 일군의 기자와 무수한 카메라가 몰려들었다. 사진과 영상 촬영을 위한 각종 장비와 붐 마이크가 즐비했다. 방 안 가득 촬영 집기가 들어차자 갑작스러운 소란에 놀란 장관이 뒤를 돌아봤다. 하지만 그에게 눈길을 주는 이는 한 명도 없었다.

　방 안이 온통 떠들썩한 가운데, 익살 맞은 분위기를 풍기는 키 작은 남자가 만면에 웃음을 지으며 빠져나가려는 시늉을 했다. 기자들은 "마윈! 마윈!"이라고 너나없이 소리쳤다. 다보스에 모인 무수한 정부 수반 가운데 누구도 그 같은 스포트라이트를 받지 못했다. 만약 중국 주석도 왔더라면 자국 기업인의 놀라운 인기를 시샘했을지도 모르겠다. 시진핑에게는 이렇게 조명이 쏟아지지 않았을 것이기 때문이다. 마윈은 중국에서 가장 유명한 인물이다. 어쩌면 전 세계에서 가장 유명한 중국인일지도 모르겠다. 손자와 피터 드러커의 명언을 유창한 영어로 읊어대는 마윈은 무패의 성공 신화를 써 내려간 억만장자로, 중국의 소프트파워를 상징한다.

하지만 명성은 영원히 지속되지 않았다. 그간 10여 차례 다보스 포럼에 참석하고 이사회의 구성원이기도 했던 마윈은 이번이 스위스 휴양지에서 마지막으로 으스대는 순간이 될 줄은 생각하지 못한 채 해맑게 웃었다. 자유의 시간도 이제 끝이었다. 얼마 후 시진핑은 중국 빅테크 기업 단속에 나섰고, 첫 목표는 일명 '잭 마Jack Ma'로 불리던 마윈이었다.

영어 강사 출신 기업가 마윈은 불행을 자초했다. '크레이지 잭 Crazy Jack'이나 '잭 매직Jack Magic'으로 수식되던 그는 몇 년 전부터 중국 정부의 심기를 건드려왔다. 마치 자식이 부모의 한계를 시험하듯이 도발하며 '선 넘는' 발언을 일삼았다. 물론 해외에서는 기본적으로 중국식 국가자본주의를 옹호하고 다녔다. 하지만 대담한 발언의 자유를 포기하지 못한 게 화근이었다.

상하이에서 남쪽으로 약 180킬로미터 떨어진 항저우의 한 수수한 마을에서 태어난 마윈은 종종 열등생이었던 유년기 시절에 대한 이야기를 거침없이 들려주었다. 그는 (다른 테크계 억만장자들과 달리) 수학도, 컴퓨터도 전혀 할 줄 몰랐다. 잘하는 건 영어였다. 학생 때 지리 선생님이 영어 공부를 해보라고 꾸준히 설득했던 것이다. 만약 외국인이 뭘 알려 달라고 하는 상황에서 이를 제대로 알려줄 수 없다면 중국이 체면을 구기는 일이라는 꽤 설득력 있는 논거였다. 마윈은 여기에 넘어갔다.

마윈은 모아둔 돈을 긁어모아 라디오 한 대를 샀다. 영어권 라디오 방송을 듣기 위해서였다. 마윈은 미국인의 억양을 따라 하면서 빠르게 영어 실력을 키웠고, 발음이 좋아진 탓에 외국인들은 고향에 돌아온 중국계 미국인이라고 오해하기도 했다.

마윈은 대학도 간신히 들어갔다. 세 번의 도전 끝에 가까스로 대학 입학 문턱을 넘은 것이다. 마윈은 영어를 전공했지만 그렇다고 선생님이 될 생각은 전혀 없었다. 하지만 중국 정부의 돈으로 공부를 한 만큼 항저우전자공업대학에서 최소 6년간 영어를 가르쳐야 했다. 영어 교사 일은 지겹기도 했거니와 보수도 (월 10달러로) 미천한 수준이었다. 그러나 학생들은 마윈의 수업을 전혀 지루해하지 않았다. 그도 그럴 것이, 교실을 작은 공연장으로 만들어버렸기 때문이다. 마윈은 입문자도 쉽게 배울 수 있는 '크레이지 잉글리시' 방식으로 학생들을 가르쳤다. 중국에서 벗어나길 원하거나 미국에서 회사를 차리려던 동문들은 마윈에게 영어 과외를 부탁했다. 한편 마윈은 미국인 여행객들에게 관광 가이드를 해준 뒤 이들과 대화하며 회화 연습을 하기도 했다. 그중 한 명이 마윈에게 '잭'이라는 별명을 붙여주었고, 이 별명이 마음에 들었던 마윈은 자신의 영어 이름으로 삼는다.

동물적인 냄새가 났다

1994년, 마윈은 하이보海博라는 회사를 설립한다. 중국의 수많은 통번역 에이전시 중 하나였다. 어느 날 그는 고속도로 투자 건 때문에 항저우 시 정부에 통역으로 고용되어 미국으로 가게 되었다. 그 후 시애틀에 있는 지인의 회사를 방문했다가 처음으로 인터넷이란 걸 접한다. 마윈은 컴퓨터에 '맥주'라는 단어를 쳐봤다. 여러 나라의 맥주에 대한 결과가 떴지만 중국 맥주는 나오지 않았다. 이어서 '중국'이라는 단어를 쳐봤는데 역시 별 내용은 나오지 않았다. 마윈은 중국으로 돌아와 차이나페이지China Page라는 웹사이트를 만들었다. 중국 기업들에게 홈페이지를 제공해주는 회사라 할 수 있었다. 결과는 대실패였다. 하지만 경제무역부에서 업무 편의를 위한 사이트 제작 작업에 동참해 달라고 제안했다. 이에 마윈은 동료들과 함께 베이징으로 상경해 업무를 성공적으로 수행했지만 다시 고향으로 돌아왔다.

1999년, 마윈은 자신의 계획을 본격적으로 실행에 옮겼다. 머릿속에서는 무엇을 하고 싶은지에 대한 생각이 선명했다. 인터넷 사이트를 만들어 판매자와 구매자를 연결하고, 아울러 최대한 많은 상품을 판매하는 것이었다. 마침 시기도 좋았다. 중국이 세계의 공장으로 발돋움하려는 상황이었고, 전 세계인이 값싼 중국산 제품을 구하고자 혈안이 되어 있었다. 마윈은 만국 공통의 마술 주문을 상호명으로 정했다. 그리고 동료들과 함께 작은 사무실을 차렸다. 알리바바의 탄생이었다.

얼마 후 소프트뱅크 회장 손정의가 알리바바에 거액을 투자한다. 알리바바 덕분에 한때 일본 최대 부호가 되었던 손정의는 훗날 마윈과의 첫 만남을 회상하면서 투자 이유에 대해 이렇게 설명했다. "그의 눈빛 때문이었습니다. 동물적인 냄새가 났지요."[1]

당시엔 덩 샤오핑의 '선부론', 즉 부자가 될 수 있는 사람부터 부자가 되라는 풍조에 따라 많은 중국인이 회사를 설립했다. 혁신에서 뒤처지길 원치 않지만 그렇다고 통제력까지 잃고 싶진 않았던 중국 정부는 만리장성 같은 만리방화벽Great Firewall을 구축해나갔다. 사이트 접속을 감시하고 차단하고 데이터를 필터링할 수 있는 인터넷 검열 시스템을 만든 것이다. 또한 가변이익실체Variable Interest Entity라는 특별한 기업 제도를 만들어냈다. 이 제도에 속한 회사는 외국 자본 유치가 가능했는데, 기업 활동에 자유를 주기 위해 다소 모호한 지위를 만들어 낸 셈이었다.

아마존과 달리 알리바바는 판매 수수료보다는 광고 수입을 주요 수익원으로 삼았다. 알리바바의 성공은 실로 놀라웠으며 장차 중국 테크계의 거물이 되는 바이두, 텐센트, 샤오미 같은 기업들과 마찬가지로 구글, 페이스북, 혹은 페이팔과의 경쟁에 시달릴 일이 없었다. 반면 미국의 IT 공룡들은 중국이라는 거대한 시장에 진출하기 위해 온갖 노력을 기울였으나 곳곳에 장애물과 암초가 워낙 많았다. 우선 그들은 중국 당국의 검열 시스템에 학을 뗐다. 모든 스팸 콘텐츠와 정치적으로 민감한 주제를 막아야 했기 때문이다. 이미 페이스북과 트위터는 2009년부터 접속이 차단되기 시작했고, 구글은 2010년 중국을 뜨기로 결심했다. 마이크로소프트의 링크드인은 인커리어InCareer라는 서비스를 통해 중국 시장에 남아보려 했으나 2023년 5월, 결국 백기를 들었다. 중국의 경쟁 환경이 너무 복잡했기 때문이다. 알리바바의 모델이 된 아마존은 2004년에 중국에 발을 들였지만 이미 너무 늦은 후였다. 알리바바와 JD.com이 중국 시장을 꽉 잡고 있어서 전자상거래 시장에는 빈틈이 없었다. 결국 2019년, 아마존도 두 손을 들었다. 대신 클라우드 서비스와 물류 사업은 중국에서 계속 유지해나간다는 점에서 위안을 얻었다.

은행이 변하지 않는다면 바꿔야 한다

2014년, 알리바바는 뉴욕 증시에 상장하여 약 250억 달러라는 기록적인 자금을 모았다. 나스닥 역사상 최대 규모로 상장에 성공한 것이다. 중국의 이 온라인 유통 괴물은 뉴욕 증시 첫 거래일에 종가 93.89 달러로 장을 마감했다. 시가 총액은 약 2,300억 달러로, 2,000억 달러의 페이스북이나 1,500억 달러의 아마존보다 높았다.

마윈의 제국은 알리바바에 국한되지 않았다. 마윈은 인터넷상 곳곳으로 가지를 뻗어나갔다. 페이팔과 비슷한 온라인 결제 서비스 알리페이, 이베이와 비슷한 타오바오, 주로 외국 브랜드 제품을 판매하는 티몰을 만들었다. 마윈은 실로 단기간에 엄청난 돈을 모았다. 모바일 결제, 금융 서비스, 엔터테인먼트 등에서 활약하던 알리바바는 전자상거래의 거인 이상의 존재가 되었는데, 개인정보 수십억 개를 긁어모았기 때문이다. 이는 알리바바의 또 다른 금광이었다.

엄청난 억만장자가 된 그는 자신의 부가 누구 덕분인지 익히 알았다. 그래서 정치적으로는 항상 친정부 성향을 보였다. 미국에 비해 중국이 가진 최고의 강점은 안정성이라고 주장하거나, 2013년에는 1989년의 천안문 시위 진압이 나라 안정을 유지하기 위한 올바른 결정이었다고 거리낌 없이 이야기했다.* 다만 자신의 사업과 관련해서는 무조건 정부 입장을 추종하지는 않았다. 그는 자주 이렇게 말했다.

* 2013년 7월 22일 로이터통신에 따르면, 홍콩의 《사우스차이나모닝포스트(South China Morning Post)》에 마윈의 천안문 시위 진압 지지 발언이 실린 뒤 큰 논란이 일어났고, 마윈을 인터뷰한 기자는 기사가 자신이 제출한 원고와 다르다며 사죄하고 온라인상에 게재된 기사를 수정한 뒤 사임했다. 하지만 《사우스차이나모닝포스트》는 해당 기자가 무단으로 기사를 수정했다고 발표하며 기사를 다시 이전 버전으로 되돌렸다. 이에 알리바바 그룹 대변인은 기사에서 마윈의 발언 일부가 삭제되었고 마윈은 천안문이 아니라 알리바바의 전 CEO 데이비드 웨이의 사임에 관해 언급했던 것이라며 악의적인 편집이라고 주장했다. 《사우스차이나모닝포스트》는 2016년에 알리바바 그룹에 인수되었다.

"정부를 사랑하되 결혼하지는 마십시오."

　2008년, 7차 중국기업리더연회中国企业领袖年会에서 마윈은 중국의 금융 시스템에 대한 비판을 스스럼없이 제기했다. "저는 수많은 은행이 자신들은 중소기업에 대출해준다고 말하는 것을 들어왔습니다. 지난 5년 동안 같은 말을 들어왔지만, 정말로 현장에서 이를 실천하는 은행은 얼마나 될까요? 거의 없습니다. 만약 은행이 변하지 않는다면 우리가 바꿔야 합니다." 그로부터 몇 달 후 이런 지적도 했다. "무언가 금융계를 교란할 만한 요인이 필요합니다. 은행이 변할 수 없다면 우리가 은행에 변화를 강제해야 합니다." 훗날 마윈은 전통적인 은행 시스템과 거리를 둔 핀테크 회사를 설립한다. 덕분에 소액 투자자들도 주식을 사고 팔며 기존 금융 기관에서 대출을 받을 수 있게 되었다. 이미 마윈은 2004년에 알리페이라는 모바일 결제 서비스를 개시하는 위험을 무릅쓰기도 했다. 중국 내 결제 시스템을 반드시 국가가 독점할 필요는 없다고 생각했기 때문이다.

　오랫동안 마윈은 자기 앞을 막을 자는 아무도 없다고 생각했다. 워낙 인기가 높았기 때문이다. 『마윈의 말马云口述』, 『마윈: 나의 경영 기술马云: 我的管理心得』 등처럼 기차역 어디서든 눈에 띄는 마윈에 관한 무수한 책들이 증명하듯이 말이다. 마윈은 그야말로 우상이었다. 중국인에게 마윈은 자수성가한 인물의 전형이었고, 세계인에게 마윈은 세상에 문을 열고 기술 혁신의 정점에 선 중국의 성공을 상징했다.

　시진핑 주석과의 오랜 인연도 안심 요인이었을지 모른다. 알리바바의 본사는 저장성 항저우에 있기 때문에 마윈은 시진핑이 저장성 당 서기였던 시절부터 그와 알고 지냈다. 시진핑은 알리바바의 성장을 독려했으며, 2007년에 상하이를 담당하게 된 후에는 관료들과 함께 알리바바를 방문해 상하이의 발전을 도와 달라고 부탁하기도 했다.

한계에 다다른 시진핑의 인내심

하지만 시진핑의 인내심에도 한계는 있었다. 마윈은 점점 더 대담해졌고 도발적인 행보의 수위도 높아졌다. 《월스트리트저널》에 따르면 2015년 미국에서 시진핑 참석하에 미중 기업가 모임이 열렸을 때 모두가 주어진 3분의 연설 시간을 지켰지만 마윈은 혼자서 10분간 이야기를 늘어놓았고 이를 시진핑이 탐탁지 않게 여겼다고 한다.

　만약 시진핑이 마윈의 무대 위 퍼포먼스를 보았다면 뭐라고 생각했을까? 2019년 알리바바 20주년 행사 때 마윈은 가발, 항공 점퍼, 선글라스를 착용하고 록스타처럼 무대 위에 올라 일렉트릭 기타를 연주하며 직원 수만 명의 환호를 받았다. 2015년, 중국 독신자의날(광군제) 행사를 위해 영화배우 대니얼 크레이그를 중국으로 초청했을 때는 그의 새로운 본드 걸이라는 유머러스한 소개와 함께 무대에 오르기도 했다. 마윈은 무대 위 퍼포먼스에 대한 본능적인 감각을 타고났다. 그의 부모님은 단순한 서민층 노동자가 아니었다. 핑탄評彈 배우였다. 핑탄은 현악기 연주와 노래와 이야기가 결합된 중국 전통 예술이다. 사각진 턱이 인상적인 이 전자상거래의 작은 거인에게는 부모와 마찬가지로 배우의 피가 흘렀다.

　하지만 정부를 도발한 대가는 상당히 컸다. 2020년 10월 24일 상하이 와이탄 금융서밋에서 내뱉은 장광설로 인해 치러야 했던 비용은 약 345억 달러였다. 이 금액은 원래 12일 후인 11월 5일, 알리바바의 핀테크 회사인 앤트그룹Ant Group이 홍콩과 상하이 증시에 동시에 상장되면서 얻게 될 돈이었다. 그런데 앤트그룹의 기업 공개가 중국 당국에 의해 중단되었다. 마윈이 신랄하게 내뱉은 발언이 화근으로, 시진핑이 직접 중단 명령을 내렸다고 한다.

마윈은 무슨 불경죄를 저질렀기에 이런 처분을 받은 걸까? 알리바바와 알리페이를 만든 창업주는 중국 금융 시스템의 문제점들을 비판했다. 심지어 우발적인 발언이 아닌 미리 계획된 발언이었다. 전날 마윈이 직원들에게 그 내용을 미리 알렸기 때문이다. 그는 메모해둔 내용을 읽어가며 단어 하나하나에 힘을 주어 연설했다. 금융 규제 개혁이 반드시 이뤄져야 하며, 중국 은행들이 여전히 "전당포식 사고방식"으로 운영되고 있다고 지적했다. 온라인 대출 규제도 대놓고 비판했다. 시대착오적인 발상이고 그 때문에 중국 금융 생태계에 혁신이 제대로 이뤄지지 않는다는 것이었다. 아울러 중국 금융은 시스템상의 리스크에 직면한 것이 아니라 시스템의 부재에 따른 리스크에 직면했다고 단언한 뒤 다양한 금융 시스템을 허용하지 않으면 건강한 경제를 이룰 수 없다고 역설했다.[2] 물론 이런 부분들이 중국 금융 시스템의 폐단인 것은 사실이다. 그러나 이를 입에 올림으로써 마윈은 명백한 '월권' 행위를 하였고 넘지 말아야 할 선을 넘었다.

너무 위험한 존재가 되어버린 앤트그룹

마윈은 몇 가지 불변의 원칙이 존재한다는 사실을 망각했다. 일단 중국에서 금융 산업은 매우 중요한 부문이라 민간에 함부로 넘기지 않는다. 상거래와 금융은 엄연히 별개 영역이다. 시진핑에게 금융 안정성은 국가 안보와 직결된 문제다. 금융 시스템을 비판하는 마윈의 발언으로 규제당국은 드디어 정부의 정치적 지지를 얻었다. 그간 바랐던 대로 앤트그룹의 모든 금융 서비스에 대한 엄격한 신규 규제책을 마련하고 그룹의 상장을 막을 수 있는 정부의 승인을 얻은 것이다. 그리고 그에 따른 결과는 충격의 연속이었다.

당국은 우려의 대상이 된 알리바바 제국을 하루빨리 단속하고 싶어서 안달이 난 상태였다. 앤트그룹이 유통하는 금융 상품은 중국판 서브프라임 사태를 불러올 수도 있었다. 중국에서는 10억 명 이상의 인구가 음식값을 지불하고 신용 거래를 하는 데 알리페이를 사용하며, 저축에도 알리페이가 이용된다(참고로 중국에서는 모바일 결제 총액이 카드 결제 총액보다 세 배 높다). 따라서 알리페이는 중국인의 일상에 필수적인 금융 포털 서비스인데 일반 사용자들은 거래 비용을 거의 내지 않는다. 따라서 알리페이는 새로운 수입원을 창출해야 했다. 앱상의 데이터를 이용해 고객에게 직접적으로 투자 상품을 제공하기 위해 알리페이는 머니 마켓 펀드 상품 위어바오余额宝를 출시했다. 위어바오의 인기가 지나치게 높아지자 당국의 우려도 커졌다. 은행의 예금 기반을 무너뜨릴 것 같았기 때문이다. 게다가 화베이花呗라는 소액 후불 결제 플랫폼은 이용자에게 거의 무상으로 300달러의 신용 서비스를 제공했다. 중국의 3분의 2 지역에서는 가구당 월 평균 소득이 300달러가 채 되지 않는다. 2020년 6월에는 중국 가계 단기 대출 5분의 1이 화베이로 몰렸다.

요컨대 앤트그룹은 상장 시점에서 막대한 유동성을 보유한 데다 금융 계약 건수도 상당히 많이 물려 있었기에 전체 금융 시스템을 좌우할 수 있는 기업이었다. 앤트그룹이 어떤 리스크를 가져올지 알 수 없는 상황에서 당국은 금융 흐름에 대한 통제권을 잃게 될까 우려했다.

상장 폐지와 그룹 분할

앤트그룹의 상장을 앞두고 《이코노미스트》는 다음과 같이 분석했다. "앤트그룹은 어떤 중국 금융 기관도 가지지 못한 방식으로 세계적인 중요성을 띠고 있다. 중국 은행들은 거대하지만 비효율적이며, 정부에 소유되어 있는 부담스러운 존재다. 그런데 외국의 금융 전문가들이 앤트그룹은 호기심, 부러움, 불안함 섞인 시선으로 바라본다. 백악관의 강경 보수파 일부는 앤트그룹을 제지하거나 상장을 방해하고 싶어 한다고 전해진다. 앤트그룹은 세계에서 통합 수준이 가장 높은 핀테크 플랫폼이다. 애플페이(오프라인 결제), 페이팔(온라인 결제), 마스터카드(신용카드 결제), 벤모Venmo(송금), JP모건체이스(융자), 아이셰어즈iShares(투자)를 하나로 합쳐놓은 것과 같다. 더불어 보험 중개 서비스도 있다. 이 모든 서비스가 앱 하나에서 제공된다."[3] 이처럼 모바일 결제, 신용 거래, 투자 거래, 보험 거래 등 모든 금융 분야를 장악한 앤트그룹에 예상치 못한 문제가 생길 경우 중국 금융 시스템 전체가 무너질 수도 있다는 우려가 생겨났다.

마윈이 예의 발언을 한 다음 날, 당국은 마윈을 소환하여 면담을 진행하고 규제 원칙을 재차 상기했다. 마윈은 상장 폐지만의 철퇴를 맞은 게 아니었다. 앤트그룹 자체가 중국 중앙은행 관할로 들어갔다. 그리고 '법적 시정 절차'가 시작됐다. 위험 요인을 없애기 위해 정식으로 그룹 해체 수순을 밟게 된 것이다. 이러한 조직 재정비 과정은 2년간 지속되었다. 현재 알리페이는 수익성 높은 소비자 대출 업무와 분리되었다. 카드 대출 서비스 화베이와 무담보 직접 대출 서비스 제베이借呗가 각각 별개의 회사로 분리됐고, 앤트그룹은 지분의 최대 50퍼센트를 보유할 수 있게 되었다. 항저우시 소유의 국영 조직체로도 지분의 10퍼센트가 돌아갔다. 앤트그룹은 주요 사업 활동에 대한 라이선스도 획득해야 했다. 이런 식으로 중국 중앙은행의 관리 감독을 받는 금융지주회사로 변모해갔다.

마윈을 굴복시킨 방식은 중국의 대표적인 기업인 통제 방식으로, 일반적인 법치 국가에서는 생각할 수 없는 조치다. 규제와 금융 관련 조치는 단지 겉으로 드러난 시정 조치에 불과했다.

당국의 개입 후 마윈은 거의 석 달간 외부에 모습을 드러내지 않았다. 그가 언론에서 말 그대로 완전히 사라진 기간은 무려 88일이다. 심지어 아프리카 기업인들을 위해 직접 열성을 다해 만든 TV 프로그램 〈아프리카의 비즈니스 영웅들Africa's Business Heroes〉의 마지막 회에도 참여하지 않았다. 방송 오프닝에서는 그의 이름이 아예 사라졌다.

마윈이 사라진 이 기간 동안 온갖 해괴한 루머가 나돌았다. 일각에선 이 반항적인 기업가가 제거되었다고 생각했다. 지금은 그가 다른 동료 기업인 대다수와 마찬가지로 '쐉구이雙規' 처분을 당했다고 여긴다. 쐉구이는 심리적, 정신적으로 압박을 가하는 일종의 '백색 고문'으로, 특히 부패 스캔들이 일어났을 때 주로 사용하는 방식이다. 가족이나 변호사에게도 알리지 않고 대상자를 억류하며, 대상자는 몇 주 동안 세상과 완전히 단절된다. 보통 호텔방이나 자택에 억류되는데, 달리 말하면 구금 조건에 대한 법을 지킬 필요가 없는 공간에서 억류가 이뤄지는 셈이다. 또한 매일 취조가 행해지며 24시간 내내 감시를 받는다.

'백색 고문'을 당한 마윈

《레제코》가 보도한 대로 중국은 2012년 시진핑이 집권한 뒤 "기업인들이 증발하는" 나라가 되었다. 신임 주석이 된 시진핑의 반부패 운동의 일환으로 부유한 기업인 수십 명이 종적을 감추거나 당국에 체포됐고, 일부는 싱가포르, 미국, 캐나다, 호주 등지로 망명했다. 약간의 재산과 함께 아내와 아이만 일단 해외로 빼돌리는 사람도 있었다.

정부는 우선 정치인과 공무원을 타깃으로 삼았고 이후 국영 대기업 지도층이 단속 대상이 되었다. 그다음에는 에너지, 통신, 부동산, 금융 산업의 민간 기업 운영진도 정부의 포위망에 들어갔다. 이런 식으로 중국에서 1년 동안 억만장자 600명 중 60명이 사라진 것으로 추정된다. 마치 아무 일도 없었던 것처럼 다시 나타나는 이들도 있었지만, 사형에 처해졌거나 아직 감옥에서 썩고 있는 사람들도 있다. 중국 최대의 계육 생산업자 쑨다우, 투자 은행 차이나르네상스의 공동 창업주 바오판, 부유한 은행가 리화이칭 등을 예로 들 수 있다. 금융계의 또 다른 큰손으로 고위층 자제들의 은행가로 통하던 샤오젠화 회장도 홍콩에 있는 호텔에서 눈이 가려지고 휠체어에 태워진 채 끌려갔다.

마윈이 다시 모습을 드러낸 날은 2021년 1월 20일이었다. 마윈 재단 주최의 한 행사에서 그의 화상 연설이 공개되었고, 지역 언론 《톈무뉴스天目新闻》가 이 영상을 온라인에 배포한 것이다. 영상 속에서 마윈은 농촌 지역 교사들의 활약에 흡족해하는 모습을 보였다. 말투는 담담했으며, 트레이드 마크였던 장난기 어린 미소는 찾아보기 힘들었다. 이어 그가 하이난섬의 싼야에서 골프를 치는 모습이 포착되었다. 골프는 그가 무술, 태극권과 함께 유독 좋아하는 운동이었다. 이후 마윈은 태국에서 모습을 드러낸 뒤 마지막에는 도쿄에 자리를 잡았다.

마윈이 목숨을 잃지 않을 수 있었던 건 아마도 전 지구적인 명성 덕분이었을 것이다. 그렇다고 숙청 작업에서 무사할 수는 없었다. 따라서 그는 외향적인 서구식 모델, 즉 자신의 개성을 내보이며 언론을 이용하던 종전 모델에서 탈피하여 겸손함을 모토로 삼는 중국식 모델로 전환했다. 당이 바라는 대로 소박한 서민 이미지를 내세우며 고향 마을의 공동체를 걱정하는 모습을 부각한 것이다. 중국에서 '모범적인' 기업인이 되려면 사회 발전에 이바지하고 '올바른' 정신을 갖추고 있음을 증명해야 한다. 이미 마윈은 2019년부터 알리바바의 경영에서 물러나 있었으며 어떤 부패 행위에도 연루된 적이 없었다. 참고로 중국에서는 부패에 대한 정의가 매우 광범위하여 간통죄는 물론 당에 대한 불복종 역시 부패 행위에 해당한다. 결국 마윈은 업계에서 완전히 사라졌다. 앤트그룹의 경영권도 넘겼고, 현재는 약 6퍼센트 정도의 지분만 보유하고 있다. 앤트그룹의 가치 역시 말 그대로 폭삭 주저앉았다. 알리바바의 주가는 2020년 10월 문제의 발언이 있고 난 후 4분의 3 가까이 하락했으며 마윈의 개인 재산도 크게 줄었다. 2023년, 마윈의 그룹은 여섯 개로 쪼개졌다. 너무 이른 나이에 일선에서 물러난 이 젊은 기업인은 2023년 9월부터 홍콩, 도쿄, 텔아비브, 르완다 키갈리 등지의 대학에서 지속 가능한 농업, 환경, 경영 등을 가르치고 있다.

겸손함을 다시 배운 재벌들

마윈의 경우는 중국 정부가 '시스템'을 좌우하는 구조적인 힘을 가진 억만장자들, 특히 권력 남용 면에서 미국 테크계의 거물들과 비슷했던 기업가들을 다루는 방식을 보여주는 대표적인 사례다. 중국은 일단 기업 혁신을 도모하기 위해 이들이 재산을 늘리는 것을 방임한다. 서방의 경쟁 업체들로부터 보호해주며 아슬아슬하게 선을 넘는 방식을 쓰더라도 제재 없이 눈감아준다. 실제로 중국의 GAFAM에 해당하는 BATX*는 2012년부터 2020년까지 반부패 운동으로부터 무사했다. 불공정 행위를 해도 정부가 묵인해준 덕분이었다. 이러한 방임 태도 때문에 테크 기업들은 무슨 짓을 하더라도 처벌받지 않을 거라는 믿음을 가졌던 듯하다. 그리고 마윈의 그 '문제적 발언'은 기업 토벌 작업의 시발점이 되었다. 정부의 단속은 향후 몇 년간 지속되었다. 테크계 전역에 걸쳐 대대적인 제재가 이뤄졌으며 재벌들은 하루아침에 무대에서 밀려나 나락으로 떨어졌다.

시진핑은 마윈이 다시 모습을 드러내고 얼마 지나지 않은 2021년 3월, 《인민일보》를 통해 이를 예고했다. "중국 플랫폼 경제의 발전은 현재 매우 결정적인 단계에 이르렀으며, 눈에 띄는 문제들을 해결하고 규제 내에서의 건전하고 지속적인 발전을 도모하기 위해 더욱 노력해야 한다."[4] 그는 중대한 문제점 두 개를 지적했다. 첫 번째는 지배적 지위 남용과 불공정 관행 문제다. 명백한 독점 체제, 독점적 관행, 플랫폼 간의 상호 운용성 제한 등이 해당한다. 두 번째는 개인정보의 부당한 이용 문제다. 과도하게 수집하거나 규정을 위반해 이용하는 경우가 해당한다. 정부는 이 두 문제점으로부터 소비자와 영세 기업을 보호해야 했다. 이는 유럽과 미국에서도 똑같이 나타나는 문제들이다. 차이가 있다면 유럽과 미국은 그저 당하고만 있다는 점이랄까?

수년 전부터 중국의 빅테크 기업들은 지배적 지위를 이용해 소상

---

* 바이두(Baidu), 알리바바(Alibaba), 텐센트(Tencent), 샤오미(Xiaomi)를 가리킨다.

공인들에게 독점 파트너십을 맺도록 강요했다. 경쟁사 서비스와의 상호 운용성을 제한하거나 덤핑 전략을 써서 시장 점유율을 가져가기도 했다. 또한 개인정보 수십억 개를 수집했다. 미국 빅테크 기업들과의 유일한 차이라면 아마 조세 천국을 덜 이용하고 있다는 점이리라. 어찌 됐든 불공정 관행에 대한 불신과 경계가 중국인들 사이에서 싹트기 시작했고 개인정보 이용에 대한 경각심도 차츰 커져갔다. 하지만 이번 사태가 중국 국민들 승리로 이어진 것인지는 미지수다. 뒤에 가서도 살펴보겠지만 테크 기업 단속은 오직 정부의 이득을 위한 것이었기 때문이다. 기업들이 수집한 개인정보가 몽땅 넘어가 중국인들은 이제 정부의 절대적 감시하에 놓였고, 예전처럼 주민들의 이동이나 행동을 감시하기 위한 지역 관리인도 필요 없어졌다. 기술 덕분에 주민의 모든 삶을 추적할 수 있게 되었기 때문이다.

알리바바는 기업에 대한 시정 명령의 첫 번째 희생양이었다. 2021년 3월, 알리바바는 지배적 지위 남용죄로 약 182억 위안이라는 기록적인 액수의 벌금을 선고받았다. 실제로 알리바바는 자사 플랫폼이 아닌 다른 곳에서 제품을 파는 판매자에게 보복 조치를 취해왔다. 당국은 알리바바의 새 경영진에게 알리바바 계열사들이 구조적으로 너무 많은 돈을 벌고 있다고 지적하면서 과도한 수익은 중국 경제에 누가 될 수 있다고 설명했다.

'시정 조치'를 받은 70여 개 기업

알리바바에 대한 제재가 이뤄지고 나서 사흘 후, 34개 테크 기업이 당국에 소환되어 독점적 관행을 시정하도록 명령받았다. 그중 약 열 곳은 바로 순응하며 이튿날 바람직한 기업 활동을 공개적으로 약속했다. 고객이 경쟁 플랫폼에서 상품을 판매해도 막지 않고, 시장 점유율을 높이기 위해 가격을 파괴하지 않고, 지적재산권을 준수하고 소비자의 권리를 지키는 한편, 불법적인 영업 활동을 발견할 경우 당국에 신고하고, 개인정보를 불법적으로 수집하지 않고, 지배적인 시장 지위를 남용하지 않으며 다른 시장 주체들과 담합하지 않기로 했다.

그로부터 3년간 약 70개의 테크 기업이 시정 조치를 받았다고 추정된다. 알리바바, 텐센트, 넷이즈NetEase, 콰이쇼우快手, 트립닷컴, 빌리비리哔哩哔哩, 디디추싱滴滴出行 등도 포함됐다. 소셜미디어, 전자상거래, 배달, 차량 공유, 호텔 예약, 검색 엔진 등 다양한 분야에서 활동을 벌이는 테크 기업들은 스스로 자기 평가를 하고 경쟁 규칙을 준수하기 위한 조치를 즉각 취하고, "책임감을 향상하고 국익을 우선"하라는 명령을 받았다. 이러한 조치로 당국은 기업들의 폐쇄적인 구조를 타파하려 했다. 가령 타오바오(알리바바)에서 위챗페이(텐센트)로 결제할 수 없거나, 더우인(바이트댄스字节跳动)의 영상이 위챗(텐센트)에서 공유될 수 없었던 기업 관행을 없애고자 한 것이다.

그리고 이 모든 시정 조치가 이뤄지는 과정에서 벌금 세례가 쏟아졌다. 중국의 대표적인 차량 공유 플랫폼 디디는 2021년 6월 뉴욕 증시에 상장하여 44억 달러를 거둬들였지만 그 후 바로 이틀 만에 제재받았다. 이용자의 개인정보를 불법으로 수집한 혐의를 받은 이 기업은 모든 앱스토어에서 앱을 내려야 했다.

이제 중국 정부는 직접적으로든 지자체를 통해서든 빅테크 기업들의 이사회에 참여해 아예 이들의 의결 내용까지 통제하고 있다. 쉽게 갈 수 있는 길이 있는데 굳이 복잡하게 돌아갈 일이 뭐 있겠나?

이 기업들 대부분은 뉴욕 증시에 상장되어 있었고 수익이 줄어들 전망을 보이자 주가가 곤두박질쳤다. 2021년 11월 기준으로 중국 테크 기업들은 1조 달러가 넘는 시가 총액을 잃었다. 중국의 민간 부문도 전체적으로 약해졌다. 중국의 민영 기업들은 세수의 약 50퍼센트, GDP 성장의 60퍼센트, 고용의 80퍼센트를 책임지고 있기에 자칫하면 국가 경제 자체가 마비될 수 있다. 창업주를 일선에서 배제하자 기업들의 효율성이 떨어진 것은 물론이다. 마윈을 비롯하여 콜린 황(핀둬둬拼多多), 리우창둥(JD.com), 장이밍(틱톡), 청웨이(디디) 등의 많은 기업가가 정부의 압력하에 경영 일선에서 물러났고, 이들의 재산이 크게 줄어드는 것과 동시에 회사의 주가도 동반 하락했다. 콜린 황의 재산은 331억 달러, 일명 '포니 마Pony Ma'로 불리며 중국에서 가장 부유한 사람으로 꼽히던 마화텅의 재산은 491억 달러로 적잖이 감소했다.

하지만 시진핑은 정부 조치에 수반되는 이러한 피해에 별로 개의치 않는다. 오늘날 중국에서는 정치가 다시 경제보다 우선시되고 있기 때문이다. 10억 명 이상의 인터넷 사용자를 보유한 이 나라에서 빅테크 기업들은 이제 당의 목표를 위해 봉사해야 한다. 예외가 있다 해도 일시적일 뿐이다.

'정신적 아편'과 다름없는 소셜미디어

테크 기업들이 미치는 사회적 영향이 워낙 크기에, 중국 정부는 경제 분야를 단속하는 동시에 '말세'라는 평을 듣는 현 사회도 '정신적으로 단속'해야 했다. 중국에서 제기되는 문제는 서방에서 페이스북이나 구글로 인해 제기되는 문제와 완전히 일치한다. 하지만 중국은 권위주의 국가다. 따라서 문제를 수정하기가 훨씬 수월하다. 시진핑이 결단만 내리면 되기 때문이다.

중국 정부는 소셜미디어, 온라인 게임, 도박 등을 '정신적 아편'으로 규정했다. 과도하게 하면 중독되고 만다는 것이다. 2021년 도입된 신규 규제에 따르면 18세 미만 청소년은 매주 금요일, 토요일, 일요일 저녁 20시에서 21시 사이에만 온라인 게임을 할 수 있다.

2023년, 시진핑은 소셜미디어 중독에 대한 단속의 고삐를 한 차례 더 당겼다. 소셜미디어가 사회를 퇴폐적으로 만드는 한 요인이라고 여긴 것이다. 젊은 세대의 체력이 떨어지고 학교 성적이 저조해지는 것 역시 소셜미디어에 책임을 돌렸다. 중국사이버공간관리국CAC은 청소년의 소셜미디어 이용을 단속하기로 했다. 그에 따라 18세 미만 청소년은 22시부터 아침 6시 사이에 모바일 기기로 인터넷을 사용할 수 없게 됐다. 각 스마트폰 제조사와 플랫폼도 의무적으로 부모가 설정할 수 있는 '청소년' 모드를 만들어야 했다. 연령에 따라 하루 동안의 전체 이용 시간도 제한되었다. 8세 미만은 하루 40분, 8세~16세는 하루 한 시간, 16~18세는 하루 두 시간만 사용하도록 한 것이다.

청소년의 구매 한도액도 정해졌다. 8세~16세 사이의 청소년은 가상 아이템을 구매하는 데 월 200위안 이상 지출할 수 없다. 16세~18세의 경우 한도액은 400위안까지 올라간다.

이로써 중국 빅테크 기업들의 주가가 더 떨어진다 해도 그리 중요치 않았다. 기업들의 역할은 그 콘텐츠를 통해 "사회주의의 기본 가치, 진보적인 사회주의 문화, 아울러 중국의 우수한 전통 문화와 혁신적인 문화를 증진"하는 것이기 때문이다. 특히 이 기업들은 장차 이 나라를 이끌어갈 세대의 잠재력을 보호하는 임무를 맡고 있다. 2017년 기준으로 중국에서 소셜미디어 중독으로 인해 피해를 입은 청소년은 2400만 명에 달한다.

　　CAC는 이러한 결정을 어떻게 구체적으로 시행할 수 있었을까? 당국의 관리 감독과 제조사의 자율 규제 덕분이었다. 플랫폼들은 필요한 자료를 당국에 제출해야 하며 자체적으로 영향 평가 또한 진행해야 한다. 당국은 이용자들의 연령 확인을 위해 소프트웨어 발행사들에게 개개인의 신분증을 검사하도록 지시했다. 여기에 안면 인식 기술도 이용되고 있는데, 특히 텐센트는 60개 게임상에서 안면 인식으로 이용자 나이를 확인하고 있으며, 1일 이용자 수가 1억 명이 넘는 게임 〈아너 오브 킹즈Honor of Kings〉도 예외는 아니다. 사실 텐센트는 일찌감치 18세 미만 청소년이 밤에 접속할 수 없도록 이용 시간을 정해두었다. 하지만 당국은 텐센트와 넷이즈의 대표들을 불러 주당 세 시간 이용 규정을 가감 없이 적용할 것을 요구하고, 중독성 있는 시나리오 또한 수정하도록 지시했다. 더불어 새로운 게임들의 출시 허가를 유예했다.

　　과도한 휴대폰 사용을 막고 의존도를 낮추기 위한 중국 정부의 결정은 언젠가 유럽도 반드시 고려해야 할 공중 보건 조치다. 무절제한 개인정보 이용을 막고 독점적 관행을 없애는 것도 원칙적으로는 정당한 일이다. 중국 정부의 접근 방식이 서방의 민주주의 국가에선 적법하지 않다는 게 문제랄까? 그러나 빅테크 기업이 지배적 지위를 남용하고 과도한 수익을 거둬들이는 것은 서방 국가들도 해결해야 할 과제다.

검열과 통제에 가로막힌 AI 연구

이 같은 '시정 조치'를 시행하면서 시진핑은 테크계의 거물들을 하나 둘 굴복시켰다. 덩 샤오핑의 "부자가 되어라"라는 주문은 40년이 지난 지금 '돈을 더 적게 모으라. 그리고 당신이 누구 덕에 재산을 모았는지 잊지 말라'로 바뀌었다. 중국을 대표하던 기업인들은 이제 사회에 투자할 역량을 입증해야 했고, 아울러 정부가 원하는 방향으로 올바른 정신이 박혀 있다는 점도 보여주어야 했다. 오늘날 중국 정부의 모습을 보면 문화혁명 초기 무자비하게 예술인을 탄압하던 공안당국이 떠오른다.

이렇듯 정부가 통제를 강화하면 경제 성장만 영향을 받는 게 아니라 장기적으로는 중국의 AI 개발도 영향을 받는다. 2023년 4월, CAC는 생성형 AI 콘텐츠가 "사회주의의 핵심 가치를 구현해야 하며, 국가 권력을 뒤흔들거나 사회주의 체제를 전복하는 내용, 국가 분열을 유도하거나 민족 단결을 훼손하는 내용을 포함해서는 안 된다"라고 발표했다. 그런데 중국의 검열 제도는 키워드 중심 필터링을 통해 부적절한 정보를 차단하는 것이기에 챗GPT 같은 AI 챗봇과는 양립할 수 없다. 생성형 AI의 콘텐츠를 검열할수록 챗봇이 만들어내는 정보량도 줄어든다. 사실 중국의 생성형 AI의 초반 피드백은 꽤 실망스러운 수준이었다. 바이두에서 만든 어니봇文心—言은 애초에 모든 정치적 주제를 피하도록 설계되어 '정부의 검열을 받고 방화벽으로 둘러싸인 인터넷'에서 제대로 작동하지 못하는 모습을 보여주었다. 또한 영어나 프랑스어보다 중국어로 훨씬 더 많은 거짓이나 '환각'을 만들어냈다.

여기서 언어란 정보의 수단에 불과하다는 사실을 새삼 깨닫는다. 손자의 "지피지기 백전백승"이라는 말 역시 다시 한번 생각해보게 된다. AI 시대에 이는 중국 정부가 심히 우려할 만한 상황이다. 챗GPT 같은 AI 모델의 연료는 정보이기 때문이다. 따라서 중국 정부의 콘텐츠 단속은 세계 무대에서의 AI 경쟁에도 영향을 미치게 될 것이다.

중국의 이러한 제재와 규제 남발은 '자본주의의 폐단'을 없애고 시진핑의 모토인 '공동의 번영'으로 나아가기 위한 노력의 일환이다. 하지만 그럴듯하게 들리는 말들 뒤에 숨은 현실은 그렇게 단순하지 않다. 중국은 테크 기업들이 끌어모은 개인정보를 이용해 '사회 신용 점수 제도'라는 말 많은 제도를 운영하고 있다. 사회 신용 점수란 각 개인에게 부여되는 일종의 성적 같은 것으로, 이 점수가 높으면 대출도 잘 받을 수 있고 기차나 비행기로 여행하거나 자동차도 빌릴 수 있다. 기업에도 사회 신용 점수가 부여되는데, 이 점수가 일정 수준을 넘지 않으면 해당 기업은 더 이상 대출도 받지 못한다.

시진핑의 승리

이러한 조치는 시진핑과 당의 절대 권력을 유지하기 위해 필수적이었다. 베이징의 리서치 기업 게이브칼드래고노믹스Gavekal Dragonomics의 애널리스트 츠이 어난은 2023년에 발표한 한 소견서에서 인터넷 서비스에 대한 중국 사회의 의존도가 상당히 높다는 사실이 코로나19 팬데믹 때 드러났다고 지적했다. 인터넷 서비스가 이제는 중국인들의 삶에 없어서는 안 될 인프라로 자리 잡은 것이다. 츠이 어난이 기술한 바에 따르면 "중국 정부는 온라인 플랫폼들이 정부보다 힘이 세지는 것을 우려했다."[5]

정부 위에 군림하는 억만장자란 중국에서는 있을 수 없는 존재다. 마땅히 내야 할 세금을 내지 않는 래리 페이지나 세르게이 브린, 반독점법을 지키지 않는 제프 베이조스, 화가 나면 어디로 튈지 모르는 인물임에도 한 나라의 국방과 우주 정책을 좌우하는 일론 머스크 같은 존재는 중국이란 나라에서는 상상할 수가 없다. 민간 기업은 내야 할 세금을 결코 거부할 수 없고, 정부가 할 일을 대신 수행할 수 없으며, 정부가 필요로 하지 않는 개인정보도 소유하지 못한다. 온 세상의 디지털화를 부추긴 코로나19 팬데믹은 만약 중국 빅테크 기업들이 미국이나 유럽에서처럼 대마의 위치를 점하며 통제 불능 상태가 된다면 벌어질 상황을 가늠하게 해주었다. 그에 따른 위험을 직감한 중국 정부는 이제 잔치가 끝났다는 사실을 온 세상에 알렸다. 그 어떤 테크계 재벌도 21세기 중국의 '황제'와 당에게 대적할 만큼의 권력을 가져서는 안 된다.

미국도 이 점을 잘 깨달아야 한다. 빅테크 기업들이 우리의 모든 일상을 완전히 장악해버린 이 상황을, 법치 국가로서의 선을 지키면서도 잘 종식시킬 수 있기 때문이다. 다만 21세기의 신종 괴물을 공략하려면 진정한 정치적 용기와 결단이 필요하다.

07

정부 없는 세상은
어떤 모습일까?

테크계 억만장자들은 온 세상 아이들을 몽땅 전자기기 앞으로 데려다 놓았음에도 정작 자기 자식들은 손도 대지 못하게 한다. 우리 아이들을 전자기기 '중독' 상태로 만들어놨으면서 자기 자식들은 이용하지 못하도록 대놓고 막는다. 억만장자들은 중독성 높은 온라인 게임과 소셜미디어가 젊은 세대의 정신 건강에 미치는 영향을 누구보다 잘 알기에 자식들에게 미칠 위험을 감수할 생각이 없다. 우리는 해도 좋은 것이 저들에겐 좋지 않은가 보다.

　페이스북, 구글, 아마존이 생겨났을 때 아직 이 테크계 천재들에게는 자녀가 없었다. 하지만 이젠 아이가 생겨 미래에 대한 관점이 달라졌다. '조상'격인 빌 게이츠에게는 1996년에 태어난 첫째 제니퍼를 비롯해 로리, 피비라는 자녀들이 있다. 그런데 빌 게이츠는 세 아이가 열네 살이 되기 전에는 휴대폰을 허용하지 않았다. 자녀들이 친구들은 이미 휴대폰을 가졌다고 불평해도 개의치 않았다. 아이들에게 휴대폰을 허용한 후에도 매일 이용 시간을 제한했고 특히 식탁 앞에서는 사용을 금지했다. 빌과 멀린다도 숙제와 친구들과의 대화 등에서 자식들이 전자기기를 어떻게 유용하게 사용할 수 있을지, 또 과도한 사용으로 바뀌는 지점은 어디인지 고민했던 모양이다.

2011년 고인이 된 애플 창업주 스티브 잡스의 자녀들 또한 아이패드가 출시됐을 때 이를 사용해본 적도 없었다. 스티브 잡스는 "우리 집에서는 아이들의 전자기기 사용을 제한한다"[1]고 말했다고 한다. 전기 작가 월터 아이작슨이 《뉴욕타임스》를 통해 전하길, "매일 저녁 스티브는 주방에 있는 크고 긴 식탁에서 가족과 저녁 식사를 하며 책, 역사 등 다양한 주제에 대해 이야기를 나누곤 했지요."[2] 스티브 잡스 집이든 빌 게이츠 집이든 식사 중에는 절대 전자기기를 볼 수 없었다.

페이스북 창업주 마크 저커버그는 2017년, 새로 태어난 딸 어거스트에게 공개적인 편지를 썼다. 내용인즉슨 '밖에 나가서 놀라'[3]는 것이었다. 아이가 꽃향기를 맡고 나뭇잎을 모으며 놀았으면 좋겠다[4]고 적었단다. 그야말로 어불성설이다.

2010년 인스타그램을 만든 뒤 2018년 대표직에서 사퇴한 케빈 시스트롬은 테크계의 차기 주자들이 온라인상의 괴롭힘 문제를 해결할 수 있으면 좋겠다는 바람을 밝혔다. 자기 손으로 만든 서비스를 운영할 때는 이 문제를 막지 못했던 케빈 시스트롬은 2018년 딸 프레야가 생기고 나서야 그 폐단을 인식했다. 딸에 대한 걱정 때문에 자기가 남긴 '숙제'에 대해 더 깊이 생각하게 된 것이다.[5]

미국의 《와이어드Wired》 편집장을 지낸 후 지금은 3D로보틱스3D Robotics 사장으로 있는 크리스 앤더슨도 아이들의 전자기기 사용을 제한했다. 또한 방에 절대로 휴대폰이나 태블릿PC를 가지고 들어갈 수 없게 했다. 아이들은 아빠를 권위적이라고 비난했지만 그는 결코 물러서지 않았다. "이 기술들의 위험성을 직접 목격했기 때문이다." 그와 마찬가지로 미국 기업 클라우드플레어Cloudflare의 인사 담당자 수전 홉스도 딸이 소셜미디어를 사용하지 못하도록 했다. 업계의 속성에 대

해, 이 서비스를 만든 사람들의 노림수에 대해 개인적으로 익히 잘 알기 때문이었다.[6]

전자기기 금지된 학교로 입학

마지막은 제법 잘 알려진 차마트 팔리하피티야의 사례다. 앞서 살펴봤듯이 차마트 팔리하피티야는 페이스북에서 이용자 수 증가를 책임졌다. 소셜미디어가 고안한 중독 시스템을 속속들이 알고 있는 그는 굉장히 단호했다. 스탠퍼드 경영대학원의 공개 대화 자리에서 "내 아이들에게 그런 망할 것은 허용하지 않는다"[7]라고 단언할 정도였으니 말이다. 그에게 소셜미디어는 "사람 행동의 근간을 녹슬게 하는"[8] 도구다. 뿐만 아니라 사회 작동 방식을 파괴하는 주범이며, 이용자의 머릿속을 완전히 장악한다. 그는 2011년 페이스북을 떠나 벤처 캐피탈 회사를 차렸다.

테크 업계 엔지니어 대부분은 자녀를 전자기기 앞에 방치하지 않는다. 의존도가 높아지거나 괴롭힘, 정신 건강 문제가 생기는 등, 전자기기와 소셜미디어에 과다 노출되었을 때의 영향을 익히 알기 때문이다. 일처리가 확실한 사람들인 만큼 아예 전자기기가 전면 금지된 학교로 자녀를 보내기도 한다. 가장 유명한 곳은 시애틀의 발도르프 학교와 실리콘밸리의 페닌술라 발도르프 학교로, 샌프란시스코에서 수십 킬로미터 떨어져 있다. 이베이, 구글, 애플, 야후 간부들의 대다수 자녀가 이런 학교에 다닌다. 해당 학교들은 컴퓨터와 휴대폰 사용을 금지하며, 심지어 TV조차 이용하지 않는다. 대신 학생들에게 독서를 장려하고 종이와 연필 사용을 권하며, 특히 교사들과 함께하는 활동을 권장한다. 참여 중심 수업과 서로 얼굴을 마주 보는 교류에 기반을 둔 교육을 실시하고, 전자기기는 놀이에서 배제한다. 이러한 방식으로 아이들을 가르치는 목적은 집중력을 높이고 직접적인 소통 능력을 향상하며 사회적 상호 작용을 장려하기 위해서다. 창의력 앱으로는 창의성을 배울 수 없다. 아이패드가 수학 교사보다 수학을 잘 가르친다는 것은 말이 되지 않는 발상이다. OECD 교육기술국장 안드레아스 슐라이허도 《가디언》에 "태블릿과 컴퓨터를 자주 사용하는 학생들은 적당히 사용하는 학생들보다 성적이 낮은 경향이 있습니다"[9]라고 이야기했다.

아이들의 인성을 함양하고 사고력과 '행동력'을 증진하려면 손을 쓰는 작업과 예술 활동에 역점을 두어야 한다. 역량을 풍부하게 발달시키는 데에는 케이크를 만들거나 손전등을 조립해보는 등, 여러 도구를 이용하거나 어른들과 함께 대화를 나누는 일이 필요하다. 사람의 일부 능력은 결코 네모난 화면 앞에서 키워지지 않으며, 아이들은 다양한 활동에 참여하고 스스로 직접 무언가를 해봐야만 두루두루 포괄적인 역량을 키울 수 있다. 이런 과정을 거친 아이들은 자립심이 늘고 자기 생각을 잘 전달하며 순발력을 기를 수 있게 된다. 발도르프 학교 관계자 퍼트리스 메이너드가 말한 바와 같이 "아이 혼자 화면 앞에 두면 아이는 결코 더 똑똑해지지 못한다."[10]

자식들에게는 전자기기 사용을 금하면서 남의 집 자식들은 전자기기 중독으로 만들어버리는 이들을 어떻게 신뢰할 수 있을까? 그렇게 해서 막대한 부를 유지하는 이 사람들은 무심한 걸까, 아니면 무책임한 걸까?

234

아무래도 둘 다인 것 같다. 사실 페이스북의 전 직원들은 마크 저커버그가 그렇게 겉보기처럼 무심한 편은 아니라고 밝혔다. 하지만 그가 만들어낸 피조물은 창조주인 그를 뛰어넘어버렸다. 스스로 만들어낸 통제할 수 없는 흐름에 휩쓸린 셈이다. 마치 자전거를 타는 사람이 넘어지지 않기 위해 계속 페달을 밟는 것과 비슷하다.

하지만 책임은 있으되 죄는 없다면, 그건 너무 쉬운 이야기이지 않은가? 마크 저커버그를 보면 넷플릭스 드라마 〈블랙미러Black Mirror〉의 한 에피소드에 나오는 빌리 바우어가 떠오른다. 빌리 바우어는 마크 저커버그와 트위터의 전 대표 잭 도시를 합쳐놓은 듯한 인물이다. 해당 에피소드에서 크리스(토퍼) 길헤이니란 남자가 등장하는데, 그는 페이스북과 트위터의 중간격인 '스미더린'이란 소셜미디어의 이용자였다. 그런데 운전 도중 휴대폰에서 눈을 떼지 못하다가 사고를 당해 조수석에 탄 약혼녀가 목숨을 잃는다. 사고의 발단이 된 건 스미더린에서 온 알림 메시지였다. 알림 내용이 궁금했던 크리스는 휴대폰을 슬쩍 봤다가 그만 달려오던 차를 피하지 못하고 들이받힌다. 약혼녀는 즉사했고 실의에 빠진 크리스는 인질을 잡고 스미더린 대표 빌리 바우어와의 전화 통화를 요구한다. 모든 불행의 책임이 중독성 높은 서비스를 만든 빌리 바우어에게 있다고 본 것이다.

빌리 바우어는 유감을 표한 뒤 다소 격앙된 상태에서 자신의 입장을 이야기한다. "약혼녀가 그렇게 되어 정말 유감이에요. (…) 이렇게 될 줄은 몰랐어요. (…) 처음 스미더린을 만들었을 땐 지금하고 전혀 달랐거든요. 그런데 점점 하나씩 달라지더니 아예 딴판이 되어버렸죠. 사람들이 저한테 그러더군요. '빌, 이걸 좀 최적화해야 하지 않겠어? 빌, 사람들이 계속 스미더린을 하게 만들어야지.' 그러다 결국 마약 같은 상황이 되어버린 겁니다. 출구가 모두 막혀버린 빌어먹을 카지노가 된 거죠. 심지어 담당 부서도 있어요. 의도적으로 그렇게 만드는 거예요. 사람들이 중독되는데 나는 이걸 막을 수가 없어요. 만든 건 난데, 이걸 멈추게 할 방법이 하나도 없다고요."

마크 저커버그도 '좋아요'에 목을 매는 아이들이나 온라인상에서 괴롭힘을 당하는 아이들이 결국 스스로 목숨을 끊게 되는 상황을 원하지 않았을 것이다. 인스타그램 세대의 행복 지수가 점점 낮아지는 것 역시 의도한 일이 아니었다. 하지만 이러한 서비스에 수반되는 폐단을 일찍이 그리고 온전히 인식하고 있었음에도 이를 막기 위한 노력은 전혀 하지 않았다. 심지어 자사 플랫폼들이 더욱 중독성을 띠게 최적화하며 피해를 키웠다.

무책임하고 미성숙한 권력

테크계 억만장자들이 무책임한 것은 그만큼 철이 덜 들었기 때문일까? (2023년 기자들의 문의 트윗에 똥 이모티콘 트윗을 자동 응답으로 보낸 일은 차치하고라도) 일론 머스크와 마크 저커버그가 서로 악담을 퍼붓는 모습만 보면 그런 듯하다는 생각도 든다. 심지어 2023년 여름, 일론 머스크와 마크 저커버그는 링 위에 올라 온갖 기술이 허용되는 종합 격투기 시합을 벌이려 했다.

사실 이들이 견원지간처럼 미워하며 싸우는 건 비단 어제오늘 일이 아니다. 둘의 싸움이 시작된 건 2016년 9월 1일로 거슬러 올라간다. 페이스북 위성이 탑재된 스페이스X의 팰컨9이 케이프커내버럴 발사대에서 폭발한 게 화근이었다. 함께 폭파된 페이스북 위성은 아프리카의 일부 농촌 지역에 인터넷 접속을 제공할 위성이었다. 마크 저커버그는 크게 진노했다. 그로부터 몇 년 후, 저커버그는 일론 머스크의 주도로 AI 개발 유예를 요구하는 청원서에 서명하길 거부했다.

2023년 7월, 스레드의 출시로 둘의 싸움은 더욱 격화되었다. 스레드는 일주일도 안 되는 사이에 가입자 1억 명을 돌파했다. 이미 마크 저커버그와 격투기 시합을 벌이기로 한 일론 머스크는 그를 '약골' 취급하며 성기 길이를 재보자고 도전장을 던졌다. 친구(세르게이 브린) 아내와의 불륜 혐의를 받는 사람의 도발에 웃어야 할지 말아야 할지 모르겠지만, 어쨌든 테크계의 두 재벌은 공개적인 논란을 더욱 불타오르게 만들고 있다는 지적에도 개의치 않은 채 스스로 웃음거리로 전락하고 있다.

둘의 결투는 결국 흐지부지되고 말았는데, 일론 머스크가 그전에 외과 수술을 받아야 할지도 모른다는 핑계를 댔기 때문이다. 하지만 마크 저커버그에게만 이러는 건 아니다. 마치 테크계 억만장자 모두와 등을 지려는 모양새다. 앞서 살펴본 바와 같이 빌 게이츠, 제프 베이조스는 물론 세르게이 브린까지 공격했기 때문이다.

어쨌든 일론 머스크와 마크 저커버그가 자멸하는 걸 볼 줄 알았다면 오산이다. 비록 언론에서 떠들썩하게 다뤄지지만 둘은 앞에서만 서로 으르렁대며 싸울 뿐이다. 오랜 숙적이었던 스티브 잡스와 빌 게이츠도 서로를 진짜로 방해한 적은 없었고 마지막에는 결국 화해했다. 억만장자들이 아무리 서로 도발하고 싸우더라도 정부와 규제당국 앞에서는 이해관계를 같이한다.

심지어 일론 머스크와 마크 저커버그는 똑같이 고대를 좋아하는 취향을 갖고 있다. 일론 머스크는 간혹 라틴어 트윗을 올리며, 라틴어를 익힌 마크 저커버그 역시 라틴어 리브라를 페이스북 화폐 이름으로 삼았다. 심지어 이들은 자신들의 결투가 로마 콜로세움에서 이뤄지길 바랐지만 이탈리아 문화부 장관의 반대로 무산됐다. 대신 그는 유적지를 존중하고 보존하면서 훌륭한 행사를 개최할 수 있는 방안을 생각해보겠다고 약속했다. 전 세계 수십억 명의 미래를 좌우하는 초국적 테크 기업의 총수들은 스스로를 고대 로마의 황제에 빗대는 걸까? 이들은 인류의 미래가 자기들 손안에 있다는 걸 똑똑히 알고 있는 듯하다.

만약 민주 정부가 사라진다면 우리 사회는 어떤 모습이 될까? '비전 있는' 천재들이 어떤 견제도 받지 않고 우리 삶을 다스리는 사회는 어떤 모습일까?

오늘날 우리 사회의 시스템을 좌우하는 이 기업가들은 모두 자유지상주의에 젖어 있다.[11] 정부에 얽매이지 않는 개인의 자유를 최우선으로 내세우며 사회 조직이나 사생활 영역에서 모든 형태의 정치적 권위주의를 거부한다. 물론 그렇다고 이들이 무정부주의자는 아니다. 모두가 재산을 축적할 수 있으려면 사유재산권 인정, 권위에 대한 존중, 사회 질서 유지에 관한 규칙들이 필요하다는 것을 안다. 하지만 그 외의 방면에서는 정부의 개입을 원치 않는다. '비전 있는' 각 개인에게 맡겨야 한다고 보는 것이다.

효율적이타주의 신봉자들

테크계 재벌들이 이끌어갈 사회의 또 다른 축은 '효율적이타주의'다. 호주 출신이자 프린스턴대학에서 윤리학을 가르치는 피터 싱어의 사상을 바탕으로 한 개념이다. 미국에서 피터 싱어는 살아 있는 가장 영향력 있는 철학자라는 평을 받는다. 효율적이타주의는 공리주의에서 출발했으며 기업인 사이에 널리 퍼져 있다. 이 개념은 최대 다수의 최대 행복을 내세우며, 돈을 쓴다면 가능한 한 많은 사람을 살리는 데 써야 한다고 본다. 예를 들어, 피터 싱어는 시각 장애인을 돕기 위한 안내견 한 마리를 키우기 위해 4만 달러를 지출하기보다는 아프리카의 전염성 안질환 트라코마 치료에 그 돈을 쓰는 편이 낫다고 말한 적이 있다. 트라코마 수술을 하는 데는 건당 20~50달러밖에 들지 않기 때문에 4만 달러면 최대 2,000명을 실명 위기로부터 구할 수 있고, 따라서 안내견을 키워 시각 장애인 한 명을 돕는 것보다 낫다는 논리다.

마찬가지 맥락에서 피터 싱어는 사람을 살리는 최고의 방법 중 하나는 고수익 부문에서 일하는 것이라고 설명했다. 자선 단체에 훨씬 많은 돈을 기부할 수 있으니까 좋은 대학에서 공부한 사람은 금융권에서 일하는 편이 실리적이라는 것이다.

그런데 고객의 돈을 빼돌린 죄로 한때 최대 115년 형까지 선고받을 뻔했던 암호화폐 억만장자 샘 뱅크먼-프리드의 사례는 이러한 철학의 한계를 보여준다. 샘 뱅크먼은 암호화폐거래소 FTX의 고객 예치금을 빼돌린 뒤 알라메다리서치Alameda Research라는 다른 암호화폐 거래소를 통해 고위험 투자를 감행하고 자선 활동을 벌였다. 물론 고객들의 생각은 묻지도 않았다. 우선 부를 축적한 뒤, 마치 로빈 후드처럼 효율적이타주의라는 미명하에 가난한 사람들을 지원해주었다. 그의 유일한 윤리 원칙은 최대 다수의 최대 행복이었다. 이후 그는 크게 돈을 잃었고 고객들도 마찬가지였다. 사건의 모든 내막이 밝혀지는 과정에서도 샘 뱅크먼은 좋은 일을 했다고 생각했기에 큰 죄의식을 느끼지 않았다. 바하마의 경제 활성을 돕겠다더니 빚더미 위에 오른 사람만

양산했다. 샘 뱅크먼에 대한 재판은 효율적이타주의에 대한 심판이 되었다. 인류를 구원하기 위해서라면 (도둑질을 하지 말라는 등의) 상식적인 규범을 어겨도 되는 걸까? 공리주의의 냉혹한 논리는 간담이 서늘해질 정도다. 공감 없는 자선과 절제 없는 덕행에는 과연 어떤 의미가 있을까?

공리주의를 설파한 피터 싱어를 둘러싼 논란도 시사하는 바가 많다. 오래전부터 그는 중증 치매 노인이나 (자신의 시각에서 볼 때) 사회적 쓸모가 없는 사람이 안락사를 원한다면 허용해야 한다고 밝혀왔다. 종차별주의를 반대하는 이 철학자에게 인간의 목숨은 개나 말의 목숨보다 신성할 게 없다. 완벽히 건강한 쥐보다 치료 불가능한 장애를 안고 있는 의식 불명 고아에게 의학 실험을 행하는 것이 더 자비로울 수도 있다고 믿는다.

하지만 그의 이론적 한계가 드러났다. 피터 싱어의 모친이 알츠하이머병에 걸린 것이다. 아들을 기쁘게 해주고 싶었는지는 몰라도 어쨌든 아들의 주장과 생각을 같이하던 모친은 자신이 쓸모없는 사람이 되면 더는 살아가기를 원하지 않았다.

"어머니 일이 되면 상황은 달라진다"

어머니가 더는 스스로 건사할 수 없는 지경에 이르자 피터 싱어는 누이와 함께 앞으로 어떻게 할지 결정해야 했다. 둘은 간병인들을 고용해 어머니가 자택에서 지속적으로 보살핌을 받게 했다. 어머니의 목숨을 연장하기 위해서다.

자신이 내세우던 철학과 실제 행동이 달라진 데 대해 질문을 받

240

자 피터 싱어는 "어머니 일이 되면 상황은 달라진다"[12]고 솔직하게 대답했다. 언젠가는 약간의 변명 차원에서 누이에게도 결정할 권리가 있다는 말을 흘렸다. 무의식적으로 그는 자신과 타인에게 이중 잣대를 대고 있다. 그의 실용주의 노선은 타인과 일반 대중에게는 유효하지만 스스로에게는 적용되지 않는다. 하지만 인간은 이와 같은 상황에 처하면 모두 똑같은 선택을 하지 않을까? 개인의 특수성과 맥락을 무시한 채 인간 생명을 냉정하고 수학적이며 합리주의적인 시각으로 바라보는 이 '철학'은 과연 무엇을 의미할까?

테크계 억만장자들은 이러한 효율적이타주의에 빠져 있다. 효율적이타주의를 미래로 확대 적용한 장기주의Longtermism 역시 신봉한다. 장기주의 관점의 바탕에는 각각의 생명은 똑같은 가치를 지니기에 가능한 한 많은 생명을 구해야 한다는 논리가 깔려 있다. 따라서 시대 구분 없이 모든 생명이 똑같은 가치를 지니며 수억만 년 후에 태어날 세대 또한 오늘날의 세대와 똑같은 가치를 갖고 있다고 여긴다. 그러니 우리는 하루빨리 우주 개척의 꿈을 실현해야 한다. 우주 정착촌 건설이 1년 늦어질 때마다 그만큼 우주에서 살 수 있었을지도 모르는 사람들을 잃기 때문이다.

일론 머스크는 사람들을 화성에 보내려 하고 제프 베이조스는 캡슐 형태로 우주 공간에 정착촌을 건설하려 한다. 하지만 이런 프로젝트들은 금세기 후반 전에는 준비되기 힘들 것이다. 래리 페이지와 세르게이 브린은 노화를 막아 죽음을 정복하겠다고 한다. 빌 게이츠는 내일의 어른이 될 아이들에게 무한정 백신을 접종하겠다고 한다. 그리고 마크 저커버그를 비롯한 모두가 뇌와 컴퓨터를 연결하여 언젠가 로봇에 우리의 의식을 (혹은 우리의 의식에 AI를) 이식하고 싶어 한다. 나약한 신체적 한계를 뛰어넘어보겠다는 것이다. 요컨대 테크계의 억만장자들은 미래 인류를 보호할 기술 혁신에 장기적으로 수십억 달러를 투자할 준비가 되어 있다. 아울러 은연중에 현재와 미래 세대의 목숨을 돈으로 환산하고 있는 것 같기도 하다.

물론 이 같은 세계관의 제일 큰 위험성은 바로 현세대의 삶의 가치를 낮춘다는 데 있다. 가령 일론 머스크의 로켓은 인류를 달로, 화성으로 데려다줄 거라 하지만 아직 완성되지 않았다. 그리고 그의 로켓들은 이륙 시 환경에 막대한 피해를 주는 등, 정작 지키겠다는 대상인 지구에 굉장히 많은 해를 끼친다. 하지만 장기주의 세계관에서 중요한 건 단기적 관점이 아니라 장기적 관점이다. 그리고 일론 머스크는 바로 이 장기적인 관점에서 스페이스X, 테슬라, 뉴럴링크를 자선 사업이라 생각한다.

제프 베이조스나 일론 머스크, 혹은 그 후예들이 훗날 실제로 이러한 계획을 시행으로 옮길 때, 과연 화성이나 캡슐에서 살 사람들을 무슨 기준으로 선발하게 될까? 지금도 부자들을 위한 우주 관광을 내세우는 이들이 나중에 '구원받을 인류'를 고를 때는 어떤 선정 기준을 적용할까? 부의 격차가 생기는 것은 물론, 의료 서비스 접근이나 새로운 노화 치료, 혹은 뇌와 AI 융합 기술 이용 기회 앞에서 새로운 불평등이 생기는 건 아닐까? 이 기술들을 이용하는 데에는 분명 굉장히 많은 돈이 들 것이기 때문이다.

사실 중세 시대부터 19세기 말까지는 소득과 부의 불평등이 매우 심각했다. 20세기에는 산업화로 상황이 크게 완화되면서 중산층이 생겨나고 보편적인 의료 제도가 발전했다. 하지만 이 잠깐의 '황금기'도 끝나가는 듯하다. 억만장자들이 만들어가는 세상에서 우리는 다시 중세 시대로 돌아가고 있는 것 같다.

　더욱이 이들의 장기주의적 발언 이면에는 우생학적 사고방식이 깔려 있다. 여러 아내와의 사이에서 열한 명의 자녀를 둔 일론 머스크처럼 지극히 보수적인 인사들은 출산장려주의 논리와 함께 배아 선별 논리를 펼친다. '유전적으로 우수한' 배아를 선택하겠다는 그들의 발상에서는 인종차별주의와 트랜스휴머니즘 사상이 짙게 배어난다. 겉으로는 인류를 위하는 척하면서 결과적으로는 일부만 위하는 이러한 사조가 새로운 기술권위주의로 이어지진 않을지 걱정이 앞선다.

우리의 미래는 아무도 모른다

앞서 이야기한 모든 논의의 밑바탕에는 AI 문제가 깔려 있다. 화성에서든 캡슐에서든, 혹은 위협받는 우리 지구에서든 저들이 우리의 미래로 상정한 이 모든 삶에서 AI는 핵심적인 역할을 맡는다. 막대한 재원을 가진 저들이 AI를 개발하고 가장 유능한 엔지니어와 기술자를 고용하고 있는 건 우연이 아니다. 테크계 억만장자들이 너나없이 경쟁하고 있는 유일한 분야가 바로 AI다.

　그런데 우리의 미래는 아직 아무도 모른다. 그저 테크계 억만장자들이 각자의 시각에서 그려본 미래만 있을 뿐이다. 기본적인 틀 자체는 다들 비슷하다. 가장 낙관적인 가설에서는 개인 맞춤형 AI 요원이 우리 대신 모든 업무를 수행하고, 사람은 AI를 설계하거나 심리학자, 인류학자, 학예사, 법률가, 관리자 등을 맡는다. 주로 AI 관리 감독을 담당하게 될 인간은 학습과 교육에 시간을 투자하며, 집 안팎에서 받는 조언에 따라 보편적기본소득, 퇴직연금, 자본소득 등을 소비한다. 빅테크 기업들은 개개인이 성격, 취향, 건강상의 고민 등에 부합하는 조언을 받을 수 있는 시스템을 제공한다. 맞춤형 가상 비서와 로봇이 우리에게 필요한 모든 일을 해주며, 이 같은 시나리오에서 AI는 필수이나 어디까지나 인간이 요구하는 바를 들어주는 서비스 수준에만 머무른다. 이 시나리오의 변형된 버전은 하나의 특이점에 도달해 인간과 기계가 융합한 미래다(3장 내용을 참고하라). AI를 뇌에 이식해 신체적, 정신적 능력을 증강하거나, 기억을 포함한 의식을 컴퓨터로 이식한 뒤 유한한 신체 대신 영원불멸의 로봇 안에 집어넣을 가능성도 생긴다.

AI는 이미 우리 일상 속에 서서히 들어와 있다. 근미래에 우리는 AI가 장착된 안경을 끼고 관광지에서 AI의 투어 가이드를 받을지도 모른다. 눈앞에 있는 건물이 시라쿠사의 그리스 극장이라고 설명하면서 질문에도 답을 해줄 뿐 아니라 실시간으로 친구들과 여행지에서의 감동을 나눌 수 있도록 도와줄 것이다. 마치 이마에 카메라를 장착한 듯 눈앞의 광경을 친구들에게 전해주는 것이다. 물론 이 카메라는 우리가 24시간 내내 겪은 모든 일을 기록할 것이다. 따라서 배우자나 고용주는 기록물을 되돌려보면서 오늘, 혹은 6개월 전 누구와 점심을 먹었고 누구와 잠을 잤는지 확인할 수도 있다. 이미 짐작했겠지만 이 AI 사회에서 윤리적 문제, 관리와 보안 문제, 부의 재분배 문제는 새로운 당면 과제로 떠오를 것이다.

한편, 더욱 똑똑해져 인간을 뛰어넘은 AI가 통제력을 잃고 자율적으로 사고하고 판단하여 언젠가 모든 인간을 휩쓸어버리는 결정을 내리는 시나리오도 있다. 가장 비관적인 관점의 시나리오다.

오늘날 전 지구의 시스템을 좌우하는 여섯 억만장자는 모두 AI

대전에 뛰어들었다. 다들 자기만의 방식으로 AI를 개발 중이지만 미래에 대한 시각과 AI에 대한 경계심은 각자 조금씩 다르다. AI와 함께하는 미래에 안심하는 사람도 있고 이를 비관하는 사람도 있다. 마크 저커버그, 래리 페이지, 세르게이 브린, 제프 베이조스는 낙관주의 집단에 속한다. 이들은 AI의 위험성을 문제 삼지 않으며, 외려 인간이 AI의 폐단을 제어할 수 있으리라 확신한다. 최소한 공식적으로는 그런 입장이다.

AI 우리 안에 들어온 늑대

과거 빌 게이츠는 다른 사회 지도자들과 함께 강인공지능 혹은 범용인공지능이 인간에게 비우호적이 될 가능성을 경고했다. 그도 AI안전센터Center for AI Safety의 성명서에 이름을 올렸다. AI에 의한 멸종 위험을 완화해야 하며 이 문제를 핵전쟁이나 팬데믹 같은 큰 사회적 위험과 함께 전 세계적 우선 과제로 삼아야 한다고 호소하는 성명서였다. 하지만 지금의 빌 게이츠는 마이크로소프트의 입장을 따르고 있다. 마이크로소프트는 생성형 AI 연구의 선두 주자다. 앞서 살펴본 바와 같이 챗GPT를 만든 오픈AI의 투자자이기 때문이다.

원래 오픈AI는 전 인류에게 유용한 AI를 만들고자 했다. 하지만 개발 과정에서 막대한 자금이 필요해지자 결국 마이크로소프트와 파트너십을 체결하며 우리 안으로 늑대를 들여놓는다. 그런데 오픈AI는 생성형 AI만을 연구하는 게 아니다. 이 회사는 언젠가 인류에게 위협이 될 수 있는 범용인공지능에도 관심을 두고 있다. 오픈AI가 범용인공지능을 현실화하면 이는 연구실 내에만 머물러 있고 마이크로소프트가 상용화하는 일은 없을 것이라고 한다. 그런데 오픈AI의 일부 이사들은 과연 이런 제한이 철통같이 지켜질 수 있는지 의문을 품었다. AI 안전에 대한 우려는 2023년 11월에 일어난 사내 쿠데타의 원인 중 하나가 되었고, 그 결과 오픈AI의 창업주 겸 CEO 샘 올트먼은 회사에서 쫓겨났다. 이후 상황이 바뀌어 그를 해고한 이사진이 회사에서 물러났고, 해고됐던 샘 올트먼은 마이크로소프트와 대다수 직원의 도움으로 회사에 복직했다.

AI 비관론자 가운데 대표적인 인물은 일론 머스크다. 그는 오픈 AI가 마이크로소프트와 손을 잡는 걸 원하지 않았다. 하지만 AI에 대한 입장은 본인의 성격만큼이나 '양극적'이다. AI의 위험성을 계속 경고하며 AI 연구에 대한 규제, 안전 장치 등을 요구하고 청원서에 서명하면서도 본인 또한 생성형 AI를 개발 중이다. 아울러 뇌 임플란트 기술도 개발 중인데, 그 기반이 되는 기술은 필경 AI일 것이다. 일론 머스크가 AI 연구 유예를 호소하는 이유는 연구 속도가 빠른 경쟁사들이 자기보다 앞서 나가지 못하도록 막기 위함이라는 설도 있다.

이들이 준비하는 세상, 즉 우리가 손에 휴대폰을 쥐고 뇌에는 칩을 심은 세상에서는 개인의 자유가 끝난다고 봐야 한다. 그리고 변화는 이미 시작됐다. 기억하는 사람이 있을지 모르겠지만 1990년대에 휴대폰이 처음 등장했을 때 이는 인간의 자유를 늘려주는 수단이었다. 그전까지는 유선 전화만 사용해야 했지만 이젠 자유롭게 이동하며 어디에서든 전화할 수 있게 되었기 때문이다. 과거에는 나의 위치를 감추는 것이 가능했지만 스마트폰이 등장하자 모두에게 GPS가 장착됐다. 심지어 우리가 GPS를 꺼둔 상태에서도 통신사는 우리가 어디에 있는지 알며 수사 기관에 이를 알려줄 수도 있다. 중국은 우리가 프랑스의 CNIL 같은 독립적인 기관의 보호를 받지 못했을 때 어떤 일이 일어날지 보여주는 거울과도 같다. CNIL은 개인정보가 타깃 광고에 쓰이는 방식에 대해 충분히 고지하지 않았다는 이유로 GAFAM에 벌금을 부과해왔다.

생각 없는 선무당의 말을 믿기란 쉽지 않다. 그런데 하루하루 시간이 지날수록 우리는 이 선무당들에게 미래를 맡기고 있다. 정부의 실질적인 비중이 점차 줄어들고 있기 때문이다. 물론 정부가 '사생결단'의 의지로 수천억 유로를 쏟아부으며 개인과 기업의 소득 수준을 유지하려는 걸 보면 정부가 다시 제 역할을 하는 듯한 느낌은 든다. 하지만 이는 착각이다. 빚더미 위에 올라앉은 민주주의 국가들은 자국 고유 주권의 상당 부분을 포기해야 했기 때문이다. 빌 게이츠, 일론 머스크, 마크 저커버그 등의 막강한 재력과 영향력은 때로 국가 권력을 뛰어넘는다. 다시 한번 말하지만, 정부와 달리 이들에겐 유권자의 이해를 구할 필요조차 없다.

정부의 이중고

이제 미래의 역사를 써 내려가는 건 정부가 아니다. 정부는 빅테크 기업의 행보를 가까스로 저지하고 규제하고 법을 제정하려 하지만 점점 뒤로 밀려나고 있다. 우리의 미래가 걸린 결정들이 이제 정부가 아닌 다른 곳에서 내려진다.

이 억만장자들은 한 나라, 혹은 여러 국가에 버금가는 막강한 경제력을 지녔지만 그게 전부는 아니다. 시가 총액을 바탕으로 경쟁 업체 모두를 흡수할 수 있는 것은 물론, 막강한 외교력도 있다. EU 본부가 있는 브뤼셀을 비롯해 전 세계 모든 나라의 수도에 로비스트 군단이 깔려 있다. 중국과 대만 사이를 중재하겠다고 큰소리 치는 일론 머스크가 직접 나서지 않아도 현지에는 그를 대신해 움직일 충분한 인력이 있다. 억만장자들은 심지어 자신들의 화폐까지 만들고 싶어 한다. 페이스북 화폐를 만들려던 마크 저커버그가 대표적인데, 그나마 각국 정부가 이번만큼은 제때 힘을 합쳐 좌초시킬 수 있었지만, 마크 저커버그든 일론 머스크든 나중에 또 같은 시도를 벌일 수 있다.

정부의 비중과 영향력은 점점 더 줄어들고 있다. 거대 기업들과 그 동지들이 각종 조세 회피 수법으로 탈세를 저지르면서 공공 자원을 고갈시키고 있기 때문이다. 심지어 정부가 국민들에게 제공하던 서비스마저 유료화하여 불공평하게 제공하려 든다. '메이드 인 아마존made in Amazon' 의료 서비스를 구축하려 했던 것처럼 말이다. 이런 서비스 제공에 따른 수입도 기업의 배 속으로 들어가서 정부는 서비스 운용 재원까지 잃게 된다. 돈도, 영향력도 상실하는 이중고를 겪는 것이다.

국경이 사라진 이 초연결사회에서 테크계 억만장자들은 하고 싶은 것을 다 한다. 각종 규정과 규제도 웃어넘길 수 있으며 정부의 명령 또한 무시할 수 있다. 물론 이러한 상황은 우리 눈에 잘 보이지 않는 경우가 많지만 겉으로 불거질 때도 있다. 2014년, 넷플릭스가 프랑스에 진출하려 했을 때 당시 문화부 장관인 오렐리 필리페티는 넷플릭스가 프랑스의 규제를 따라야 한다고 경고했다. 프랑스의 콘텐츠 제작을 지원하고 응당 내야 할 세금을 내라는 뜻이었다. 넷플릭스 대표인 리드 헤이스팅스의 답변은 프랑스가 아닌 네덜란드 암스테르담에 유럽 본사를 설립하고 룩셈부르크에 있는 지사에서 프랑스에 영화 시청 서비스를 제공하는 것이었다. 물론 세금은 거의 내지 않았다.

프랑스 정부가 이런 식의 모욕을 당한 건 한두 번이 아니며 독일과 영국 역시 상황은 비슷하다. 테크계 억만장자들에게는 공공 규제를 우회할 온갖 수단이 있다. 물론 다른 다국적 기업도 규제를 피하는 건 마찬가지지만 빅테크 기업들은 더욱 빠르고 창의적인 방식으로 규제를 빠져나가며 이를 도와줄 최고의 전문가들을 보유하고 있다. 막대한 이익을 올리고 있기에 이들에게 챙겨줄 보수도 많다.

그렇다면 앞으로 세상은 어떻게 될까? 국가 경제 내에서 빅테크 기업들이 차지하는 비중은 점점 커지고, 이들이 정부에 내는 돈은 점점 더 줄어들 것이다. 따라서 정부의 활동 재원은 점점 더 사라지고, 시장이 위축되어 공채도 발행하지 못할 것이다. 정부의 위력도, 개입 폭도 줄어들어서 결국은 정부를 뛰어넘는 '초국가적' 기업들이 모든 걸 장악할 것이다.

우리는 이미 이들에게 매우 크게 의존하고 있다. 우리 일상은 미국 IT 기업들의 도구를 기반으로 돌아간다. 화상 회의를 할 때도 마이크로소프트의 팀즈나 메타의 왓츠앱, 메신저 등을 사용한다. 그런데 팀즈 같은 앱이 트래픽 과부하를 겪으면 어떻게 될까? 마이크로소프트 내부의 우선순위에 따라 트래픽이 배분된다. 실제로 코로나19 팬데믹이 한창이던 2020년 봄, 팀즈 이용량이 이례적으로 늘어나자 유럽의 일부 단골 사용자들은 강제로 서비스 이용을 중단당했다. 마이크로소프트가 접속을 끊어버렸기 때문이다. 같은 시기, 줌을 비롯한 화상 회의 앱에서 이용자가 쉽게 사찰당할 수 있다는 사실도 밝혀졌다. 2020년 4월 22일 국회 국방위원회 청문회 때 프랑수아 르쿠앵트르 합참의장은 질문을 받기에 앞서, 현재 청문회에서 쓰이고 있는 화상 회의 앱 줌의 취약한 보안 때문에 정보를 매우 구체적으로 말할 수 없다고 고지했다.

유럽 주권을 위협하는 클라우드법

프랑스 대통령이었던 자크 시라크가 캐딜락을 타거나 현 대통령 에마뉘엘 마크롱이 테슬라를 타고 샹젤리제 거리를 달리는 모습은 프랑스 국민으로선 상상하기 힘들다.* 하지만 디지털 분야에선 이런 일이 아무렇지 않게 일어난다. 아니, 외려 더 심각한 상황이다. 이 플랫폼 기업들은 자신들에게 이익이 된다면 미 정부와도 손을 잡기 때문이다. 가령 프랑스 정부가 만든 헬스데이터허브Health Data Hub는 프랑스 국민의 건강 정보를 활용하기 위해 구축한 기관의 사이트임에도 마이크로소프트와 호스팅 계약을 맺어 이 기업의 클라우드 서비스를 이용하고 있다. 따라서 만약 미 정부가 클라우드법을 내밀면서 프랑스 국민의 건강 정보를 압수하겠다고 하면 프랑스로선 막을 길이 없고 데이터의 익명성이 언제까지 보장될지도 의문이다. 마이크로소프트는 프랑스 사이버보안당국ANSSI의 권고를 따른다고 하였으나 이 말을 어디까지 믿을 수 있을까. 미 정부는 프랑스 주요 기업인들의 건강 상태 등도 얼마든지 확인이 가능하다. 미국 기업들과 직접적인 경쟁 관계에 있는 프랑스 기업들 대표의 건강 정보가 미 정부로 넘어가는 것이다. 유럽 국가들에게 이 같은 대미 의존적 상황은 단순한 자존심의 문제가 아니라 실로 하나의 위협에 해당한다.

* 프랑스 대통령의 공식 의전 차량으로는 프랑스 브랜드의 자동차가 선정된다.

따라서 2023년 7월 11일, EU 집행위원회가 경쟁총국 수석 경제학자 자리에 미국인 피오나 스콧 모턴을 임명했을 때, EU가 과연 이러한 위험을 인지하고 있기는 한지 의문이 들지 않을 수 없었다. 집행위가 이런 터무니없는 선택을 한 이유는 그의 뛰어난 자질 때문이었다고 한다. 하지만 유럽에 그만한 역량을 가진 사람이 없는지 의문이고, 아마존과 애플과 일한 적이 있는 사람이 어떻게 이들과의 전쟁을 벌일 최고의 적임자일 수 있는지도 쉽게 이해가 가질 않는다. 피오나 스콧 모턴은 이 빅테크 기업들에 자문을 제공해왔다. 게다가 미국 국적을 갖고 있다. 그런 사람이 과연 저들의 과도한 권력에 맞서 열과 성을 다해 유럽의 이익을 위해 싸울 수 있을까? 유럽이 이 정도 위험은 감수할 수 있다고 믿는다면 대단한 착각이다.

코로나19 팬데믹 때나 우크라이나 전쟁에서나 유럽은 계속해서 악수를 두었고, 러시아 가스를 보이콧하며 곤경에 빠진 유럽 기업들을 일일이 쫓아다니며 에너지를 대준 것은 미국이었다. 따라서 유럽 기구에서 이런 순진한 행태를 볼 일은 더 이상 없을 줄 알았다. 하지만 (독일을 제외한) 프랑스, 이탈리아, 스페인 등 여러 EU 회원국 지도자들과 집행위원 다섯 명이 반기를 들고 나서야 피오나 스콧 모턴의 보직 수락 의사를 철회시킬 수 있었다. 이 사태를 보면 유럽의 주권 문제를 다시 생각해보게 된다. EU 집행위 지도부가 요직에 미국인을 임명하는 일이 가능한 상황에서 우리는 과연 중국이나 미국에 맞서 대등하게 싸우고 있을까? 이 국가들은 자국의 이익을 위해서라면 모든 수단을 동원하는데? 그리고 혹시 빅테크 기업들의 로비력이 이만큼 강력해서 이런 일이 일어난 것일까?

20년도 안 되는 기간에 모든 인간 활동 영역으로 침투해 들어온 이 기업들은 오늘날 우리 삶뿐만 아니라 정부의 전략적 자치권을 제한함으로써 그 행보에도 영향을 미치고 있다. AI, 머신러닝 기술, 거대한 클라우드 인프라를 보유한 이 빅테크 기업들은 지극히 개인적인 정보뿐 아니라 국내 안보와 국방 같은 주권 및 시장 운영에 관한 정보까지 관리한다. 앞서 살펴본 바와 같이 우크라이나가 자국을 방어할 수 있었던 이유는 마이크로소프트, 구글, 스타링크가 지원을 해주었기 때문이다. 우크라이나 전쟁은 우리가 얼마나 사이버 공간에 의존하고 있는지 간접적으로 보여주었다.

'진리'는 내 손안에 있다

그런데 디지털 공간은 바다 깊은 곳에서 우주 궤도에 이르기까지 무수한 케이블과 위성을 통해 펼쳐져 있다. 게다가 소프트웨어, 데이터, 네트워크를 통해서도 확장되어 있다. 시공간의 경계가 차츰 사라지고 있으며 국가의 주권과 권력도 크게 침범당하고 있다. 우크라이나 전쟁이 주는 교훈 중 하나는 민간 부문이 국방에서 차지하는 비중이 상당히 크다는 점이다. 사실 사이버 공간의 경계는 육해공의 국경만큼 뚜렷하지 않다. 사이버 공간은 몇몇 기업의 소유가 되었으며 대체로 이들이 이 공간을 운용한다.

만약 빅테크 기업들이 우리를 버리면 어떤 일이 벌어질까? 우리에게 스스로를 지킬 역량이 있을까? 실질적으로 지금의 우리에게는 더 이상 전쟁을 할 역량이 없다.

다른 분야에서도 마찬가지지만 국방에서도 정부는 GAFAM에 역할을 빼앗겼으며, 이들보다 투자 역량도 한참 모자란 탓에 이들이 없으면 정상적으로 기능하지 못한다. 테크계 억만장자들은 권력을 잡기 위해 선거를 치를 필요도, 쿠데타를 일으킬 필요도 없다. 필요한 권력을 이미 손에 쥐고 있기 때문이다. 만약 정부의 힘이 지금보다 약해지면 무슨 일이 벌어질까? 절대 권력을 휘두르는 이 기업들의 대항마가 없다면 세상은 장차 어떻게 될까? 그런데 일부 분야에서 그러한 미래의 조짐이 보이고 있다.

일단 자크 아탈리의 표현대로 "미디어를 파괴하는 기계"[13]인 플랫폼 기업들은 저작권 이용료를 지급하지 않은 채 콘텐츠만 빼먹고 광고 수입을 갉아먹으면서 기존 신문이나 방송사를 점점 대체할 것이고, 그에 따라 억만장자들이 다스리는 세상에선 언론 매체가 거의 존재하지 않거나 소셜미디어 정도만 있을 것이다. 저들은 파이를 함께 나눠 먹을 생각이 없기 때문이다.

심지어 기자들이 좋아했던 소셜미디어인 X에서도 이젠 전문 언론사의 기사가 점점 덜 눈에 띈다. 2023년 10월부터 기사가 포함된 트윗의 표시 형식이 바뀐 탓이다. 이제는 기사가 제목이나 설명 없이 그저 사진으로만 표시된다. 저작인접권에 대한 돈을 내지 않기 위한 꼼수다(2장과 3장을 참고하라). 이에 주요 언론사들은 X를 파리 지방 법원에 긴급 제소했다.

설령 이들이 승소하더라도 한 가지 분명한 사실은 언론의 다양성이 사라지고 있다는 점이다. 그러다 종국에는 몇몇 억만장자의 확신 정도로만 국한될지도 모른다.

어떤 이들은 앞으로 기술이 모든 것에 대한 답을 줄 거라며 이를 대수롭지 않게 여긴다. 이 해답주의자solutionist들은 일론 머스크의 트루스GPT(현 그록)처럼 자신이 손에 '진리'를 쥐고 있다고 믿는다. 정부가 그은 제한선이 원대한 계획에 걸림돌이 되는 걸 허용하지 않으며, 자신들이 꿈꾸는 미래가 현실로 실현되는 걸 방해하는 규제나 한계도 받아들이지 않는다. 래리 페이지와 세르게이 브린, 일론 머스크를 비롯한 억만장자들은 상상조차 하기 힘든 성공을 거두었고 자신들이 무엇이든 다 해낼 수 있으리라 확신한다.

사업할 자유, 세상을 '보다 살기 좋은 곳'으로 만든다는 메시아적 소명을 앞세운 이들은 수십억 명의 개인정보를 가져다가 자유로이 활용하면서도 당사자에게 이를 고지하지 않고, 전례 없는 수익을 쌓아 올리면서도 사회에 실질적인 공헌을 하는 문제에 대해서는 생각하지 않는다. 스스로 법 위에 군림한다고 생각하며 자신에게 불리한 법이 적용되는 것을 거부한다. EU나 각국 정부의 주권 따위는 그저 우스울 뿐이다.

영원히 죽지 않는 미국식 삶의 방식

정부가 사라진 세상은 트랜스휴머니즘의 세계가 될 것이다. 테크계 억만장자들의 힘으로 인간의 신체와 정신 능력이 증강될 것이기 때문이다. 칩이 머리에 이식되든, 인간의 의식이 컴퓨터에 이식되든, 어쨌거나 인간 뇌와 컴퓨터의 융합은 다양한 형태로 이뤄질 것이다. 우리는 이미 '미국식 삶의 방식American way of life'을 강요받으며 살아왔다. 앞으로는 '영원히 죽지 않는 미국식 삶의 방식American way of eternal life'을 받아들이게 될까?

일론 머스크의 확신대로 장차 저들이 구상하는 사회는 화성으로의 이주를 준비하게 될지도 모른다. 하지만 '더 나은' 세상에서 살아갈 사람들은 과연 누구일까? 발 빠르게 우주 정책을 내놓지 못하는 유럽인들은 일단 선발대로 들어가지 못할 것이다. 아프리카나 남미 사람들은 말할 것도 없다. 우주 수송비는 누가 내줄 것인가? 그리고 만약 정식으로 선발된 수천수백만 명(효율적이타주의에 입각해 오래 살 가능성이 높은 젊은이들로만 이루어져 있을 것이다)이 화성에서 살 경우, 지금의 EU처럼 의사 결정 과정이 느리고 만장일치제와 관료제가 도입된 민주적 통치 체계가 자리 잡을 일은 없다. 일론 머스크나 그 후손들이 자기네가 만들어낸 이 식민지의 통치권을 쥘 것이다. 제프 베이조스의 캡슐에서 살아가는 경우라도 상황은 동일하다.

민주주의를 보장하는 정부가 사라질 세상에서는 사생활도 없어지는 게 당연하다 여기는 사람들에겐 개인의 자유 역시 그렇게 큰 의미를 띠지 못할 수 있다. 구글 전 CEO 에릭 슈미트가 한 '실언'이 기억난다. 그는 20여 년 전에 이미 스스럼없이 이런 말을 남겼다. "당신은 입력할 필요조차 없습니다. 우리는 당신이 어디에 있는지 알고 있습니다. 당신이 어디에 있었는지도 알고 있습니다. 그리고 무슨 생각을 하고 있는지도 대체로 알 수 있습니다."[14] 또한 이런 말도 했다. "당신의 메시지와 위치 정보를 충분히 분석하고 AI를 활용하면 당신이 어디에 갈지도 예측할 수 있습니다"[15] 그리고 세상에 밝히고 싶지 않은 부분들이 구글 때문에 까발려질 수 있다는 우려에 대해서는 이렇게 말했다. "만약 다른 사람에게 알려지길 원치 않는 일이 있다면 애초에 하지 않는 편이 좋을지도 모릅니다"[16]라고.

〈블랙미러〉는 우리의 미래일까?

자유롭게 판단하고 행동할 능력과 의식을 갖춘 인간은 위험에 빠졌다. 종국에는 전화나 칩 외에도 집, 자동차, 신체 할 것 없이 모든 공간의 모든 사물이 서로 연결될 것이다. 그렇게 되면 디지털 경제에 의해 우리의 일거수일투족은 끊임없이 추적받을 것이다. 철학자 에리크 사댕의 상상처럼 우리의 결정권은 점점 축소될 것이며 소위 전지전능한 시스템으로 대체될 것이다. 그리고 세상의 '완벽한' 방향을 결정하는 데 적합하다는 이 시스템은 오로지 사적 이익만을 추구할 것이다.

보호막을 세워줄 민주 정부도, 아무런 규칙도 없는 자본주의 사회에서, 장기적 차원의 단점을 고려하지 않은 채 당장의 이익을 위해 혁신을 수용할 경우 삶은 〈블랙미러〉의 제작자 찰리 브루커가 상상한 근미래처럼 되어갈 수 있다. 「존은 끔찍해」란 에피소드에서는 한 평범한 여자의 일상이 거의 실시간으로 드라마화되어 TV에 방영된다. 그의 말과 행동이나 어딘가로 오가는 모습은 물론, 혼자만 알고 있다고 믿었던 비양심적인 행동 하나까지 그대로 재현되어 화면에 띄워진다. 「추락」에서는 모든 사람이 항상 서로를 인성 평가하는 분열된 사회를 묘사한다. 5점 만점에 4.5점 이상 받은 사람들은 원하는 집을 쉽게 구하고 어떤 레스토랑이든 쉽게 자리 예약이 가능하며 어딜 가든 환영받는 존재다. 반면 점수가 낮은 사람들은 거의 불가촉천민처럼 살아간다. 「당신의 모든 순간」이란 에피소드에서는 귀 뒤에 심은 작은 장치에 우리가 보고 듣고 행동하는 모든 것이 끊임없이 기록된다. 기록된 내용은 '디지털 자료'로 저장되어 이런저런 장면들을 쉽게 되돌려 볼 수 있고 화면에 띄우는 것도 가능하다. 배우자의 질투를 유발할 모든 장면도 기록으로 남고('잘못한 게 없다면 다 보여줘봐'), 경찰도 알리

바이를 쉽게 확인할 수 있다('7월 21일 새벽 3시에 뭘 하셨는지 확인해보 겠습니다'). 고용주 역시 우리의 행적을 확인할 수 있으며, 사생활의 그 어떤 순간도 전부 뒤져볼 수 있다. 암울한 디스토피아적 미래를 그린 이 에피소드들의 공통점은 삶이 점점 투명해지고 사회는 더욱 불평등 해진다는 것이다. 말하자면 우리 손으로 만들어낸 '빅브라더'의 감시 를 받는 21세기판『1984』인 셈이다.

소수 재벌이 막대한 권력을 쥐고 있다. 어마어마한 위력을 가진 이들의 초국가적 기업은 정부의 권위에 도전한다. 하지만 이런 상황 에 대한 책임은 누구에게 있을까? 자신의 엄청난 힘과 권력에 상응하 는 행보를 보이는 억만장자들의 잘못일까? 아니면 스스로 주권을 내 다 버린 정부의 잘못일까? 물론 구글, 페이스북, 아마존 등이 힘을 쓰 지 못하는 중국은 여기에서 제외다. 중국의 테크 기업들은 한때 정부 의 지원을 받아 성장했다가 지금은 밀착 감시를 받으며 이용당하고 있 다. 그렇다면 이제 모든 게 끝났나? 정부는 어떻게 해야 다시 조종대를 잡을 수 있을까?

주도권을 되찾는 방법

지난 20년 가까이 서방은 미국 빅테크 기업 대표들과 기묘한 전쟁을 벌여왔다. 메타나 구글에 반독점 소송을 걸거나 해체하라는 위협을 가했으며, 아마존에 개인정보 보호 규정을 준수하지 않았다는 이유로 벌금을 부과했다. 마이크로소프트는 검색 엔진 빙의 쿠키 관리 문제로 프랑스 CNIL로부터 패널티를 부과받았고, X는 허위 정보 퇴치 조치를 거부해 유럽에서의 추방까지 고려되었으며, 구글은 탈세 및 조직적인 자금 세탁 혐의로 소송당했다. 페이스북의 경우는 세액 조정 작업이 이뤄지는 중이다. (거의 모든 기업에) 경쟁 규정 위반 제재가 내려졌고, 가짜 뉴스 확산에 대한 면죄부를 안겨주는 통신품위법 230조의 폐기를 위한 사법 절차도 (실패했지만) 진행됐다. 구글, 페이스북, 아마존, X 등을 공격할 사유는 차고 넘친다. 심각성도 다 다르고 처벌 수준도 다양해서 목록을 작성하면 길게 이어질 것이다.

하지만 이런 게 다 무슨 소용일까? 이 억만장자들은 각종 불법적인 행각을 저질러 수억 유로, 때로는 수십억 유로를 벌금으로 지불했지만 누구 하나 크게 타격을 입은 적이 없다. 여전히 막대한 수익을 거두며 그 어느 때보다 힘이 커진 상태다. 심지어 맞았다는 느낌조차 없을 것이다.

그래도 정부, 경쟁당국, 조세행정당국은—적어도 유럽에서만큼은—빅테크 기업의 꼼수를 처단하기 위해 소신껏 싸우는 중이다. 몇 년 간의 소송 끝에 간신히 이들에게 세금을 부과해도 규제당국에게 이는 마치 시시포스가 끊임없이 돌을 밀어 올리는 상황과 비슷하다. 이들은 끝없는 싸움을 벌이고 있으며, 하나가 끝나면 다시 다른 하나를 시작해야 한다. 그 누구도 감히 끝까지 갈 엄두를 못 내고 있다.

미 대법원도 마찬가지다. IS 테러의 희생자 부모들은 통신품위법 230조의 폐지를 요구했지만 대법원은 거기까진 손을 대지 못했다. 앞서 살펴봤듯이 '이건 의회가 결정할 일이다'라는 식으로 공을 넘겨버린 것이다. 대법원은 디지털 경제가 위험에 처하는 것을 우려했다. 수백만 명이 근로자로서 속해 있는 데다 상당한 연기금도 투자된 터라, 디지털 경제가 흔들리면 주가가 폭락하고 금융 시스템도 동반 추락한다. 경제 전체가 무너지는 것이다. 이들의 몰락은 전체 시스템의 몰락과 같다. 이것이 바로 그들의 또 다른 권력, 즉 '시스템을 좌우하는 권력'이다.

저들은 대마불사가 되기 위해 온갖 노력을 기울였다. 21세기 초, 구글은 "사악해지지 말자Don't Be Evil"라는 슬로건을 내걸었다. 당시에는 검색 결과에 광고를 섞는 건 생각할 수도 없는 일이었다. 이용자가 정보에 접근하기 어려워질뿐더러 구글의 중립성도 해칠 수 있기 때문이다. 하지만 수십억 달러의 수입이 눈앞에 보이자 이 멋진 슬로건은 곧 폐기됐다. 페이스북의 초기 이용 약관에도 개인정보는 무슨 일이 있어도 보호받아야 한다는 내용이 명시되어 있었다. 하지만 이용자가 대거 늘어나자 모든 약속이 손바닥 뒤집듯이 폐기되었다. 고도의 수익성 논리가 모든 것을 집어삼켰다.

조세, 경제, 민주주의, 사회

테크계 억만장자들은 젊었을 때나 나이 든 지금이나 여전히 구세주 같은 존재로서 세상을 바꾸겠다는 원대한 꿈을 품고 있다. 민주주의 국가들도 진작 포기한 이 꿈을 실현하기 위해 일찍이 정부 역할을 대체해왔고, 이제는 정부의 권위마저 무너뜨리고 있다. 저들에겐 죽음부터 지구 자원 고갈에 이르기까지 우리의 모든 문제에 대한 해법이 존재한다. 하지만 이를 민주적인 통제 방식 없이 적용할 요량이다. 정부 수반 따위에 관심이 없는 이유도 바로 여기에 있다. 대통령이나 총리보다 더 많은 권력을 가졌기 때문이다. 대통령을 세우고 끌어내리는 것도 모두 이들이 마음먹기에 달렸다.

이들이 만든 앱과 상품은 삶을 더욱 편리하게 만들어준다. 누가 이를 거부할 수 있을까? 젊어지는 게 싫은 사람이 세상에 어디 있을까? 몇 시간 만에 집에서 조제약을 받을 수 있다고 한다면 과연 누가 이를 편리하다 생각하지 않을까? '숨길 것이 없다면' 페이스북에서 사생활을 공유하는 것이 왜 해롭겠는가? 우리가 보는 모든 것을 우리 눈이 기록한다는 〈블랙미러〉의 에피소드는 그리 먼 미래의 이야기가 아니다. 우리의 모든 삶이 10년, 혹은 20년 전부터 인터넷 플랫폼에 기록되어왔기 때문이다. 누구도 인터넷상에 자신의 흔적을 남기는 것을 대수롭지 않게 여긴다. 언젠가는 뇌에 칩을 이식할 날도 올 것이다. 단순히 그게 더 편하니까. 모두가 그렇게 하니까. 스마트폰이 나왔을 때처럼 말이다.

이들이 국민과 정부에 가하는 위협은 크게 네 가지 범주로 나눠 볼 수 있다. 조세, 경제, 민주주의, 사회 면에서의 위협인데, 이 네 측면에서의 악영향은 서로 얽혀서 나타날 때가 많다. 우선 첫 번째, 조세

면에서의 악영향은 해당 기업들의 조세 회피로 정부 재정이 축소됨에 따라 발생한다. 응당 내야 할 세금을 내지 않을 경우 사회 전체의 부는 점점 줄고 영세 기업이나 시민에게 부담이 전가된다. 경제 면에서의 악영향은 해당 기업의 실질적인 '독점'으로부터 기인한다. 모든 경쟁의 싹을 초기에 잘라내버리고 혁신을 가로막으며 지배적 지위를 남용하기 때문이다. 민주주의 면에서의 악영향은 이 기업들이 선거를 비롯해 도처에서 그 영향력을 행사함에 따라 발생한다. 기존 언론 매체도 서서히 죽어가고 다원주의가 무너지고 있다. 마지막으로 사회 면에서의 악영향은 젊은이들의 정신 건강을 위험에 빠뜨리고 공동체의 분열과 감정적 과잉을 유발하는 행태에서 비롯된다. 소수가 어마어마한 폐해를 끼치고 있는 셈이다.

이 모든 폐단을 한 번에 근절할 포괄적인 해결책은 없다. 물론 시진핑처럼 행한다면 가능할 수도 있다. 기업 대표들을 체포해 석 달간 구금한 뒤 기업에 대한 주도권을 장악하고, 수익성 따윈 고려하지 않고 기업 구조를 재편하면 문제는 해결된다. 하지만 민주적인 법치 국가에서는 쓰기 힘든 방법이다. 그렇다고 해서 현 상황에 만족할 수 있을까? 일각에선 검색 엔진 구글을 '공공재'로 보거나 페이스북을 만인의 '통신 수단'이라 생각하기도 한다. 이처럼 이 기업들의 플랫폼이 공공 서비스에 가까운 수준이 되었으니 공공선을 위한 공동의 규칙을 따라야 하지 않을까? 반독점법이 존재하니 적용되어야 마땅하다. 심지어 미국에서조차 메타나 구글을 해체하기 위해 노력하는 국회의원들이 점점 많아지고 있고 소송도 진행 중이다.

자크 아탈리는 "국가가 시장에 휩쓸리는 상황이며 GAFAM은 그 마지막 단계일 수 있다"고 경고한다. "중국 공산당은 이 플랫폼 기업

264

들이 공산당의 종말을 가져올 것임을 잘 알았고 아직 권력을 손에 쥐고 있을 때 이 기업들에 제동을 걸었다. 미 정부 역시 아직 권력을 쥐고 있다. 미 정부는 이들을 멈추게 할 수 있으며 유럽도 옆에서 보조를 맞출 수 있다. 소셜미디어와 플랫폼을 통제하고 해체해야 한다. 이들이 개인정보를 탈취하지 못하게 해야 하며, 어떤 알고리즘으로 운용되고 있는지 밝혀야 한다. 구글과 페이스북을 넷으로, 아마존을 셋으로 나눠야 한다."[1]

각 위험에 따른 다양한 대책

기업 분할이 이뤄지면 몇몇 문제는 해결되겠지만 전부 다는 아니다. 시장 규제 및 지배 전문가인 조엘 톨레다노는 효과나 과정이 의심스러운 기업 분할보다는 각 기업에 대한 구체적인 규제 방법을 수립하는 편이 보다 확실하다고 평했다. 특정 행위를 금하거나 혹은 특정 조치를 내려 실질적으로 자유로운 경쟁이 이뤄지게끔 유도하는 것이다. 가령 구글의 경우 광고 성과가 불투명하다는 점을 집중 공략하여 보다 공정하게 가치가 공유될 수 있게끔 시장을 바꾸어야 한다는 것이다.[2] 아마존의 경우는 마켓플레이스에 초점을 맞추어 아마존프라임이 경쟁을 저해하는 가격으로 상거래 시스템 전체를 파괴하지 못하게끔 대책을 마련해야 한다.[3]

현 상황에서는 유일한 해결책도, 어디든 통하는 만병통치약도 없다. 대다수 문제를 각각 개별적으로 다뤄야 한다. 그리고 지금까지 문제를 해결하지 못한 이유부터 파악해야 한다. 사실 페이스북이나 아마존의 프로젝트 구상 단계에서 미리 전 세계적으로 정책 공조를 하려는 의지가 필요하다. 페이스북이 출시하려던 화폐 리브라의 실패가 대표적인 사례다. 우리는 리브라의 실패로 주요 국가들이 위협을 느끼고 정책 공조를 했을 때 페이스북 같은 거대 플랫폼 기업의 행보에 제동을 걸 수 있다는 점을 알게 됐다. 각국 정부는 리브라의 출시가 하나의 결정타가 되리라는 사실을 직감했을 것이다. 만약 마크 저커버그가 성공했더라면 다른 억만장자들도 자기 화폐를 갖겠다고 나섰을지도 모른다. 그렇게 되면 경제 정책의 핵심인 통화 주권도, 나아가 정부의 권력도 끝나는 것이다.

그렇다면 각국 정부는 리브라 사업을 어떻게 좌초시켰을까? 마크 저커버그 주위에는 이용자의 귀중한 데이터를 얻는 대가로 자금을 대주는 파트너사가 많았다. 그런데 마크 저커버그에게 필요한 건 돈이 아니었다. 그는 돈보다 뭉치는 게 곧 힘이라고 생각했다. 그래서 우버, 스포티파이, 일리아드(프랑스 통신사) 같은 기업들과 페이팔, 비자, 마스터카드 등과 같은 결제 업체들을 불러들였다. 리브라는 전쟁이나 인플레이션 때문에 화폐 가치가 폭락한 국가들을 위한 안전 자산이 되기에 '진보의 도구'라고 소개하며 일부 NGO 단체들도 끌어들였다. 결제가 보다 간편해지면서 수수료 역시 낮아질 것이며, 은행을 통하지 않는 다른 금융 서비스들도 줄줄이 제공될 예정이었다.

2019년 9월 중순, 전 세계 재무장관과 중앙은행들이 스위스 바젤에 모였다. 미 Fed와 유럽중앙은행ECB을 비롯한 주요 은행들은 리브라 프로젝트 책임자들을 불러 이 암호화폐가 왜 필요하며 어떤 식으로 작동하는지, 누가 이를 사용할 수 있는지 설명을 요구했다. 지금껏 어떤 민간 기업도 26개국 중앙은행 대표들 앞에 서는 '영광'을 누린 적이 없었다. 페이스북은 리브라를 다섯 개 주요 통화(달러, 유로, 엔, 파운드,

싱가포르달러)와 연동하겠다고 밝혔다. 통화당국들을 안심시키려는 의도였다.

하지만 각국 정부는 마음을 놓지 못했다. 만약 마크 저커버그가 유로(혹은 달러)의 비중을 높이기로 결정하면 어떤 일이 벌어질까? 결과는 뻔하다. 해당 통화의 환율에 즉각 영향을 줄 것이다. 그렇게 되면 유로(혹은 달러)를 사용하는 모든 국가의 상업과 산업에 영향이 미친다. 경제 성장과 통화 정책의 독립성마저 약화하는 결과가 따를 것이다. 국가의 통화 정책이 마크 저커버그 같은 한 개인의 손에 좌우되길 바라는 사람은 아무도 없을 것이다.

리브라 출시를 막은 정부들의 공조

페이스북의 화폐는 기존 통화의 지위를 넘보고 이를 불안하게 만들 수 있다. 통화 취약 국가에서는 안전 통화로 사용될 수 있을지도 모른다. 혹은 새로운 돈세탁 경로에 활용되어 대규모의 더러운 돈이 유입될 수도 있다.

통화는 공공재다. 정부에게만 허용된 놀이터인 셈이다. 오직 정부만이 화폐를 유통할 수 있으며, 물가 조절을 위해 시중에 유통되는 돈의 양을 줄일 수 있는 것도 오직 정부뿐이다. 그런데 잠재적 사용 인구가 수십억 명이 넘는 플랫폼의 화폐라면 전 지구상에 상당한 타격이 있지 않겠나? 참고로 유로존 인구는 3억 5천 명에 불과하다.

이런 수치만 보더라도 은행 입장에선 아찔했을 것이다. 미국 역시 달러의 시장 지배력에 대해 우려했을 수 있다. 심지어 바젤에 오지 않은 중국은 다른 나라보다 먼저 상황을 간파하고 리브라는 자국 내에서 허용되지 않는다고 알렸다. 중국 인민은행디지털화폐연구소장 무창춘은 리브라가 출시되면 더는 막을 수 없을 것이라[4] 밝혔다.

이에 각국 정부는 단합하여 반격을 준비했다. 전 세계 중앙은행 총재들과 재무장관들은 페이스북의 파트너사들이 이 사업에 합류하지 않도록 말렸다. 프랑스 재무장관 브뤼노 르 메르는 이 화폐의 반민주적 성격을 꼬집었다. "다국적 민간 기업이 민주주의 제도하의 주권 정부만큼 통화 권력을 보유하는 상황은 용납될 수 없다. 정부가 페이스북과 가장 다른 점은 권력이 국민의 통제하에 있다는 점이다."[5] 아울러 프랑스, 이탈리아, 독일이 유럽에서의 디엠(리브라) 통용을 금지하기 위한 조치를 준비 중이라고 알렸다.

하지만 가장 현실감 있게 상황을 통찰한 이는 노벨 경제학상 수상자 조지프 스티글리츠였다. 그는 언론사에 게재한 칼럼을 통해 "바보들이나 자신의 금융 생활을 페이스북에 맡긴다"라고 평했다. "그러나 어쩌면 여기에 바로 핵심이 있는지도 모르겠다. 매월 24억 명가량이 활발하게 활동하는 이 플랫폼에서, 이용자의 모든 정보를 다 쥔 페이스북은 속여먹기 쉬운 바보들이 분 단위로 얼마나 많이 생산되는지 누구보다 잘 알지 않겠는가?"[6] 지루한 싸움이 이어지자 마크 저커버그는 결국 페이스북 화폐의 출시를 포기한다.

리브라 사태는 이 사회의 규칙을 확인한 이례적인 사례였다. 정부들이 위협을 인식하고 공조했기 때문이다. 그러나 조세처럼 다른 분야들에서는 정부들이 단합하지 못하고 무능한 모습을 보일 때가 많다. 거대 기업들의 막대한 로비가 어마어마한 위력을 떨치고 있기 때문이다. 비영리 연구 기관 책임정치센터Center for Responsive Politics에 따르면 매년 빅테크 기업들이 브뤼셀에서 소비하는 돈만 해도 1억 유로 가까이 된다. 모두 자신들의 이득을 수성하기 위해 사용하는 돈이다. 다른 어떤 산업도 이 정도 규모의 돈을 뿌리지 않는다. 로비에 돈을 많이 들이는 화학이나 자동차 산업만 해도 각각 1,800만 유로와 1,000만 유로 정도를 쓴다고 한다.

구글, 페이스북, 마이크로소프트, 이 세 회사가 로비 자금을 가장 많이 지출하는 3대 기업으로 꼽힌다는 사실에 놀랄 사람은 없다. 2018년, 페이스북은 심지어 영국 전 부총리 닉 클레그를 고용하여 국제 커뮤니케이션 및 홍보 업무를 이끌도록 했다. EU 집행위원회가 디지털서비스법과 디지털시장법Digital Markets Act 입안을 위해 분주하게 움직이자 브뤼셀에서는 로비스트들의 활동이 폭주했다. 빅테크 기업들의 변호사와 전문가가 법안 통과를 막기 위해 분주하게 돌아다녔지만 이들의 노력과 무관하게 두 법은 2023년 발효됐다.

두 법 덕분에 오히려 저들이 최악의 상황을 피하게 된 것인지 혹은 이 법들이 적용되어 진정한 변화가 진행되는 중인지는 좀 더 지켜봐야 할 듯하다. 그때까지는 (선거 비용을 제한하는 규제처럼) 로비 자금에 제한을 두는 게 의미 있는 방책이 아닐까.

강한 정치적 의지 필요

리브라 출시 실패 이후에 비슷하게 테크 기업이 사업을 포기한 사례가 또 있다. 일론 머스크가 금융 플랫폼으로의 도약을 꿈꾸며 트위터를 인수하던 시기의 일이다. 2023년 4월, 트위터는 일부 주요 매체의 계정에 "국영 매체state-affiliated Media"라는 설명 문구를 달았다. 매체들이 사실이 아니라며 크게 반발하자 "정부 자금을 받는 매체Government-funded Media" 혹은 "공공 자금을 받는 매체publicly funded Media"라고 바꾸며 한발 물러섰다. 프랑스TV 대표 델핀 에르노트 쿤시는 "한 매체가 독립적인지 아닌지 결정하는 머스크 씨는 대체 누구인가?"[7]라며 비난했다. 더불어 일개 미국인 억만장자가 한 나라의 독립성을 농락하고 감히 공적 영역을 정의하는 행태에 대해서도 경악을 금치 못한다고 평했다. 전 세계의 관련 매체들이 집단으로 반발하고 나서자 결국 일론 머스크는 조치를 철회했다. 하지만 정보 공간을 누가 통제하는지에 대한 문제는 여전히 남아 있다. 델핀 에르노트 쿤시는 "미국인들, 나아가 중국인들이 선무당처럼 마구잡이로 우리의 민주주의를 농락하도록 방치할 수 없다. 영향이 너무나도 심각하다"[8]라고 지적했다.

현재 상황에 대한 하나의 통일된 해결책은 존재하지 않는다. 따라서 각 범주의 문제들을 개별적으로 처리해야 한다. 우선 조세 분야의 경우, 이 억만장자들이 어떤 식으로 탈세하는지는 이미 알려져 있다. 말이 많이 나오기는 해도 불법적인 방식은 아니다. 제도상의 '허점'과 유럽 각국마다 다른 조세 제도를 이용하기 때문이다. 아일랜드, 네덜란드, 룩셈부르크의 조세 제도는 프랑스, 독일, 이탈리아 등과 다르다. 앞서 언급한 '더블아이리시 더치샌드위치'가 가능한 이유다. 하지만 이제 탈세 가능성이 차츰 줄어들고 있다. 2020년, 구글은 기존의 조세 회피 전략을 포기했다. 아일랜드가 제도상의 '허점'을 손보았기 때문이다. 특히 프랑스에서 세금 포탈 가중죄 및 조직적인 자금 세탁 소송이 제기된 것을 비롯해 다수의 소송에 휘말린 것도 크게 한몫했다. 그럼에도 구글은 여전히 아일랜드에서 매출을 신고한다. 세금을 더 적게 낼 수 있기 때문이다. 2021년 구글이 낸 세금은 2,710만 유로에 불과했다.

　　유럽 간의 공조 체제가 이뤄지지 않자 프랑스는 혼자서라도 진행하기로 결심했다. 프랑스에서 광고처럼 위치 추정이 가능한 활동으로 발생한 매출액에 3퍼센트의 세금을 부과하는, 일명 GAFA세를 도입한 것이다. 당시 트럼프 정부는 크게 반발하며 보복 조치를 시행했지만 프랑스는 물러서지 않았다. 이 GAFA세로 거둬들일 세수는 연간 5억 유로로 추정된다. 기대에 못 미치는 금액이지만 없는 것보다는 낫다. 하지만 이보다 좋은 건 전 세계 정부가 적절한 조세 제도를 마련해 프랑스의 단독 조치를 대체하는 것이다. 지금이야 프랑스 혼자서만 이렇게 세금을 부과해 욕을 먹지만, 실제 영업 활동 위치를 기준으로 초국가적 기업들에게 세금을 부과하고, 이들의 초과 이익에서 발생한 세수를 각국에 차등적으로 배분해야 한다. 이는 전 세계적 조세 제도 개혁의 제1과제다.

　　그래도 OECD의 전 조세정책국장 파스칼 생타망이 10년 이상 140여 개 국가와 끈질기게 협상을 벌여온 덕에 역사적 합의가 도출되긴 했다. 위의 제1과제를 둘러싼 협상은 지지부진하게 진행된 반면, 제2과제인 '15퍼센트의 법인세율 적용'은 앞서 살펴봤듯이 2024년 1월 1일부로 시행에 들어갔다. 연수익 7억 5,000만 유로를 초과하는 모든 초국가적 기업에 적용된다. 이로써 모든 문제가 해결되진 않지만 적어도 이들이 유발하는 불공정함을 줄일 수 있을 듯하다. 최소 15퍼센트의 법인세율을 거부하고 이보다 낮은 세율을 적용하려는 나라가 있을 경우, 프랑스 국세청은 자국에서 활동하는 그 다국적 기업의 수익에서 모자란 세율만큼의 세금을 징수할 수 있다. 이는 국가 간의 법인세율 경쟁을 제한한다. 기업들도 법인세율이 낮은 나라로 소재지를 옮길 메리트가 사라진다. 어느 곳으로 가든 내야 할 세액은 달라지지 않기 때문이다.

문제를 해결할 진정한 해법이 무엇인지 사실 우리 모두 알고 있다. 다만 이 해법을 실행하기 위해서는 강한 정치적 의지가 필요하다. 각국이 서로의 조세 제도를 맞추는 것이다. 단지 '최소한'의 세율을 적용하는 데 그치는 게 아니라, 모든 나라가 유럽의 평균 세율(22퍼센트의 법인세율)을 적용하기로 동의하고 시행하면 된다. 하지만 이는 당장 실현될 수 있을 것 같지는 않다.

독점 기업 분할

두 번째로 문제가 되는 것은 이 초국적 기업들의 독점 상황이다. 막강한 위력을 가진 기업들은 고객, 협력 업체, 납품 업체 등이 오로지 자사 플랫폼만을 이용하도록 강제한다. 심지어 도둑질까지 서슴지 않는데, 가령 아마존은 중소 업체들을 자사 플랫폼으로 들어오게 해서 원하는 데이터를 모두 뽑아낸 뒤 정확히 똑같은 제품을 판매하며 이들과 경쟁한다.

또한 경쟁사가 나타날 조짐을 보이면 애초에 싹을 잘라버린다. 위협이 될 만한 혁신적인 스타트업 기업이 나타나면 막대한 금액을 제시하여 문 닫게 하거나 아예 흡수해버리는 것이다. 페이스북이 메신저, 왓츠앱, 인스타그램을 소유하게 된 경로도 이와 비슷했다. 마크 저커버그는 신규 사업자가 소셜미디어 시장에 진입하는 것을 사전에 차단한다. 차라리 한 분야에만 국한된다면 그나마 다행이다. 하지만 데이터 관리의 달인인 이들은 모든 분야를 넘나든다. 앞서 살펴본 대로 지금껏 공공재의 영역에 속했던 보건, 교육, 혹은 교통 분야까지 넘보는 것이다.

그래도 유럽에서는 경쟁당국의 제재로 각각의 기업들이 여러 차례 처벌을 받았으나, 독점 문제의 유일한 해결책도 기업 분할 조치다. 과거 미국에서 정유나 통신 기업들이 해체된 것처럼 기업을 나누는 것이다. 가장 대표적인 사례는 20세기 초, 존 D. 록펠러의 스탠더드오일이 분할된 사건이다. 당시 이 기업은 34개의 사업체로 쪼개졌다. 따라서 구글도 더는 모든 이해관계의 결정권을 쥐고 있으면 안 된다. 현재 구글 검색 엔진에서 검색을 하면 구글 자회사(여행사 등) 관련 정보가 가장 상위에 뜬다. 경쟁사 정보는 검색 페이지 뒤쪽으로 밀어내며 서서히 죽이는 것이다. 미국의 반독점당국은 얼마 전 구글에 대한 소송을 제기했다. 그러나 이 조직은 더는 20세기 초만큼의 독립성을 갖고 있지 않다. 오늘날 반독점당국이 하는 일은 무엇보다도 외국계 회사들을 단속하는 것이다. 반면 미국의 빅테크 기업들은 계속 승승장구하도록 방치한다.

2020년 11월, 조 바이든 후보가 미 대통령에 당선됐을 때 억만장자들은 식은땀을 흘렸다. 바이든 주위에 완고하기로 소문난 자문 위원 셋이 포진했기 때문이다. 한 명은 컬럼비아대 로스쿨 교수인 리나 칸으로, GAFA 규제에 열을 올리기로 정평이 나 있다. 다른 한 명은 같은 컬럼비아대 로스쿨 교수인 팀 우로, 민주당 소속인 그는 특히 '인터넷망 중립성network neutrality' 개념을 대중화한 것으로 유명하다. 마지막 한 사람은 반독점 전문 변호사인 조너선 칸터다.

가장 의미 있는 진척은 2021년 여름에 이뤄졌다. 하원의 반독점 위원회가 16개월간의 조사 끝에 400페이지가 넘는 보고서를 발표한 것이다. 보고서에는 민주당 측 위원회 위원들의 서명밖에 올라가 있지 않았으나, 이들은 GAFAM의 다양한 남용 행위를 규탄하고 초강수 해법을 제안했다. 기업을 분할하고, 자사 제품을 유리하게 홍보하거나 스타트업 기업 인수를 하지 못하게끔 단호히 막는 것이다.

"과거에는 기존 체제에 도전하던 작은 신생 기업이었던 회사들이 이제는 정유나 철도 재벌이 판을 치던 시절에나 보던 독점 기업으로 변모했다. 이 기업들은 너무나 많은 권력을 쥐었으며, 이는 마땅히 억제되고 적절한 법의 적용 및 감시 대상이 되어야 한다. 여기에 바로 우리의 경제와 민주주의가 달려 있다'"고 미 의회 반독점위원회 위원들은 기술했다.

의회 보고서는 페이스북과 구글을 독점 기업으로 규정했으며, 아마존(과 애플)에는 "지속적으로 유의미한 시장 지배력"을 행사한 혐의를 두었다. 페이스북은 경쟁사를 "인수, 모방, 혹은 제압"하면서 지배 기반을 다졌다고 지적받았다.[10] 경쟁이 없는 상태이기 때문에 서비스 품질은 저하되었으며, 그에 따라 사생활 보호 수준이 낮아지고 정보 왜곡이 눈에 띄게 늘어나는 결과가 초래됐다.[11] 구글은 "일련의 불공정 전략으로" 독점 체제를 유지했고, 스마트폰 제조사가 구글 앱을 우선 탑재하게 하는 계약을 강요하여 자사의 안드로이드 소프트웨어와 구글플레이 앱스토어에 접근하도록 만듦으로써 옐프 같은 경쟁사의 검색 서비스를 퇴보시켰다는 지적을 받았다.[12] 아마존은 마켓플레이스의 운영자 겸 판매자 역할을 동시에 수행함으로써 이해관계 충돌 문제를 야기한 혐의를 받았다.

빅테크 기업들에 대한 소송 증가

보고서에서는 시장을 독점하는 이 플랫폼 기업들을 미 의회가 해체할 것을 권고한다. 그렇게 되면 잠정적으로 페이스북이 인스타그램을, 구글이 유튜브를 인수한 것 역시 문제 삼을 수 있다. 뿐만 아니라 일부 기업이 기본 영업 활동과 인접한 분야에서 사업을 벌이거나 자사 상품에 특혜를 주는 행위도 금지해야 한다고 권고했다. 아울러 스타트업 기업 인수 장벽을 높이는 한편, 데이터 호환성을 제공하도록 강제하여 경쟁사의 사업 기회를 확대해주어야 한다고도 제안했다.

해당 보고서는 미국의 두 경쟁당국 중 하나인 FTC도 비판했다(다른 경쟁당국은 법무부의 반독점당국이다). GAFAM이 1998년 이후 진행한 500여 건의 인수 합병을 눈감아주며 승인 도장을 찍었다는 것이다. FTC는 "피겨스케이트 코치와 오르간 연주자를 포함한 소규모 사업자의 단속에만 치중"[13]했다.

마지막에 이 보고서는 일련의 법규를 포함하는 반독점법 구상안을 내놓았다. 2021년 6월 24일, 이 구상안은 미 하원 사법위원회에서 찬성 21표, 반대 20표를 얻어 단 한 표 차이로 승인되었다. 이후 지연에 지연을 거듭하다 2022년 12월 표결이 이뤄졌는데, 결과는 소문난 잔치에 먹을 것 없는 격이었다. GAFAM이 모든 면에서 완벽한 승리를 거두었기 때문이다. 몇 가지 소소한 조치가 채택되긴 했으나 가장 수위가 높은 반독점 조치는 통과되지 않았다. 빅테크 기업들의 패권은 그대로 유지되었고, 팽팽하리라 예고되었던 양측의 물밑 힘겨루기는 테크계 억만장자들의 승리로 끝났다.

하지만 전부 진 것은 (아마) 아닐 것이다. 미국의 여러 주에서 현재 구글, 메타, 아마존을 상대로 한 소송이 진행 중이기 때문이다. 구글에 대한 반독점 소송에는 역사적 의의가 있다. 증인 진술은 2023년 10월에 이뤄졌고, 2024년 5월에도 구두 변론이 이어진다. 미국 검색 시장의 90퍼센트를 차지하는 구글은 막강한 재력과 불공정 관행을 이용해 온라인 검색을 독점 중이라는 혐의를 사고 있다. 심리가 시작됐을 때 알게 된 사실은 2021년 구글이 260억 달러를 쏟아부어 삼성 같은 스마트폰 제조사나 모질라Mozilla 같은 웹브라우저 소프트웨어 발행사로 하여금 자사의 검색 엔진을 기본 탑재하게 만들었다는 점이다. 구글 검색을 통한 광고 수입 1,460억 달러의 18퍼센트에 해당하는 금액을 여기에 쏟아부은 것이다. 사파리Safari에 구글 검색을 이식하기 위해 애플에게만 챙겨준 금액도 180억 달러에 달한다. 재판을 위해 미 법무부가 고용한 경제학자 마이클 윈스턴은 구글이 이렇게 막대한 돈을 쏟아붓는 유일한 이유가 바로 '독점적 이익' 실현을 위한 것임을 입증했다. 게다가 고객을 잃지 않으면서 광고료를 올릴 수 있었다는 것은 곧 고객들이 구글에게 발목 잡혀 있음을 증명한다.

구글을 둘러싼 소동은 이것만이 아니다. 애드테크 분야에서 지배적 지위를 남용한 데 대한 기소도 이뤄졌기 때문이다. 사실 구글은 온라인 광고 공간을 판매하는 사이트 운영자와 광고주 사이의 경매 플랫폼을 소유하고 있다. 그리고 구글 또한 여기에서 유튜브를 비롯한 광고 공간을 판매한다. 이 대목에서도 기업 분할이 요구됐다.

아마존도 예외는 아니다. 미국 열일곱 개 주와 손을 잡은 FTC는 2023년 9월 26일, 아마존을 지배적 지위 남용죄로 기소했다. FTC에 따르면 "아마존의 불법 행동은 경쟁을 가로막고, 이에 따라 독점권을 행사하여 가격을 부풀리고 품질을 떨어뜨리며 소비자와 기업을 위한 혁신을 저해한다." 현재 미 법무부와 FTC는 모든 빅테크 기업에 대한 수사와 소송을 진행 중이다.

하지만 이렇게 법정 소송이 이어져도 제대로 된 결과가 나오지 않는 한 미국이 과연 이들의 위력을 억제할 수 있을지 의문이다. 미국에게는 이 기업들이 필요하리라는 느낌을 도무지 지울 수가 없다.

기업 분할이 불가하다면 이들의 힘이 막강해지는 상황과 우리가 디지털 플랫폼에 종속되는 상황을 막아줄 법적 수단을 이용하는 것도 한 방법일 수 있다. 가령 특정 분야 기업이 다른 분야에서 사업 활동을 할 수 없도록 구체적인 금지 조항을 마련하고, 이로써 사업 영역을 확실히 분리하는 것이다. 아울러 초국가적 기업들이 새로운 과학, 기술, 상업 분야에 투자하는 것을 금지하는 방안도 생각해볼 수 있다.

유럽은 디지털시장법을 채택함으로써 첫발을 내디뎠다. 디지털시장법은 하나의 작은 혁명이 될 수도 있겠으나 2023년 5월 2일에야 적용되었기에 실질적인 성과를 가늠하려면 몇 년이 더 필요하다. EU 집행위는 막강한 경제적 위력을 가진 대형 플랫폼들이 필수 서비스를 이용하기 위한 관문이 되었다는 점에서 '게이트키퍼'로 규정하기도 했는데, 디지털시장법은 이러한 플랫폼 사업자들의 경제 활동을 보다 잘 관리하는 게 목표다. 이 법을 통해 1)불공정 경쟁 관행이 지속되지 않도록 하고 2)거래처의 정보를 '탈취'하지 못하도록 막고 3)신생 경쟁업체의 싹을 잘라내지 못하도록 방지하는 것을 기대할 수 있다.

마을로 돌아온 보안관?

이러한 법규 마련이 해법으로 작용할 수 있을까? 디지털시장법은 대형 플랫폼 사업자들의 특권을 제한하여 더는 시장에서 불법으로 지배적 지위를 유지할 수 없도록 만든다. 따라서 더 이상 자사 상품이나 서비스를 다른 경쟁사의 것들보다 유리한 위치에 놓이게 할 수 없고, 해당 업체의 데이터를 악용해 경쟁에서 우위를 점하지도 못한다. 디지털 시장법의 목표는 몇 가지 '선제적' 의무 조항을 마련하여 빅테크 기업들의 불공정 관행을 막는 데 있다. 지금까지는 경쟁법 위반 사례를 벌금으로 제재해왔지만 벌금 집행이 너무 늦게 이뤄진 탓에 피해 경쟁사나 거래처는 결국 문을 닫았고, 추후 부과된 벌금으로는 파산한 업체들을 살려내지 못했다.

또한 EU의 내수담당 집행위원 티에리 브르통의 말처럼 마을에 다시 보안관이 돌아왔다고 해도 과거로 미루어보건대 마음을 놓아서는 안 된다. 사실 유럽 당국이 앞에서는 소란스레 움직이는 듯 보여도 정작 치명적인 무기를 마련하지는 못하는 데다 설령 무언가를 하더라도 그 과정이 매우 느리고 더디다. 여러 소송을 제기하고 벌금을 부과하며 (간혹) 승소하더라도 빅테크 기업들이 지난 20여 년간 낸 벌금은 34억 유로밖에 되지 않는다. 이들이 2021년 한 해 동안 벌어들인 수익만 해도 3,000억 유로에 육박한다는 점으로 미루어볼 때 결코 많은 액수가 아니다. 유럽공동혁신이니셔티브 대표 앙드레 뢰즈크뤼그피에트리에 따르면 남용 행위를 제한하고 저 기업들 못지않은 전문성과 대응 능력을 갖추어야만 이 전쟁에서 뒤처지지 않을 수 있다.

아울러 기본적인 정책 논리도 변화해야 한다. EU 당국의 역할은 원래 세계 경제 및 기술 부문 경쟁의 공정한 중재자였다. 소비자 권익을 위한 방침이었으나 이러한 정책 논리가 유럽 테크 기업의 육성을 저해한다면 재고할 필요가 있지 않을까? 사실 미국이나 중국계 IT 공룡들이 밀고 들어오는 것을 막고 유럽을 지켜낼 수 있는 건 세계적 규모를 갖춘 유럽 쪽 선두 주자들뿐이다. 앙드레 뢰즈크뤼그피에트리는 "유럽이 무능한 모습을 보이는 한, 혹은 유럽이 무능하지 않다고 확신하거나 사람들에게 그러한 믿음을 심어주려는 한, 우리는 정부보다 막강한 이 플랫폼 기업들의 부상을 부추기는 꼴이 될 것"이라고 평했다.

디지털시장법은 상호 운용에 대한 의무 사항도 규정한다. 왓츠앱, 페이스북, 메신저 등의 플랫폼은 앞으로 보다 작은 규모의 경쟁사들과 상호 운용이 가능한 시스템을 만들어야 한다. 가령 왓츠앱 이용자가 시그널Signal이나 텔레그램 이용자에게 전화를 걸고 인스타그램 이용자가 틱톡 유저에게 사진을 보낼 수 있도록 해야 한다. 이 같은 조치는 경쟁을 자극하는 요인이 될 수도 있다. 사실 일론 머스크가 트위터를 장악한 방식에 다들 놀랐음에도 그에 대한 실질적인 대안은 존재하지 않았다. X가 워낙 탄탄한 기반을 갖고 있어서 스레드가 이에 대항하기는 역부족이고, 또 이게 유일한 돌파구이길 바랄 수도 없다. 그렇게 되면 이번에는 마크 저커버그를 쌍수 들고 환영하는 격이 되지 않겠는가.

소수 기업이 시장을 독점하는 상황에서 후발 주자가 진입하기란 불가능해 보인다. 반면 기존 사업자는 그 힘을 더욱 키우고 있다. 스레드의 시작이 좋았던 이유는 인스타그램 이용자를 기반으로 삼았기 때문이다. 지배적 위치의 소셜미디어가 겪는 유일한 한계는 지정학적 경계에 따른 한계뿐이다. 즉, 러시아어권에서는 프콘탁테를 쓰고 중국에서는 웨이보와 틱톡을 사용하며 서구권에서는 페이스북, X, 인스타그램을 쓰는 상황 말이다. 만약 프콘탁테가 전 세계를 장악해 독점 체제를 구축했다면 우크라이나 전쟁에서 돌아다니는 정보들은 과연 어떻게 처리되었을까? 답은 중국만 봐도 쉽게 나온다. 중국인들이 어떤 식으로 정보를 얻고, 또 어떤 식으로 왜곡된 정보에 노출되는지를 안다면 예의 상황도 대충 뻔하지 않겠나?

개인정보 보호 시스템의 허점을 해결

그다음으로 고민해야 할 점은 빅테크 기업이 야기하는 세 번째 폐단, 즉 민주주의 측면에서의 악영향을 어떻게 해결할 것인지에 대해서다. 여기서 문제는 크게 두 가지다. 첫째는 개인정보 유출 문제로, 이를 불법적으로 사용하면 케임브리지애널리티카 스캔들 때처럼 선거에도 영향을 미칠 수 있다. 둘째는 소셜미디어에 의해 과열되는 대중 여론이다. 앞서 살펴봤듯이 마크 저커버그나 일론 머스크의 소셜미디어는 오늘날 정치 양극화 현상이 심화하고 포퓰리즘이 부상한 데 막중한 책임이 있다.

우선 개인정보 유출 문제에서 관건은 개인정보 보호다. 유럽은 개인정보보호 규정(EU 일반개인정보보호법)을 따로 두어 문제 해결에 앞장섰다. 만약 에드워드 스노든의 폭로가 없었더라면 이렇게 구속력 있는 규정이 나오지 못했을 것이다. 하지만 2013년 그의 폭로는 유럽이 주권 문제를 새로이 깨닫는 계기가 됐다. 스노든은 미 NSA가 비밀리에 가동하던 감시 프로젝트 프리즘의 존재를 세상에 알렸다. 프리즘은 페이스북, 구글, 유튜브, 마이크로소프트의 플랫폼상에서 오간 모든 통신 기록(이메일, 메시지 송수신 기록 등)을 스캔하는 감청 시스템이었다.

다른 나라의 비슷한 입법 마련에도 영향을 준 EU 일반개인정보

보호법은 '잊힐 권리' 같은 것도 제정해두었다. 누구든 소셜미디어상에서 사적인 정보를 삭제하도록 요구할 수 있어야 한다는 것이다. 게다가 개인정보의 데이터 호환성도 규정하여 자신의 정보를 회수해 경쟁사 사이트로 이전할 수도 있다.

이렇게 되면 개인정보 보호 시스템에 허점이 많은 페이스북의 특기인 대량 정보 유출도 막을 수 있다. 사실 페이스북은 개인정보 보호 시스템이 굉장히 허술해서 미 의회 청문회로 소환된 마크 저커버그는 매우 창백한 얼굴로 "죄송합니다"를 연신 반복하며 암호화 작업을 강화하겠다고 약속하기도 했다.

하지만 암호화 작업도 결국 마크 저커버그의 의지에 달린 문제라 우리는 그저 그를 믿고 기다리는 수밖에 없다. 그리고 이 암호화 장치만으로는 부족하다. 마크 저커버그는 개인정보 유출 대부분이 이용자 본인의 '동의'에 따른 것이라고 이야기한다. 트럼프 후보 측이 고용한 케임브리지애널리티카가 수집한 이용자 8,700만 명의 데이터도 페이스북 앱, 그저 연결과 접근을 허용한 프로그램을 통해 빨아들인 것이었다.

우리는 디지털 속국이 아니다

이러한 상황에서 이용자를 보호할 수 있는 유일한 방법은 사전에 정보 유출을 단속하고 위반 시 벌금을 더욱 높게 부과하는 것이다. 이러한 조치의 목적은 저커버그를 비롯한 플랫폼 사업자들이 개인정보를 유출하지 못하도록 억제하고, 아울러 이들이 크게 경계하며 데이터를 관리하게 만드는 데 있다. 그러나 무수한 벌금 세례가 실제로 억제 효과가 있었는지는 나중이 되어야 알 수 있을 것 같다. 위반 사례가 반복적으로 나타나는지를 고려해야 하기 때문이다. 개인정보 보호에 관한 한 기업 분할이라는 해법은 크게 효용성이 있을 것 같진 않다. 한 기업을 분야별로 쪼개더라도 우리 개인정보가 전 세계 소수의 플랫폼 사업자에게 몰리는 상황은 해결되지 않기 때문이다. 단순한 기업 분할을 통해서는 우리의 자유를 보장할 수도, 플랫폼 기업의 폐단에 따른 최악의 시나리오로부터 우리를 보호할 수도 없다. 하나의 분리된 플랫폼으로 존재하건, 여러 통합 플랫폼으로 존재하건 플랫폼 사업자는 여전히 자기 편한 대로 법을 매만지려 할 것이다.

사실 미국으로 이전된 데이터에 문제가 생기는 가장 큰 원인은 클라우드법이다. 미 당국이 우리의 사적인 정보와 다수의 공공 서비스 이용 정보를 감독할 수 있는 법적 근거가 바로 클라우드법에 있기 때문이다(심지어 프랑스 국내안보청DGSI의 데이터마저 2023년까지 미국 기업 팔란티어Palantir가 처리했다). 그나마 코로나19 팬데믹 이후 데이터 주권의 필요성이 대두되면서 ANSSI의 경고 또한 전보다 먹혀드는 듯하다. 국가의 중요 정보 자산을 보호하는 이 기관은 미국 빅테크 기업의 서버에 저장된 정보들에 미치는 영향에 대한 경각심을 프랑스 대기업들에게 심어주려 하고 있다. 하지만 해당 기업들이 정책을 180도 선회하는 것 같지는 않다. 넉넉한 자원과 똑똑한 인재들을 보유한 아마존웹서비스나 마이크로소프트 애저, 구글 클라우드 등이 제공하는 서비스가 우수하기 때문이다. 이들 기업의 소프트웨어는 보다 정교하고 혁신적이며 속도도 빠르다.

프랑스 증시에 상장된 40대 주요 기업의 정보 관리직 대다수는 데이터 주권보다 효율성을 중시한다. 이들은 마이크로소프트가 프랑스를 비롯한 유럽 국가들에게 불리한 결정을 내리더라도 크게 개의치 않는다. 코로나19 유행으로 자가 격리 조치가 시행됐을 때, 접속 과부하로 인해 마이크로소프트가 팀즈 및 온라인 개발 툴을 미국 기업들부터 우선적으로 이용하게 해주고 유럽 기업은 정상적인 서비스를 받지 못하게 했음에도 이를 문제라고 생각하지 않은 것이다.

《레제코》에 '우리는 GAFA의 디지털 속국이 아니다'라는 제목의 공동 성명문이 게재된 바 있다. 프랑스의 '디지털 주권을 수호하는' 질 바비네를 비롯하여 10여 명의 업계 지도자가 서명하고 대체 방안을 내놓으면서 관심을 집중시켰다. "지금의 우리가 왜 아마존웹서비스나 마이크로소프트 애저, 구글 클라우드 같은 곳에 데이터를 저장해야 하나? 우리가 왜 업무 협업 툴로 슬랙, 오피스365 등을 사용해야 하며, 브르타뉴 고객에게 브르타뉴 제품을 파는데 왜 페이스북이나 구글에게 광고비를 내야 하나? 프랑스 업체인 OVH의 클라우드 서비스를 이용하면 안 되는가? 톡스피릿Talkspirit 같은 앱으로 업무 연락이나 업무 협업을 진행하면 안 되나? 급여 처리 및 인사 업무를 할 때 페이핏PayFit 서비스를 이용하면 되지 않나? EU 일반개인정보보호법의 기본 취지와 유럽의 가치관에 어긋나지 않는, 고객에 대해 책임 있는 광고 시스템도 있지 않은가?"[14]

유일한 해법은 아마도 자국의 우수한 기업을 만드는 일이 아닐까 싶다. 디지털 업계의 에어버스 같은 기업을 만들어 미국 플랫폼의 대항마를 만드는 것이다. 하지만 혁신보다 규제를 선호하는 유럽에서는 이 같은 창업 자체가 불가능하기에 실현 불가능한 꿈이다. 특히 프랑스 검색 엔진 콩Qwant의 사례는 아무리 영업 전략이 탁월해도 기술적 혁신이나 유럽 당국 차원에서의 공적 개입이 없다면 구글 같은 거물급 기업이 이룩한 성과를 따라잡기 힘들다는 사실을 보여주었다. 이 검색 엔진은 이용자의 사생활을 존중하고 타깃 광고를 위해 이용자의 개인정보를 활용하지도 않았다. 하지만 시장 점유율은 0.7퍼센트를 넘겨본 적이 없었다. 음악 스트리밍 서비스 업체 스포티파이를 제외하면 유럽에는 구글, 페이스북, 넷플릭스 등에 버금가는 세계적 선도 기업이 전무한 상황이다.

하지만 전자상거래 시장에서 집중보다 분산 전략을 택한 인도의 사례는 시사하는 바가 크다. 결제에서 배송까지 모든 걸 전담하려는 괴물 아마존에 맞서 인도 정부는 개방적이고 상호 운용이 가능한 독자적 인프라로 맞불을 놓았다. 인도 정부 주도의 이 개방형 이커머스 플랫폼에서는 모든 상거래 주체가 상호 연결될 수 있다. 인도 정부는 이러한 플랫폼을 무상으로 제공함으로써 전 세계 빈국들이 미국의 디지털 식민지에 맞설 대안을 제공하려 한다.

전체 알고리즘 초기화

국경을 닫고 자국 내 IT 선도 기업의 육성을 꾀하는 다소 비현실적인 경우도 있다. 중국이 대표적인데, 중국은 국경을 차단하고 알리바바, 텐센트, 바이두를 키워냈다. 이러한 기술보호주의를 도입한 게 중국이 처음은 아니다. 사이버 감시에 대한 우려를 이유로 내세우긴 했지만, 유럽과 미국도 화웨이나 ZTE 같은 중국 휴대폰 제조업체의 국내 통신 시장 진입을 차단했다. 그래도 그때는 외국 기업에 대항할 자국 업체라도 있었지만 지금은 상황이 다르다. 2023년 이탈리아 정부는 챗GPT를 금지했다가 오픈AI가 개인정보 보호 정책을 강화하는 방향으로 서비스를 보강하자 다시 챗GPT를 허용했다. 그런데 미국과의 지정학적 관계를 고려한다면 이렇듯 국경을 차단하는 선택은 그리 쉽게 택할 수 있는 것이 아니다. 국경을 닫아버리면 자유 무역 또한 끝이고, 우리의 자유 민주주의 모델도 더는 존재하지 못한다.

이 억만장자들의 소셜미디어가 민주주의에 가하는 위협을 해결하기란 쉽지 않다. 이들은 일단 탈취한 콘텐츠에 대한 비용을 치르지 않아 언론 매체를 고사시키고, 아울러 집단 분열을 조장할 수밖에 없는 알고리즘 구조로 과격한 여론을 부추기며 대중을 극단으로 몰고 간다. 구글은 결국 언론 매체에 돈을 내기로 했지만 그 금액은 정말 눈곱만하다. 다른 기업들은 법적으로 의무화된 후에도 여전히 콘텐츠 이용료를 내지 않는다. 사람들의 공격성을 자극하거나 포퓰리즘을 야기하고 극단적 여론을 부추기는 등 소셜미디어가 대중 여론에 미치는 해악은 외부 개입으로 알고리즘 전체를 초기화해야만 근본적으로 해결이 가능하다. 하지만 언론 문제도 매듭짓지 못한 정부가 여론 문제를 해결할 수 있을까?

뇌-기계의 융합(뇌 임플란트)과 AI 시대의 도래에서 테크계 억만장자들의 지분은 상당히 크다. 앞서 살펴봤듯이 이들은 그 모든 기술 개발의 선봉에 서 있다. 비록 가는 길은 서로 달라도 목적지는 모두 같다. 각자 의견 일치는 보지 못했지만, 어쨌든 모두 생성형 AI 분야를 장악하려 하고, 나아가 범용인공지능 기술까지 손에 넣길 바란다.

AI 선무당에 대한 경계

일자리 수백 만개가 사라지는 등 AI가 단기적으로 초래할 문제 '따위'

에 억만장자들은 전혀 개의치 않는다. 저들에게 이는 자연스러운 흐름이기 때문이다. 모두 조지프 슘페터의 창조적 파괴 이론을 믿으며, 늘 새로운 일자리가 생겨나고 기존의 것들은 사라지게 마련이라고 생각한다. AI는 이미 여러 분야에서 활약 중이며 구글 검색 엔진은 물론 음성 비서, 이미지 보정 앱 등에서도 AI 기술이 사용된다. 우리의 스마트폰 안에서는 AI 덕분에 기기가 사람보다 잘하는 일이 백여 가지나 되고, 앞으로 진료나 홍수 예측 등에서도 AI의 기여도가 점점 높아질 전망이다. 챗GPT를 비롯한 생성형 AI는 발전 속도가 매우 빠르지만 아직 미흡한 면이 많아 각자의 주의가 필요하다. 거짓 정보를 사실처럼 이야기하거나(환각) 편견을 부풀릴 때도 있기 때문이다. 테크 업계의 모든 회사는 저마다 이 문제를 가장 먼저 해결하려고 애쓰고 있다. 그러나 잠재적인 조작 가능성에는 끝이 없다.

AI에 대해 낙관하든 비관하든 테크계 억만장자들은 모두 AI를 왕성하게 활용한다. 하지만 인간에게 우호적이지 않거나 악의적으로 이용될 범용인공지능의 위험성에 대한 제대로 된 해법은 제시하지 않는다. 그저 다들 오픈 소스로 개발되는 모든 것을 막으려고만 할 뿐이다. 그래야 이 신문물을 자신들만 장악할 수 있기 때문이다. 마이크로소프트와 오픈AI, 구글과 앤스로픽은 2023년 10월 프런티어모델포럼을 개최하여 자기들끼리 자가 규제를 추구하는 한편, 오픈 소스로 이뤄지는 모든 것을 가능한 한 중단하도록 했다. 즉 모두에게 개방된 기술 혁신을 막겠다는 것이다. 사실 오픈AI는 이름과는 달리 (AI 업계 대부분이 그러하듯) 일종의 블랙박스 같은 곳이다. 새로 결성된 이 AI 연구 단체의 목적은 "선도적인 AI 개발과 바람직한 이용 방식을 규정"[15]하는 것이다. 하지만 AI 기술의 일탈로부터 인류를 보호하는 일을 테크계 재벌들에게 일임하는 건 그야말로 자살 행위다.

문제를 인식한 정부는 공적 차원에서의 협치 방안을 모색했다. 2023년 11월 초, 각국 정부는 런던 교외 블레츨리파크에서 제1회 AI 안전정상회담을 개최했다. AI가 인류에게 미칠 위험성에 대해 세계 최초로 열린 정상회의였다. 각국은 특히 생성형 AI와 관련해 현재 존재하는 위험성을 주로 다루었다. 생성형 AI의 신뢰도 문제나 조작 위험성은 이미 존재하고 있음에도 크게 다루지 않았다. 미국, 중국, EU, 영국, 인도, 브라질을 포함해 28개국이 서명한 최종 선언문은 인권을 보호하고 UN이 정한 지속 가능한 개발 목표에 이르기 위해 AI를 활용하자는 내용을 담고 있었다. 또한 차후 'AI 안전에 관한 국제 협의체'를 창설하겠다고 발표했는데, 해당 조직은 AI가 인류에게 미칠 위험성을 주기적으로 평가하는 일을 맡게 된다. 아울러 세계적인 규제 방안을 수립하기 위한 협상도 진행하겠다고 공표했다. 사실 각국의 처지는 같지 않을 뿐더러 다들 향후 규제에 대한 주도권을 잡으려 경쟁하는 상황이다. 하지만 AI 사업 주체들이 고분고분 구속당할지 그게 더 의문이다.

프랑스는 원래 사전 예방 원칙이 중시되던 나라였으나 AI의 위험성에 관해서는 지나칠 정도로 경각심이 낮다. 문제가 확인될 때까지 연구를 유예하던 기존 관행과는 달리 기술 혁신을 보장할 효과적인 관리 감독을 더 요구하기 때문이다. 사실 프랑스에는 첨단 AI 기술을 연구하는 스타트업 기업들이 몇 개 있다. AI 선두 업체들과 견주어도 크게 밀리지 않는다는 평을 받는 미스트랄AI도 그중 하나다. 그런데 "정상회의 무대 뒤에서는 AI의 위험성에 대한 경고가 결국 빅테크 기업들의 독점 체제를 강화하기 위한 것이라는 말이 오갔다. 독점은 결국 독점을 부르게 마련이다." 따라서 브뤼노 르 메르는 AI가 "독점적 산업 기반", 즉 구글, 마이크로소프트, 메타 등의 빅테크 기업들을 중심으로 한 산업 기반 위에 이식되는 "파괴적 혁신의 기술"이 되지 않겠느냐고 우려를 표했다.

같은 맥락에서 프랑스는 12월 초, 유럽의 다른 동맹국들과 AI에 관한 최초의 정치적 합의에 이르렀다. 유럽이 세계 최초로 AI에 관한 규제를 마련한 것이다. 이에 따라 유럽은 우선 AI를 인간의 기본권, 보건, 보안, 민주주의에 미치는 잠재적 피해에 따라 '약인공지능'에서 '용납할 수 없는 인공지능'으로 단계를 나누어 분류했다. 그리고 위험도가 높은 AI 시스템에 의무 규정을 부과했다. 위험도가 높을수록 의무 규정의 강도도 세진다. 오픈AI의 챗GPT나 구글의 바드처럼 "잠재적으로 시스템 전체를 지배할" 우려가 있으면 특히 감시 대상이 될 가능성이 높다. 메타나 미스트랄AI의 AI처럼 소스가 공개된 모델들은 감시가 덜 할 것이다. 모든 게 '투명'하기 때문이다. 어떤 이용자든 해당 모델을 수정하거나 제어할 수 있다. 물론 이 새로운 규제안이 실효를 거둘지는 실제 적용을 해보면서 평가해야 할 일이다.

유발 하라리는 『호모 데우스: 미래의 역사Homo Deus : A Brief History of Tomorrow』에 이렇게 적었다. "소수의 엘리트가 이 신에 준하는 권력을 독점하지 못하게 막으려면, 인류가 생물학적 계급으로 나뉘는 것을 피하려면, 데이터의 소유주에 대한 문제를 짚어봐야 한다. 내 DNA와 뇌에 관한 데이터는, 내 삶에 관한 데이터는 과연 나의 재산일까, 아니면 정부의 자산일까? 이 사회의 자산일까, 인류 공동의 자산일까?"[16]

마크 저커버그 역시 몇몇 기자와 '콘텐츠 필터링'에 대한 이야기를 나누던 중 규제의 필요성을 인정했다. 테크계를 움직이는 소수의 천재가 AI 연구에 대한 반대를 외치고 위험성을 경고한다면 그들 역시 누가 나서서 말려주길 바라는 게 아닐까? 어쩌면 모두가 수렁으로 빠져드는 기술 경쟁을 완전히 멈추게 해 달라는, 이 세상을 파괴하지 못하게 막아 달라는 호소의 몸부림일 수도 있다. 내가 무슨 짓을 할지 모르니 제발 날 멈춰 달라는 것이다.

테크계 억만장자들이 초래하는 마지막 폐단은 사회적 차원에서의 문제다. 아마도 이는 단기적으로 가장 심각한 문제이면서 해결하기 꽤 복잡한 문제일 수 있다. 이용자 스스로가 페이스북, 인스타그램, 트위터 등에 자발적으로 얽매여 있는 형상이기 때문이다. 앞서 이야기한 대로 메타는 현재 청소년들의 건강에 고의로 위해를 가했다는 이유로 미국 42개 주로부터 소송이 제기되었다. 이른 대처라고 할 수는 없다. 소셜미디어가 얼마나 악영향을 미치는지에 관한 학계 연구가 맨 처음 나온 지 이미 10년도 넘었기 때문이다. 소송 결과가 어떻게 나올지는 현재로선 상상하기 어렵다. 하지만 메타를 해체한다고 해서 아이들의 '좋아요' 중독 문제가 해결되진 않는다. 이 밀레니얼 세대에게서 인스타그램을 빼앗는 순간 난리가 날 것이기 때문이다.

콘텐츠 필터링 센터 개설

독과점 상태인 대형 소셜미디어는 더 이상 단순한 개인 커뮤니티처럼 취급될 수 없다. 자율적으로 내부 규정을 정하는 일개 커뮤니티와는 매우 다르다는 뜻이다. 소셜미디어는 인터넷상에서 대중 여론이 표현되는 방식을 통제(혹은 방임)하는 데 꽤 비중 있는 역할을 맡고, 따라서 이러한 현실을 감안하건대 최소한 콘텐츠 필터링 센터 정도는 만들어

달라고 요구할 수 있을 듯하다. 프랑스의 경우 정보 및 대중 토론에 관한 연구 기관인 데카르트재단에서 이 같은 조치를 제안했는데, 그렇게 되면 국내 입법 환경에 정통한 콘텐츠 필터링 전문가(모더레이터)들이 불법 콘텐츠 삭제 업무를 맡고, 심각한 중죄에 해당하는 경우 사법 처리되도록 만들 수 있다. 2023년 6월 청년 나엘의 사망 후에 불거진 소요 사태에서 소셜미디어가 자극적인 약탈 영상을 퍼뜨리며 사람들의 감정을 증폭했는데, 콘텐츠 모더레이터가 있었다면 이용자들에게 경고와 주의를 주는 역할을 할 수 있었을 것이다.

청소년들이 하루에 다섯 시간씩 소셜미디어를 사용하는 상황에서 이를 막을 길이 없던 유럽 집행위는 우선 눈에 띄는 것부터 단속하기 시작했다. 즉, 혐오감을 부추기는 콘텐츠나 소아성애 콘텐츠, 테러를 찬양하는 내용이나 거짓 정보를 담은 콘텐츠 등 악의적이고 불법적인 내용들을 제한한 것이다. 이러한 활동의 근거가 된 건 디지털서비스법이었다. 디지털시장법과 더불어 인터넷을 다스리는 유럽의 입법 규제로, 2023년 8월 25일 시행되었다. 유럽 집행위원 티에리 브르통은 부임 후부터 줄곧 빅테크 기업들의 발목을 잡으려 애썼다. 그는 "오프라인에서 허용되는 것은 온라인에서도 허용되어야 한다. 오프라인에서 금지되는 것은 온라인에서도 금지되어야 한다"며 디지털서비스법의 목적을 간단히 요약했다. 디지털서비스법은 온라인 콘텐츠 필터링을 규제할 뿐 아니라 알고리즘(특히 추천 알고리즘)의 투명성을 확보한다. 서방 국가가 미국의 막강한 플랫폼 기업으로 하여금 콘텐츠 필터링 규정을 준수하게 만든 건 이번이 처음이다. 하지만 디지털서비스법은 호스팅 업체의 지위를 콘텐츠 발행인 지위로 바꾸는 문제를 다루지 않는다. 발행인으로 지위가 바뀔 경우 플랫폼에서 발행되는 콘텐츠에 대한 법적 책임이 부여될 수 있는데 말이다.

　　이로써 전보다는 상황이 훨씬 나아질 듯하다. 플랫폼 사업자들은 이제 자사의 서비스에 어떤 위험성이 있는지를 의무적으로 분석해야 한다. 또한 독립적인 외부 감사를 통해 투명성 측면에서 유럽 규정을 준수하려고 적절한 조치를 취했는지 평가받게 된다. 공인 연구원에게는 공개 데이터에 대한 접근을 허용해야 하며 '신뢰할 수 있는 내부 고발자', 즉 규제 기관의 위임을 받은 단체들이 불법 콘텐츠 적발 시 이를 해당 플랫폼에 알리면 신속하게 제거해야 한다. 규정을 따르지 않을 경우, 해당 플랫폼은 전 세계 매출의 최대 6퍼센트에 이르는 벌금을 부과받는다. 심각한 위반 사례가 반복될 경우에는 EU 영토에서 일시적으로 접속이 금지된다. 페이스북을 비롯한 소셜미디어들은 더는 종교나 여론 같은 민감한 정보를 바탕으로 타깃 광고를 할 수 없으며, AI를 기반으로 영상이나 음성을 수정하고 편집하는 딥페이크 기술도 확실히 승인받아야 한다.

디지털서비스법과 디지털시장법의 효력은?

디지털서비스법은 플랫폼 열아홉 개를 규제 대상으로 삼으며, 그중 열여섯 개가 미국 기업이다. 특히 '미심쩍은' 세 플랫폼, 즉 페이스북, X, 틱톡을 주로 겨냥한다. 티에리 브르통은 "페이스북의 콘텐츠 필터링 시스템이 특히 우려스럽다"고 이야기하면서 "페이스북은 여론 형성, 특히 슬로바키아에서의 여론 형성에 크게 기여하고 있다"[17]고 지적했다. 2023년 9월에 치러진 슬로바키아 총선으로 헝가리 총리 빅토르 오르반의 측근인 로베르트 피초가 총리직에 올랐는데, EU 입장에선

'악재'에 해당하는 선거 결과였다.

　　X와 틱톡도 과연 유럽의 새 규제를 순순히 따를지 우려가 제기된다. 다만 두 소셜미디어 모두 2023년 6월 EU의 디지털서비스법 준수 여부를 확인하기 위한 스트레스 테스트 자체에는 동의를 한 상태다.

　　대형 플랫폼 사업자 대부분은 (사실 확인 측면의 규범 마련을 위한) 허위 정보 관련 규약을 두고 현재 EU와 논의를 진행 중이며, 사태의 규모를 파악하기 위한 파일럿 프로젝트도 이미 실시됐다. 그런데 일론 머스크가 소유한 X가 거짓 정보와의 싸움에서 골치 아픈 학생으로 등극한다. 트위터는 가짜 뉴스가 유독 넘쳐나는 플랫폼이기 때문이다. 이에 EU 집행위원회 부위원장인 베라 요우로바도 "X는 거짓 정보와 왜곡 정보의 비율이 가장 높은 플랫폼"[18]이라고 규정했다. EU의 파일럿 프로젝트도 X의 거짓 정보 유포 주체들은 정보 왜곡을 하지 않는 이용자들에 비해 팔로워 수가 월등히 많다고 지적했다. 게다가 최근 가입한 사람들이 대다수로, 이는 트위터의 새 주인이 된 일론 머스크의 정책을 지지한다는 뜻으로 해석된다.

　　사실 거짓 정보 유포자가 인기를 끄는 건 어찌 보면 당연한 일이다. 이들이 내거는 가짜 뉴스는 정상적인 정보보다 훨씬 빠른 속도로 퍼져나가기 때문이다. MIT 연구진이 2018년 《사이언스》에 발표한 연구에 따르면, 트위터 이용자 1,500명에게 정보가 전달될 때 거짓 정보가 진짜 정보보다 여섯 배 이상 빨리 퍼진 것으로 나타났다.[19]

결국 2023년 12월 18일, EU 집행위는 X가 콘텐츠 필터링과 투명성에 관한 디지털서비스법을 준수하지 않는 것 같다는 의혹을 제기하며 정식으로 조사를 실시하겠다고 예고했다. 이 조사로 집행위는 "불법 콘텐츠와 왜곡된 정보를 담은 콘텐츠가 확산·확대되는 것"에 대한 "증거를 수집"할 전망이다.

컨설팅 업체 베어링포인트BearingPoint의 공동 창업주 제롬 마르탱은 규제 경쟁이 이미 한계에 이르렀다고 지적한다. 그가 한 시론에 적은 바에 따르면 "유럽이 규제를 겹겹이 쌓아둔들 빅테크 기업으로서는 이를 해결하는 게 그리 어려운 일이 아니다. 이들의 경영 능력도 해가 갈수록 향상되기 때문이다. 빅테크 기업들은 규제가 상대적으로 적은 시장을 이용하여 제품을 개발한다. 이후 유럽 기업들과는 비교가 안 될 정도로 우수한 기술, 법적 수단, 금융 수단을 이용해 유럽 규제에 맞는 솔루션을 찾아낸다. 유럽 사업자들은 처음부터 유럽 규제에 맞는 제품을 구상해야 하고, 기존에 만든 제품들도 꾸준히 새 규제에 맞춰야 하는 게 작금의 현실이다."[20] 결국 유럽이 규제를 강화하면 할수록 테크계 억만장자들에게 유럽 시장을 점점 더 많이 내주는 꼴이라는 소리다.

향후 불법 콘텐츠에 대한 대응이 잘 이루어진다 해도 현재 문제는 이 플랫폼들의 성격과 그 이용 방식에 있다. 삶의 재미가 줄어들고 자살 비율이 증가하며 18세~30세 사이에서 성형 수술이 유행하는 현세태는 사회적 차원에서 문제가 심각함을 뜻한다. 인스타그램이나 틱톡에서 뷰티 필터의 빈번한 사용으로 야기되는 자존감 하락의 문제는 향후 스스로에게 만족하지 못하며 완벽한 신체에 집착하는 불안정한 성인 세대를 만들 우려가 높다.

소셜미디어는 우리의 신경계 원리에 대한 이해를 바탕으로 운용된다. 페이스북의 전 대표인 숀 파커는 뒤늦게 양심의 가책을 느끼고 페이스북의 비즈니스 모델이 인간 심리와 그 취약성을 이용하고 있음을 인정했다. 이는 인스타그램과 X도 크게 다르지 않다. 페이스북의 전 부사장 차마트 팔리하피티야는 자기 팀의 업무가 도파민, 즉 쾌락과 보상감을 주는 신경 전달 물질을 자극하여 욕구를 충족함으로써 이용자를 최대한 원하는 방향으로 유도하는 최적의 방식을 찾아내는 일이었다고 밝혔다. 달리 말하면 중독성을 만들어내는 최고의 방법을 찾아내는 게 그의 일이었다는 것이다.

"사람은 스스로 절제할 능력이 있다"

무언가에 대해 보상받는 감각을 느낀 과거의 기억은 우리 뇌에서 무엇보다 강력한 힘을 발휘하며 이를 지워버리기란 쉽지 않다. 보상받는 감각은 중독성이 높은 편이라 어떤 행동이 우리에게 더는 만족감을 주지 못하더라도 이를 끊어내지 못한다. 보상받았던 감각이 뚜렷하게 각인되어 있기 때문이다. 그리고 마크 저커버그나 일론 머스크 같은 이들이 파고드는 것도 바로 인간 뇌의 이런 취약 부분이다. 엄지손가락을 세운 '좋아요' 버튼, 타인의 댓글, 공유 수 등이 올라갈수록 이용자에게 보상감을 안겨주며, 따라서 해당 이용자는 새로운 콘텐츠를 더욱 더 많이 올리고 싶어 한다. 이전에 올린 몇몇 게시글이 인기를 끌지 못했어도 이 행동을 멈추지 못한다. 소셜미디어의 최종 목적은 이용자가 점점 더 많은 시간과 관심을 쏟아붓게 하는 것이다. 그래야 뇌의 '가용 시간'을 광고주에게 넘기고 돈을 챙길 수 있기 때문이다.

소셜미디어는 역설적이게도 지혜로운 인간 '호모 사피엔스'의 지극히 생물학적인 부분을 기반으로 승승장구하고 있다. 게다가 소셜미디어 중독은 술이나 담배 중독만큼 유해하게 느껴지지 않는다. 그러니 탓해야 할 것은 다른 누구도 아닌 우리 자신과 우리의 원초적 본능뿐이다. 알베르 카뮈가 『최초의 인간Le Premier Homme』에서 "사람은 스스로 절제할 능력이 있다"고 했던가? 하지만 지금은 이 사회와 현대 문명 전체가 절제를 해야 하는 상황이다. 그래야 전지전능한 힘을 갖고 맹목적으로 행동하는 소수의 의지를 꺾을 수 있다.

물론 이용자가 접속할 때마다 "소셜미디어의 과도한 이용은 건강에 해롭습니다. 적당히 이용하세요"라는 메시지를 페이스북에 띄우도록 압박을 가할 수는 있다. 하지만 그보다는 청소년들이 30분 이상 사용하면 자동으로 접속이 끊기도록 하는 편이 낫지 않을까? 또한 아이들이 몇 시간씩 소셜미디어를 이용하는 상황을 그대로 방치하는 부모들에게 이는 무책임한 행동임을 알리고, 그 위험성에 대해서도 강력하게 경고할 필요가 있다. 내 아이의 삶이 불행해지고 급기야는 자해, 자살로까지 이어질 수 있기 때문이다. 전자기기 사용 시간을 제한하고 사용 가능한 나이를 15세로 못 박는 것도 규제 대안이다. 철학자 가스파르 쾨니그는 16세 미만 청소년에게 소셜미디어를 금지해야 한다고 주장한다. 그래야 기회 평등이 보장되기 때문이다. 사실 미국이든 프랑스든 보호자의 교육 수준이 높을수록 자녀의 전자기기 사용 시간이 줄어든다.

앞서 살펴봤듯이 중국은 청소년 이용자의 나이에 따라 특정 시간대에 컴퓨터 게임이나 소셜미디어에 접속하지 못하게 함으로써 청소년 보호 면에서 다른 나라보다 앞서 나갔다. 이러한 조치로 대중의 자유가 현저히 제한되기는 한다. 하지만 부모가 자녀의 전자기기 및 소셜미디어 노출로 인한 위험성을 인지하지 못하고 부모의 권위만으로는 과도한 사용을 막을 수 없는 상황에서 그러한 자유의 제한을 유감스러워해야 할까?

새로운 이상적인 인간상 제안

젊은 세대가 소셜미디어에 빠져 정신적으로 피폐해지는 것을 방관한다면 우리는 21세기의 새로운 특권층을 보게 될지도 모른다. 어릴 때 전자기기를 사용하지 않은 덕분에 창의력과 사회성이 발달되고 정서적으로 균형 잡힌 새로운 특권층이 생겨나는 것이다. 그리고 전자기기와 소셜미디어의 희생양이 된 세대가 나머지를 구성할 것이다. 이러한 상황을 바꾸려면 제대로 된 문제 인식이 필요한데, 그러기엔 아직 갈 길이 먼 것 같다.

마크 저커버그, 래리 페이지, 세르게이 브린 등이 대부호가 될 수 있었던 건 천재적인 재능을 바탕으로 검색 엔진이나 온라인 쇼핑몰, 소셜미디어 등을 발명했기 때문이다. 이들은 특히 그전까지는 존재하지 않았던 디지털 사회를 상상하고 구상했다. 데이터 사용에 관한 원칙도, 경쟁 원칙도, AI 개발 원칙도 모두 스스로 결정했다. 사생활이나 디지털 윤리에 관한 문제도 직접 결정했다. '좋아요' 중독에서 뇌 임플란트에 이르기까지 사회를 근본적으로 뒤바꾸어놓을 사업들을 소리 소문 없이 진행한 이들에게 우리의 선택권 같은 건 안중에도 없었다. 이들은 누구의 비판이나 지적도 고려하지 않았으며 정부 권력까지 밀어냈기 때문이다. 응당 정부 차원에서 진행해야 할 일을 대신하는 차원을 넘어서 우리의 민주주의까지 심각하게 뒤흔든다. 우리의 정치 모델과 심지어 인간이란 존재에 대한 인식까지 위협한다.

이러한 기술적 폭력에 대응하고 자유를 되찾으려면, 민주적 절차와 범위 내에서 규제를 시행하는 동시에 젊은 세대에게도 광고와 쇼츠 콘텐츠의 소용돌이에서 벗어날 수 있는 대안을 보여줘야 한다. 또한 비방, 악담, 격투기 대결 같은 것에 휩쓸리기보다는 자신을 극복하고 뛰어넘도록 독려하는 이상적 인간상들을 제시해야 한다. 우리 눈을 흐리는 저 한심한 것들에 관심이 집중되는 사이, 이 소수의 억만장자들은 지구 전체의 시스템을 좌우하며 인류의 미래를 위협한다.

감사의 말

15년 전부터 인생의 동반자가 되어준 뱅상 데포르트에게 감사의 말을 전한다. 이 사람과 함께 인생을 나눌 수 있는 건 믿기 힘든 행운이다. 이 책에서 다루는 인물들에 대한 자신의 고찰을 들려주었고, 신문이나 잡지를 보다가 괜찮은 기사가 있으면 수집해두었다가 보여주었으며, 필요한 참고 자료와 연락처를 알려주어 내가 이 책의 집필을 시작하는 데 크게 힘이 되었다. 이 사람의 도움과 격려가 내겐 너무도 소중했다.

　　또한 멋진 아들 피에르-알렉상드르에게도 고마움을 표한다. 이런 아이가 내게 아들로 찾아와 너무도 다행이다. 아들은 소셜미디어에 사로잡힌 밀레니얼 세대에 속한다. 그럼에도 소셜미디어의 노예가 되기보다는 이를 제대로 사용할 줄 알아 대견스럽다. 아들과 여자친구인 로르 아스코에보데네스에게 내 집필 방향을 잡아주고 질문들에 답해준 것에 대해 고맙다고 말하고 싶다.

　　내 인생에서 또 하나의 행운은 자상한 어머니를 둔 것이다. 마음 편히 쉬면서 기분 좋게 책 한 권을 마무리할 시간이 필요할 때마다 어머니는 페르망빌의 집에서 항상 나를 따뜻하게 맞아주셨다. 이 자리를 빌려 다시 한번 어머니께 감사를 전하고자 한다.

　　내가 20여 권의 책을 집필하는 동안 이미 수십 년 전부터 나를 격려하고 응원해준 다른 모든 가족에게도 감사를 전한다. 내가 대모가 되어준 막심 몽데지르, 조카이자 전작인 『나의 슈퍼 히어로Mon super-héros』를 헌정한 로리스 케르델랑, 동기인 실비와 티에리, 그들의 배우자인 장폴 뒤오와 소피에게도 고마움을 표하며, 질부 소피 자지 데포르트와 조카 장 데포르트에게도 고맙다는 말을 전한다.

도미니크 마타예, 에리크 메예르, 에르베 플랑바르, 질 도레, 레미 데파르주, 다니엘 트맘, 프랑수아 쿠스망, 미셸 코냉, 마뉘엘 드 본발, 마르크 포로, 드니즈 파리스, 자크 바로, 로랑 아샤리앙, 니콜 모제, 이자벨 랑그로뉴, 크리스틴 로드웰, 루이&마리나 보드빌, 티에리 이구프, 프레드 달리파르, 크리스티앙&코린 몽카토니 등 이 책의 주제와 관련하여 함께 토론을 나누고 집필 방향을 제시해준 모든 친구에게도 무한한 감사를 표한다. 특히 프랑크 드디외와 베아트리스 마티외에게 감사의 말을 전하고자 한다. 둘과 함께 '정부보다 더 막강한 기업들'이라는 타이틀의《렉스판시옹L'Expansion》발행호를 제작하며 이 주제에 대해 깊이 생각해볼 수 있었다.

끝으로 현재 재계를 쥐락펴락하는 이 새로운 사업자들의 힘에 대한 깊이 있는 통찰력을 보여준 자크 아탈리, 피에르 루에트, 가스파르 쾨니그, 실뱅 뒤랑통에게도 존경을 표하고 싶다. 아울러 인터뷰에 응해준 모든 이에게 감사를 표한다. 실명이 언급되길 원하지 않았기에 일일이 이름을 밝히진 않았지만, 당사자들은 본문 내용으로 미루어 스스로를 짐작하고 있을 것이다.

주

일론 머스크, 스스로를 신이라 여긴 사나이

1 Walter Isaacson, Elon Musk, Fayard, 2023.
2 Ibid.
3 Ashlee Vance, Elon Musk. Tesla, Paypal, SpaceX : l'entrepreneur qui va changer le monde, Eyrolles, 2017. Autre biographie intéressante en français : Elon Musk, l'enquête inédite, de Béatrice Mathieu et Emmanuel Botta, aux éditions Robert Laffont(2023).
4 https://www.lesechos.fr/tech-medias/hightech/orange-relance-son-offre-satellitaire-en-reponse-a-starlink-delon-musk-2029519
5 4장을 참고.
6 https://www.newyorker.com magazine/2023/08/28/elon-musks-shadow-rule
7 https://www.leparisien.fr/high-tech/neuralink-elon-musk-veut-doter-un-premier-humain-dimplants-cerebraux-des-2023-16-06-2023-SKYK4FS7ERBGFH6DM2MKSFGQ2A.php
8 https://x.ai/
9 https://x.ai/
10 https://www.bbc.com/news/business-65248196
11 https://www.lemonde.fr/idees/article/2022/12/08/sur-twitter-elon-musk-fait-le-rude-apprentissage-de-la-moderation-des-contenus_6153566_3232.html
12 https://www.lesechos.fr/finance-marches/banque-assurances/le-role-de-twitter-montre-du-doigt-dans-la-panique-bancaire-de-svb-1936719
13 Ibid.
14 Ibid.
15 2장을 참고.
16 Ashlee Vance, Elon Musk. Tesla, Paypal, SpaceX : l'entrepreneur qui va changer le monde, op. cit.
17 Tribune des Échos le 15 décembre 2022 : https://www.lesechos.fr/idees-debats/cercle/opinion-la-verticale-du-fou-1889584
18 Matthieu Courtecuisse, «Elon Musk, entre existence et essence», tribune publiée

dans Les Échos le 14 janvier 2023 : https://www.lesechos.fr/idees-debats/cercle/elon-musk-entre-existence-et-essence-1897246

19 https://www.lesechos.fr/idees-debats/cercle/elon-musk-entre-existence-et-essence-1897246

마크 저커버그, 최고의 꼭두각시 조종사

1   Elizabeth Hoge, MD, David Bickham, PhD, Joanne Cantor, PhD, "Digital Media, Anxiety, and Depression in Children", 1er novembre 2017 : https://pubmed.ncbi.nlm.nih.gov/29093037/

2   https://www.aeaweb.org/articles?id=10.1257/aer.20211218

3   Daniel Ichbiah, Mark Zuckerberg : la biographie, Éditions de la Martinière, 2018.

4   Ibid.

5   Ibid.

6   «En Égypte, une petite fille a été prénommée "Facebook" par ses parents», Sud Ouest, 20 février 2011.

7   《리코드》와 미 채널 MSNC의 질의에 대해 2018년 3월 28일 애플 CEO 팀 쿡이 답변한 내용 ; https://www.frenchweb.fr/insiders-tim-cook-tacle-mark-zuckerberg/321104

8   Isabelle Lesniak, «Elon Musk, Jeff Bezos, Mark Zuckerberg : 6 grandes rivalités de la tech», Les Échos, 19 octobre 2020.

9   https://www.gsb.stanford.edu/insights/chamath-palihapitiya-why-failing-fast-fails

10 Ibid.

11 Ibid.

12 https://www.axios.com/2017/12/15/sean-parker-unloads-on-facebook-god-only-knows-what-its-doing-to-our-childrens-brains-1513306792

13 Adam DI Kramer, Jamie E. Guillory et Jeffrey T. Hancock, «Experimental evidence of massive-scale emotional contagion through social networks », Proceedings of the National Academy of Sciences, vol. 111, no 24, 2014, p. 1-3.

14 Daniel Cohen, Homo numericus. La «civilisation» qui vient, Albin Michel, 2022.

15 Ibid.

16 https://www.01net.com/actualites/facebook-est-il-mauvais-pour-votre-sante-mentale-1330412.html

17 https://www.lesechos.fr/tech-medias/hightech/facebook-4-questions-pour-comprendre-ce-que-frances-haugen-reproche-a-lempire-de-mark-zuckerberg-1352571

18 https://www.wsj.com/articles/facebook-files-xcheck-zuckerberg-elite-rules-11631541353

19 결론을 참고.

20 https://www.lesechos.fr/tech-medias/hightech/reforme-de-la-responsabilite-des-plateformes-la-cour-supreme-americaine-sceptique-1909070

21 AFP, 샌프란시스코발 보도. 2023년 2월 22일 청문회에서의 발언으로, 판결은 5월에 내려졌다.

22 https://www.francetvinfo.fr/internet/reseaux-sociaux/face-book/facebook-la-lanceuse-d-alerte-a-l-origine-d-une-importante-fuite-de-documents-sort-de-l-ombre_4794645.html

23 https://www.lesechos.fr/tech-medias/hightech/des-etats-americains-portent-plainte-contre-meta-accuse-de-nuire-a-la-sante-mentale-des-jeunes-1992061

24 https://www.cdc.gov/nchs/data/databriefs/db352-h.pdf

25 Paul Molga, «TikTok et la scalpelmania», série sur la génération TikTok, Les Échos, 27 juillet 2023 ; https://www.lesechos.fr/tech-medias/medias/tiktok-et-la-scalpelmania-1965820

26 Ibid.

27 Ibid.

28 7장을 참고.

래리 페이지와 세르게이 브린, 죽음을 정복하려는 자들

1 Entretien avec l'auteur, 3 novembre 2022.

2 Olivier Ubertalli, «Comment les Gafam violent la loi et volent la presse», Le Point, 21 juillet 2023.

3 2022년 3월 31일 발표된 미디어 집중에 관한 조사위원회 보고서 ; https://www.senat.fr/salle-de-presse/202203/commission-denquete-sur-la-concentration-des-medias-en-france.html

4 5장을 참고.

5 https://www.calicolabs.com/

6 Christophe Boltanski, «Kevin Warwick, l'Homo Machinus», Libération, 11 mai 2002 ; https://www.liberation.fr/week-end/2002/05/11/kevin-warwick-l-homo-machinus_403267/

제프 베이조스, 모든 곳에 존재하는 자

1 Admin in Espace, «Jeff Bezos veut des colonies spatiales flottantes avec un climat comme à Hawaï», Laterredufutur.com, 21 avril 2021 ; https://www.laterredufutur. com/accueil/jeff-bezos-veut-des-colonies-spatiales-flottantes-avec-un-climat-comme-a-hawai/

2 Ibid.

3 Ibid.

4 Ibid.

5 5장을 참고.

6 https://www.aboutamazon.com/news/company-news/2020-letter-to-shareholders

빌 게이츠, 인류의 구세주

1 2015년 발표된 래퍼 롭 스톤의 히트곡 'Chill Bill'에 대한 언어 유희이자 '혹한'을 의미하며 영화 제목으로도 쓰인 'Big Chill'이라는 표현과 발음상으로도 유사하지만 번역어는 해당 부분들을 모두 반영하지 못한다.

2 빌앤멀린다게이츠재단은 개도국에서의 빈곤 퇴치 및 보건 사업에 자금을 대고 있으며, 여기에는 말라리아 관련 연구와 백신 접종 계획도 포함된다. 1988년 유엔 후원하에 소아마비 퇴치를 위한 글로벌 이니셔티브(GPEI)가 출범된 이후, 전 세계적으로 소아마비 발생 건수가 99퍼센트 이상 감소했다 ; https://www.lepoint.fr/sante/bill-gates-met-1-8-milliard-de-dollars-pour-eradiquer-la-polio-25-04-2013-1659872_40.php

3 Linsey McGoey, No Such Thing as a Free Gift : The Gates Foundation and the Price of Philanthropy, Verso Books, 2015.

4 Ibid.

5 https://www.nytimes.com/fr/2020/11/25/world/americas/bill-gates-vaccin-coronavirus.html

6 Les Échos, «Bill Gates, l'enfance d'un nerd» ; https://www.lesechos.fr/tech-medias/hightech/bill-gates-13-lenfance-dun-nerd-1236932

7 https://www.facebook.com/1planete/photos/a.168696906990421/804005013459 604/?type=3&theater

8 https://www.lesechos.fr/monde/enjeux-internationaux/dans-les-coulisses-du-plan-biden-pour-siphonner-lindustrie-eu-ropeenne-1916692

9 Journal of NeuroInterventional Surgery, octobre 2020.

10 https://www.reddit.com/r/IAmA/comments/2tzjp7/hi_reddit_im_bill_gates_and_im_back_for_my_third/?rdt=48328

억만장자들을 굴복시킨 중국

1 https://www.parismatch.com/Actu/International/Jack-Ma-Alibaba-et-ses-milliards-d-acheteurs-1591794
2 https://www.revolutionpermanente.fr/Chine-Le-sens-geopolitique-de-l-humiliation-de-Jack-Ma
3 https://www.economist.com/briefing/2020/10/10/what-ant-groups-ipo-says-about-the-future-of-finance
4 https://www.lefigaro.fr/societes/la-chine-met-au-pas-les-geants-de-la-tech-20210316
5 https://research.gavekal.com/teaser/a-quicker-road-to-reopening/

정부 없는 세상은 어떤 모습일까?

1 https://www.nytimes.com/2014/09/11/fashion/steve-jobs-apple-was-a-low-tech-parent.html
2 Ibid.
3 https://www.telegraph.co.uk/technology/2017/08/29/mark-zuckerberg-urges-newborn-daughter-enjoy-outdoors/
4 Ibid.
5 https://www.independent.ie/life/family/parenting/the-tech-moguls-who-invented-social-media-have-banned-their-children-from-it/37494367.html
6 https://fr.businessam.be/pourquoi-les-cadres-de-la-silicon-valley-tiennent-leurs-enfants-a-lecart-des-ecrans/
7 https://www.youtube.com/watch?v=PMotykw0SIk&t=1281s
8 Ibid.
9 https://www.francetvinfo.fr/sciences/high-tech/bill-gates-steve-jobs-quand-les-patrons-de-la-silicon-valley-interdisent-les-portables-et-les-reseaux-a-leurs-enfants_2514445.html
10 https://www.liberation.fr/societe/2013/02/01/dans-la-silicon-valley-l-ecole-fait-ecran-noir_878754/
11 여기에서 말하는 '자유주의'란 하나의 원칙으로서 '자유'를 의미하는 것이 아니라 '자유지상주의' 차원의 '자유'를 뜻한다. 자유지상주의자들은 대개 '자기 규제'가 가능하다고 생각하며, '자발적인 질서'와 '개인의 역량'을 믿는다. 이들에겐 오직 이러한 부분만이 세상을 조직하는 유일한 원칙이다. 미국에서 자유지상주의자들은 정치 성향상 우파에 속하며, 자유원칙주의자들은 좌파에 해당한다. 아울러 (무정부주의에 가까운) '자유절

대주의'와도 혼동하지 않도록 주의한다.

12 http://www.michaelspecter.com/1999/09/the-dangerous-philosopher/
13 Entretien avec l'auteur, 4 mai 2023.
14 https://www.silicon.fr/google-et-la-vie-privee-petites-et-grosses-perles-deric-schmidt-43955.html
15 Ibid.
16 Ibid.

주도권을 되찾는 방법

1 Entretien avec l'auteur, 4 mai 2023.
2 Joelle Toledano, Gafa, reprenons le pouvoir, Odile Jacob, 2020 ; voir aussi : https://www.lesechos.fr/tech-medias/hightech/on-ne-peut-pas-compter-sur-les-americains-pour-demanteler-les-gafa-estime-leconomiste-joelle-toledano-1252741
3 Ibid.
4 https://www.lesechos.fr/idees-debats/editos-analyses/libra-ou-la-grande-peur-des-banques-centrales-1136392
5 https://www.lexpress.fr/economie/paris-rome-et-berlin-pre-parent-des-mesures-pour-interdire-la-libra-en-europe_2104173.html
6 https://www.allnews.ch/content/points-de-vue/difficile-de-liker-la-cryptomonnaie-de-facebook
7 https://www.lesechos.fr/tech-medias/medias/delphine-er-notte-qui-est-elon-musk-pour-determiner-si-un-media-est-inde-pendant-1937156
8 Ibid.
9 https://www.lesechos.fr/tech-medias/hightech/antitrust-le-congres-americain-propose-de-limiter-radicalement-le-pouvoir-des-gafa-1252447
10 Ibid.
11 Ibid.
12 Ibid.
13 Ibid.
14 Collectif, «Ne devenons pas les vassaux numériques des Gafa», Les Échos, 24 juillet 2019.
15 https://www.blogdumoderateur.com/ia-responsable-openai-microsoft-google-lancent-frontier-model-forum/)
16 Yuval Noah Harari, Homo deus. Une brève histoire du futur, Albin Michel, 2018.

17 https://www.touteleurope.eu/economie-et-social/google-facebook-tiktok-la-commission-europeenne-annonce-l-encadrement-renforce-de-19-plateformes-numeriques/

18 https://www.lesechos.fr/tech-medias/hightech/desinformation-pour-bruxelles-twitter-est-le-pire-eleve-en-la-matiere-1981638

19 «How Lies spread. On social media, false news beats the truth», Science, 9 mars 2018, p. 1094-1146.

20 https://www.lesechos.fr/idees-debats/cercle/opinion-ia-le-coup-de-frein-de-la-reglementation-europeenne-1970807

정부 위에 군림하는 억만장자들
거대 자본으로부터 삶의 주도권을 되찾아오는 법

1판 1쇄 인쇄 2025년 2월 25일
1판 1쇄 발행 2025년 3월 11일

지은이 크리스틴 케르델랑 | 옮긴이 배영란
책임편집 유온누리 | 편집 한수빈

펴낸이 임병삼 | 펴낸곳 갈라파고스
등록 2002년 10월 29일 제13-2003-147호
주소 03938 서울시 마포구 월드컵로196 대명비첸시티오피스텔 801호
전화 02-3142-3797 | 전송 02-3142-2408
전자우편 books.galapagos@gmail.com

ISBN 979-11-93482-11-7 (03300)

갈라파고스 자연과 인간, 인간과 인간의 공존을 희망하며, 함께 읽으면 좋은 책들을 만듭니다.